瓜生津隆雄
Uryuzu Ryuo

歎《たん》異《に》鈔《しょう》講《こう》話《わ》

大法輪閣

【目次】

歎異鈔講話

装丁……清水良洋（Malp-Design）

『選択集』を講読する著者（平成２年、勧学寮にて）

歎異鈔講話

序講

歎異鈔の作者唯円《ゆいえん》の出自

一 歎異鈔の著者

親鸞聖人の門侶《もんりょ》の唯円には、鳥喰《とりばみ》の唯円と河和田《かわだ》の唯円と二人ありますが、今は『歎異鈔』の著者と言われている唯円房《ゆいえんぼう》の出自について述べ、次に『歎異鈔』の性格にふれてみたいと思います。

『歎異鈔』の著者については、徳川時代から明治の中期に至るまで、多くの人々は本願寺第二代の如《にょ》信《しん》上人の作であると見られていました。このことは宝永《ほうえい》・正徳《しょうとく》の頃の大谷派の宗学者・恵空《えくう》（一六四四〜一七二一）師が本鈔の作者を如信《にょしん》上人とせられ、次いでそれを承《う》けて、寛政《かんせい》・文化《ぶんか》の頃の学匠深励《じんれい》（一七四九〜一八一七）師が三文一理《さんもんいちり》を立てて、本鈔は如信上人の作であると決定せられた。それ以後この深励師の説が一般に用いられてきたのです。

「三文一理」というのは、本鈔のなかの三つの文《もん》と一つの道理を立て、著者は如信上人とするのです。一つの道理とは、本鈔の序文に

「……故親鸞聖人の御物語《おんものがたり》のおもむき、耳の底にとゞむるところ、いさゝかこれをしるす」

とあるから、著者は直接に聖人から法語《ほうご》を聞かれた人でなくてはならぬ。かつては本鈔の著者は覚如《かくにょ》上人であろうと考えられていたが、覚如上人は、聖人が亡くなって後、九年目の出生であるから、覚如上人を著者と考えられないというのです。

ところが如信上人は、聖人六十三歳のときの出生で、以後二十七年間聖人の膝下《しっか》で育ち、聖人の亡くなって後、四十年ほど生きのびられた方であるから、如信上人を著者と言えるというのです。「三文」とは、如信上人の口伝《くでん》を伝えたという覚如上人の著である『口伝鈔《くでんしょう》』に出ている三文が『歎異鈔』に出ている文と一致するから、本鈔は如信上人の作と考えられるというのであります。

それ以来、本鈔の著者は如信上人と考えられ、明治時代になっても、近角常観《ちかずみじょうかん》師や清沢満之《きよざわまんし》師なども、本鈔の作者は如信上人であるとせられ、近角常観師のごときは如信上人の遺跡《いせき》の顕彰《けんしょう》につとめられて、如信上人の終焉《しゅうえん》の地である茨城県依上村（現・大子町《だいごまち》）上金沢の地や、上人が晩年を過ごされた奥《おう》州《しゅう》大網《おおあみ》の東山の里まで探索して、これが顕彰に尽くされたのであります。

ところが、本鈔の作者は唯円房であるとせられた三河《みかわ》の了祥《りょうしょう》師の研究『歎異鈔聞記《もんき》』は、永く筆録のままうずもれていた。ところが明治の末に平松理英氏の手によってこれが公刊せられて本鈔の作者は如信上人でなく唯円の作であると、ひろく紹介せられた。それ以来、今日に至るまで、如信上人説は隠《いん》没《ぼっ》して、唯円房説が定説のようになりました。

思うに了祥師という方は、深励師とほぼ同時代の方でありますが、深励師は京都の高倉学寮《たかくらがくりょう》の学頭《がくとう》として活躍せられ、大谷派の宗学《しゅうがく》を代表する方でありましたが、了祥師は三河の辺地に居住して名利《みょうり》を追わず、ひたすら聖典の研鑽《けんさん》と地方の教化《きょうけ》に一生を送られた方であります。したがって、せっかくの研究も広く世間に知られることなく、深励師の見方が広く行われて、了祥師の見方はながらく一地方に埋もれたこともやむを得ないことです。しかし本鈔の作者についての両説のなか、深励師の説よりも了祥師の唯円説が多くの妥当性を持っているので、今日では多くの人々が唯円説を採用しているのであります。

かくて、その唯円房の事蹟についても、了祥師は宗誓《しゅうせい》の『法輪集《ほうりんしゅう》』等によって、常陸《ひたち》の大部《おおぶ》の郷に在住した平太郎の舎弟《しゃてい》で、出家した平次郎が唯円であるとせられています。

すなわち、かの覚如上人の作、『御伝鈔《ごでんしょう》』下巻（親鸞聖人伝絵《でんね》）の第五段に

「ソノコロ常陸国那珂《なか》ノ西《さい》ノ郡大部《こおりおおぶ》ノ郷《ごう》ニ平太郎ナニガシトイフ庶民アリ」

と出ている平太郎という庶民の舎弟平次郎が聖人が関東巡化《じゅんげ》のとき出家し、親鸞の弟子となって唯円と号した。かれは如信上人の時代まで大谷に仕えた人であり、その遺跡は河和田の報仏寺であるというのであります。

二　河和田の唯円

この唯円房については、覚如上人伝を書かれた従覚《じゅうかく》の『慕帰絵詞《ぼきえし》』によりますと、覚如上人の十九歳・正応《しょうおう》元年冬のころ、この唯円房が上洛した機会をとらえて、日ごろの不審《ふしん》の法文《ほうもん》についてたずね、善悪二業《にごう》の問題等を明らかにしたと伝えています。すなわち唯円房は、覚如上人にとっては附法《ふほう》の善知識《ぜんじ》であったというのです。このように附法の善知識であるという重大な役割をもたれた唯円房が、了祥師の言うごとく一庶民にすぎなかった平太郎の弟平次郎であった。しかも、それが『歎異鈔』の著者であると見ることには、いささか不審が抱かれます。

その理由は『歎異鈔』の内容からくる不審であります。ところが、このような不審が昭和三十一年刊行の小野清一郎博士の『歎異鈔講話』のなかにも出てきます。博士は次のように語っておられます。

「私も一応唯円房とする推定に従うのである。もっとも、この点についても若干の疑いがないでもない。唯円房というのは常陸国河和田の唯円で、覚如の伝記である慕帰絵詞三巻に「かの唯円大徳《だいとく》は鸞聖人《らんしょうにん》の面授《めんじゅ》なり、鴻才弁説《こうさいべんぜつ》の名誉ありしかば」云々とある唯円であろう。（他に鳥喰の唯円という門弟があるが、これは別人である。）覚如のときまで生きていた人である。しかし唯円は関東における一人の門弟にすぎない。しかも、関東には善鸞《ぜんらん》の子である如信が住んでおり、弟子としても、もっと上足《じょうそく》の弟子があるのである。

しかるに歎異鈔の後序《こうじょ》には前に引用したように、「閉眼《へいがん》ののちには、さこそしどけなきことどもにてさふらはんずらめと、なげき存じさふらひて、」云々という一節があって、いかにも教団を背負って立っているといったような自信と、護教《ごきょう》的自負心さえも見られるのである。これは、河和田に住んでいた一門弟の語として、どうも受けとりにくい点があるようにおもわれるが、しばらく私の疑問を叙しておくに止める。

いずれにしても、歎異鈔の著者はただ一筋に親鸞聖人の教えを正しく伝持《でんじ》しようとする熱意に燃えてこの書を作ったものであることは疑いを容れない。ことに著者は単に面授であるというにとどまらず、聖人の許《もと》に留まって教えを受けたものでなければならない。それは前半十章のみならず、後半八章にもところどころに聖人のことばを引用し、ことに「聖人のつねのおほせには、弥陀の五《ご》劫思惟《こうしゆい》の願《がん》をよくよく案ずれば、ひとへに親鸞一人《いちにん》がためなりけり。」というようなことばが引用されている。たまに上洛して親鸞の教えを受けたというのではなく、長い間聖人の身近に侍《じ》した人であろうとおもわれる」

と語られている。

この問題について、昭和四十二年二月号の『中道《ちゅうどう》』誌に、板東環城《ばんどうかんじょう》氏が論ぜられている内容（「歎異鈔の著者について」）は、本鈔の著者に対する不審を解く大きなかぎを与えてくだされたものです。板東氏は次のように論じておられます。

『歎異鈔』の作者　唯円大徳の墓石　大和立興寺

「私もかねてより歎異鈔をいただくたびに、その編者の尋常《じんじょう》でない学問のたしなみ、文章のすばらしさ、かつ師教《しきょう》への領解《りょうげ》のたしかさを思うにつけても（小野清一郎）博士のいわれるようにただ関東の一門弟の著したものとはどうしてもうけとりがたいものがあった。河和田の報仏寺《ほうぶつじ》の縁起にある平太郎（御伝鈔に出てくる常陸大部の庶民）の、しかも無頼《ぶらい》の弟・平次郎が、歎異鈔の編者唯円の前身だとすることは、論外であるとしても、博士のいわれるように、その文面に、聖人のなきあとの内外危局に当面している教団を背負うて立っている人の面影が、おのずからにただよっていて、たまたま縁あって聖人に帰依《きえ》した一個の求道者《ぐどうしゃ》のことばとは考えられぬものがあった。それはその文章の持っているところの格とでもいうべきであろうか、これは争うことができないものである。

　この疑問は永い間私のうちで温められてきた。それが、はからずもある機会に、大谷派の著名な真宗史家である先啓了《せんけいりょう》雅《が》師の書かれたものに接して、日ごろの疑問が一時に氷解《ひょうかい》することが出来た」

として先啓師の『大谷遺蹟録《おおたにいせきろく》』巻三の法喜山《ほうきさん》報仏寺の寺記を示されてある。このことは、私の蒙《もう》も開いてくだされた。すなわち、板東環城氏は次のように語っている。

　「常陸国茨城郡河和田法喜山報仏寺は、高祖御弟子《こうそおんでし》河和田唯円法師《ほっし》の遺跡也。唯円房、俗姓《ぞくしょう》は小野宮少将入道具親朝臣《おののみやしょうしょうにゅうどうともちかあそん》の子息に、始《はじめ》は少将阿闍梨《あじゃり》（失名）と申しける人の、世を遁《のが》れて禅念坊《ぜんねんぼう》となん号せし人の真弟《しんてい》〈唯善《ゆいぜん》と別腹の舎弟〉なりと云々。高祖御帰洛の後、仁治《にんじ》元年、十九歳にして高祖《こうそ》〈于時《そのとき》六十八歳〉の御《おん》弟子となり、真宗の奥義《おうぎ》に達せり。大部の平太郎の達《たっ》請《しょう》により師命《しめい》も亦《また》重ければ、常陸国に下り、河和田に弘興《ぐこう》の基跡《きせき》をひらいて、これを泉慶寺《せんきょうじ》と云ふ。盛んに専修《せんじゅ》念仏の法を弘通《ぐづう》す。文永《ぶんえい》十一年五十三歳にて上洛し……また正応《しょうおう》元年上洛し、覚（如）上人に謁《えっ》し奉《たてまつ》り、同二年二月六日六十八歳にして下市《しもいち》に化《け》す。（以上『大谷遺蹟録』巻三）

この説は、私どもの日ごろの疑いを一挙にして晴らしてくれる明快さをもっている。了雅師がこの史実をどういうところから求められたものであろうか。これほど辻褄《つじつま》のぴったり合った史実がどうして今日まで取りあげられずにおったものであろうか。これも不思議なこととせねばならぬ。

小野宮禅念《おののみやぜんねん》はいうまでもなく聖人の末女《すえむすめ》覚信尼公《かくしんにこう》が再嫁《さいか》された夫君《ふくん》である。嫁せられてから出生せられたのが唯善《ゆいぜん》であるが、唯善と別腹の兄に当たる人がこの唯円であるというのである。禅念という方は、いろいろと思い合わせると、聖人に対して相当に深い信頼をよせておった人のようである。後にその所有の土地を大谷本廟《おおたにほんびょう》に寄進している。そんなわけで自分の子息である唯円を聖人の手元にあずけて、教育を委ねたのであろう。善鸞《ぜんらん》の長子如信も、そのころ聖人のもとにおられて、ともに聖人の教えを聞かれたものと思われる。

関東の方からは、聖人の去ったあと、とかく乱れがちの教団の統制のために、ぜひとも、その身内の人を一人差下《さしくだ》して欲しいという要請があって、はじめに行かれたのが善鸞法師であった。法師は聖人の消息によって明らかなように、のちに聖人の信心と異なる道をたどることになった。ために平太郎の求めで、さらにいま一人の人が選ばれた。それがこの唯円房であったのである。そして河和田に住まわれたのである。

(イ) 唯善が一時、唯円をしたって関東に下り、この河和田におったことがある。そればかりか、河和田で結婚生活をしている。このことは唯円が関東のただの聞法者《もんぽうしゃ》の一人でない一つの証拠である。

(ロ) 古くからの文書にも唯円には〝大徳《だいとく》〟という称号がある。善鸞にも大徳という尊称があるところを見ると、これは聖人の御身内のもので聖人の御身代《おんみがわ》りとして関東へ差下された人を尊敬した称号であろうか。

(ハ) もし仮に唯円を関東の一門弟とすると、これほどの書きものをなすほどの人を、どうして覚如聖人が二十四輩《にじゅうよはい》の一人として加えなかったものであろうか。これはすでに上人が唯円を関東教団において別格の人として扱っておったからでなくてはならぬ」

以上のように三由《さんゆ》を立てて環城氏は論証としておられるのである。これによって河和田の唯円の出自が明らかとなったことは有難いことです。

さらに環城師は、本鈔の編者について論をすすめ、親鸞聖人の滅後の関東教団の安心《あんじん》の乱れを、いかにまとめていくかという問題に対して、大山禅房《おおやまぜんぼう》の如信上人と、河和田の唯円大徳との二人の間にまとめられたものが『歎異鈔』であるとされているが、この点については私《わたくし》は、にわかに賛成することはできない。

思うに『歎異鈔』の作者は了承師の説のごとく河和田の唯円房であって、その唯円房なる人は平太郎の舎弟平次郎なる人物ではなくて、小野宮禅念の子息なる唯円大徳であろうと思います。

伝記によると、本願寺第三代覚如上人は、弘安《こうあん》十年十八歳のとき、報恩講厳修《ほうおんこうごんしゅ》のため上洛した如信上人に遇《お》うて釈迦・弥陀の教行《きょうぎょう》の面授《めんじゅ》をうけ、他力摂生《たりきせっしょう》の信証《しんしょう》の口伝を受けて如信面授の弟子となったとあるが、さらに自他解了《じたげりょう》のほどを決せんために、正応《しょうおう》元年冬のころ、鸞聖人の面授である河和田の唯円の上洛したとき、対面して、日ごろの不審の法文《ほうもん》について善悪二業の問題や、その他あまたの問題をあげて、その取り扱いについての口伝を伝えたとあります。

河和田の唯円大徳はそのあくる年、正応二年六十八歳をもって大和の下市で亡くなっています。それ以後の覚如上人は、さぞかし如信上人から真宗の法門の口訣《くけつ》を受けられたことと思われます。

覚如上人が六十二歳のときあらわした『口伝鈔』のなかに、如信上人よりうけたまわった面授口伝の親鸞聖人の教えを伝えた箇条のなかに、『歎異鈔』に出ている共通の文《もん》があることは、仁治《にんじ》元年以後二十年の間親鸞聖人の膝下《しっか》で養育をうけた如信上人も、唯円房と同じく同聴《どうちょう》せられた法文《ほうもん》であって、それが『歎異鈔』と『口伝鈔』とに伝えられたものと思います。

かくて『歎異鈔』は、聖人の滅後《めつご》において

「おなじこゝろざしにして、あゆみを遼遠《りょうえん》の洛陽《らくよう》にはげまし、信を一つにして心を当来《とうらい》の報土《ほうど》にかけしともがらは、同時に御意趣《ごいしゅ》をうけたまはりしかども、その人々にともなひて念仏まうさるゝ老若《ろうにゃく》、そのかずをしらずおはしますなかに、聖人の仰《おお》せにあらざる異義《いぎ》どもを、近来《きんらい》は、多く仰せ

られあうて候《そうろう》よしつたへうけたまはる、いはれなき条々《じょうじょう》の子細《しさい》のこと」を書きしるされたものであり

「露命《ろめい》わづかに枯草《こそう》の身《み》にかゝりて候ほどにこそ、あひともなはしめたまふひとびとの御不審をもうけたまはり、聖人の仰せのさふらひしおもむきをも、申しきかせまゐらせさふらへども、閉眼《へいがん》ののちは、さこそしどけなきことどもにてさふらはんずらめと、なげき存じさふらひて、かくのごとくの義ども仰せられあひ候ひとびとにも、言ひまよはされなんどせらるゝことのさふらはんときは、故聖人の御《おん》こゝろにあひかなひて（皆様が）御《おん》もちゐ候御聖教《おんしょうぎょう》どもを、よくよく御《ご》らん候べし」「かなしきかなや、さいはひに念仏しながら、たゞちに報土《ほうど》にむ（生）まれずして辺地《へんじ》にやどをとらんこと。一室《いっしつ》の行者《ぎょうじゃ》のなかに、信心ことなることなからんために、なくなくふでをそめてこれをしるす。なづけて歎異鈔といふべし。外見《がいけん》あるべからず」

と書かれたものであります。

すなわち、『歎異鈔』は聖人の教えを後々に伝持《でんじ》せしめんとする使命感をもって記《しる》されたものであり、聖人の仰せにあらざる異義を正さんために書かれたものであります。

もし本鈔の著者を、聖人の滅後約三十年生きのびた唯円大徳の作とすると、彼は十九歳のときから聖人の膝下にはべり、以後聖人の入滅《にゅうめつ》に至るまで二十年余の訓育をうけ、平太郎の要請によって常陸の河

和田に聖人の御《おん》身代りとして関東にくだり、関東教団の指導者的立場にあられた方と思われます。かくて聖人の亡きあとを継いで関東教団の異義を正さんために書きしるされたものでありましょう。しかもその著作年代は「露命わづかに枯草の身にか〻る」とあるから、唯円大徳の六十歳以後、弘安・正応の頃でなかろうかと思われます。

かくて本鈔は、当流大事《とうりゅうだいじ》の聖教《しょうぎょう》として如信上人や覚如上人へと本願寺系に伝持せられ、それが八代目の蓮如上人に至って

「右この聖教は当流大事の聖教たり、無宿善《むしゅくぜん》の機《き》に於《おい》ては、左右《さう》なく之《これ》を許すべからざるものなり」

との奥書を添えて流布《るふ》せられたものと思われます。かくて、本鈔は血脈《けちみゃくけい》系の本願寺の人々の手によって伝えられたものであります。

三　真信《しんしん》に異なることを歎く

思うに本鈔は、聖人の滅後、聖人のご信心に異なることを歎き、聖人の仰せにあらざる異義を正して、親鸞聖人の真信を正しく伝えんことを念じ、聖人のあとをつぐ使命感に立って記されたものと思われます。

かくて本鈔の内容を一眄《いちべん》いたしますと、弥陀本願の精神は信心にある。その信心こそ聖人伝持の要法《ようぼう》である（との心であり）、その「先師口伝《せんしくでん》の真信に異なることを歎く」精神が一貫しています。本鈔はその真信に異なるを歎き、正法《しょうぼう》に立ち帰らんことを念じているようであります。そこで本鈔の終りには

「聖人のつねの仰せには弥陀五劫思惟《ごこうしゆい》の願《がん》をよくよく案ずれば、ひとへに親鸞一人《いちにん》がためなりけり、さればそくばく（そこばく）の業《ごう》をもちける身《み》にてありけるを、たすけんとおぼしめしたちける本願のかたじけなさよと御述懐《ごじゅっかい》さふらひし」

と聖人の真信のすがたを伝えているのです。しかもその真信のもとづくところは第十八願にある故に、本鈔の第一条には

「弥陀の本願には老少善悪《ろうしょうぜんまく》のひとをえらばれず、たゞ信心を要《よう》とすとしるべし。その故は罪悪深重《ざいあくじんじゅう》、煩悩熾盛《ぼんのうしじょう》の衆生《しゅじょう》をたすけんがための願にてましますと」

と真信のもとづくところを掲げているのでしょう。

しかして本鈔十八条の構成を見ると、初めに師訓《しくん》十ヵ条を掲げた後に異義八ヵ条を列《つら》ねて異義の様相をなげいています。しかもその序列の内容は整然としていることは十分に想《おもい》をこらして書かれたものと思われます。

かつてある先輩は、初めの師訓十ヵ条は後の異義八ヵ条と互いに呼応しているもので、第十条に出て

いる「念仏には義なき（無義）をもって義とす、不可称不可説不可思議《ふかしょう》の故にと仰せさふらひき」とある第十条は承上起下《じょうじょうきげ》の役目をはたし、前九ヵ条は「義なきを義とする」他力の内容を明らかにしたものであり、後の八ヵ条は義のない念仏に義を立てた誤りを列ねたものと見られています。

『歎異鈔』の内容をいかにうかがうかは学者の執見《しゅうけん》でもありますが、本鈔の要《よう》は聖人口伝の真信を伝え、それに異なるものを明らかに簡別《けんべつ》せられた聖教とうかがうべきであります。それで本願の要は第一条に示されているとうかがいたいのであります。

ただここで問題となるのは第一条に出ている「ただ信心を要とす」という教語《きょうご》と、第二条および第十一条に出ている「ただ念仏して弥陀にたすけられる」「名字《みょうじ》をとなえんものをむかえとらんとの御《おん》約束である」との教語を、いかなる共通の場において理解するかということであります。

法然上人の「ただ念仏して弥陀に助けられる」との教語は「名字をとなえんものをむかえとらんとの御約束である」という教語と同類のものであります。「念仏せよ」「名号《みょうごう》をとなえよ」との善知識《ぜんじしき》の教語は『観無量寿経《かんむりょうじゅきょう》』にもとづくものであります。「信心を要とす」という教示は『大無量寿経《だいむりょうじゅきょう》』にもとづくものであります。親鸞聖人の『教行信証《きょうぎょうしんしょう》』のご制作は『大無量寿経』の精神を開顕《かいけん》せられたもので「弥陀の本願には老少善悪のひとをえらばれず、たゞ信心を要とすとしるべし。その故は罪悪深重、煩悩熾盛の衆生をたすけんがための願にてましますとは、本願の法門《ほうもん》を明《あ》かされたものであります。

『観無量寿経』の「念仏せよ」の法門を『大無量寿経』に帰して本願のまことを明らかにせられたのが親鸞聖人であります。してみると「ただ念仏せよ」の教示は「ただ信心を要とする」大経法門《だいきょうほうもん》に帰してうかがうことが大切であります。「罪悪深重、煩悩熾盛の衆生をたすくる願」に応じて「弥陀五劫思惟の願をよくよく案ずれば、ひとへに親鸞一人がためなりけり、さればそくばくの業をもちける身にてありけるを、たすけんとおぼしめしたちける本願のかたじけなさよ」と表明せられた呼応の一致を見逃してはなりませぬ。

本願の伝統に参加する道は、この真信をとるかとらざるかにかかわっています。

法然上人化導《けどう》の念仏の法門においては第十七願の諸仏称名《しょぶつしょうみょう》と第十八願の乃至十念《ないしじゅうねん》（念仏）と第二十願の植諸徳本《じきしょとくほん》（念仏）との三者の念仏の差別《しゃべつ》を明らかにせられておりません。それで異流が生まれたのであります。

本願の念仏には若不生者《にゃくふしょうじゃ》の益《やく》があり、第二十願の念仏には不果遂者《ふかすいしゃ》の誓いがあります。この三者の願を相望《そうもう》することによって第十八願は往相《おうそう》信心の願であり、至心信楽《ししんしんぎょう》の願であり、本願三心《さんしん》の願であることが明らかとなります。この開顕に聖人のご一生のご苦労があったのであります。他の面から頂戴すると、法然上人になかった第十七願と第二十願の法義《ほうぎ》の開顕こそは聖人のご己証《こしょう》であります。したがって本願の精神もこの上人の真意を伝えたものとうかがえます。この開顕の功《こう》は、法然上人の専修《せんじゅ》念仏の伝統を伝えつつそのご精神は「たゞ信心を要とす」るにあった旨を伝えたものと見られます。なおこの問題についてはいろいろ論じたいのですが、紙面の都合上、以上の要点のみにとどめます。

本年は親鸞聖人ご誕生八百年、立教開宗七百五十年の嘉辰《かしん》を迎えるのでありますが、このときこそ聖人の教えをさらに明らかにすべき時代であります。それについて東西本願寺教団においては八代目の蓮如上人を中興《ちゅうこう》の師と仰いでいます。あるいは真宗再興の上人と仰いでいます。

蓮如上人の当時におけるご再興の精神とは何であったかをこの際反省しておきたいと思います。それは本願寺系に伝持せられた『歎異鈔』の精神に学ばれたものと思われます。そのことは『歎異鈔』の奥書に「右この聖教は当流大事の聖教なり」と言われたことによって知られます。

本鈔を「聖教」として取扱われたことは、次第相承《しだいそうじょう》の善知識《ぜんじしき》の教示と同価値の著述として、これを尊《そん》称《しょう》せられたことを意味します。

すなわち本鈔は、親鸞聖人の大精神を顕《あらわ》すものであって、その大精神を第一に出ている「弥陀の本願には老少善悪のひとをえらばれず、たゞ信心を要《よう》とすとしるべし。その故は罪悪深重、煩悩熾盛の衆生をたすけんがための願にてまします」の一点に見られたと思われます。故にその要点を蓮如上人は『御《ご》文章《ぶんしょう》』に、「聖人一流《いちりゅう》の御勧化《ごかんけ》のおもむきは、信心をもつて本《ほん》とせられ候」とも「一心一向《いっしんいっこう》に仏《ぶつ》たすけたまへと（たのみ）申さん衆生をば、たとい罪業は深重なりとも、かならず弥陀如来はすくひましりますべし、これすなはち第十八の念仏往生の誓願《せいがん》のこゝろなり」と示されてあります。ここに『歎異鈔』と『御文章』の血の通いを感得することができます。

なおこれについて考えられることは、本願寺系の相承《そうじょう》のなかには第三代目の覚如上人がましますことであります。覚如上人の著である『口伝鈔』を見ると、そこには法然上人・親鸞聖人・如信上人三代伝持の口伝相承の法門が記されています。そしてその口伝相承の要点を末尾の文に「一念無上《いちねんむじょう》の仏智《ぶっち》をもつて凡夫《ぼんぶ》往生《おうじょう》の極促《ごくそく》とし、一形憶念《いちぎょうおくねん》の名願《みょうがん》をもつて仏恩報尽《ぶっとんほうじん》の経営《けいえい》とすべしとつたふるものなり」とあります。信心正因称名報恩《しんじんしょういんしょうみょうほうおん》が伝承のすがたであると示されているのであります。この覚如上人の伝承の法義は、やがて蓮如上人にうけつがれ、真宗再興の偉業を成しとげられたのであります。

四　当流大事の聖教

蓮如上人はこの覚如上人の伝承をうけ、その相承の大精神をさらに『歎異鈔』に学びとり、『歎異鈔』を「当流大事の聖教」と称讃し、これを依準《いじゅん》して真宗をご再興あそばしたとうかがえます。

遠く親鸞聖人滅後の関東教団の状態を思うに、当時は高田門徒《たかだもんと》・横曽根《よこそね》門徒・鹿島《かしま》門徒・荒木《あらき》門徒等、各地に集団が構成せられていました。とくに高田門徒の人々は、覚如上人の頃から反本願寺系の色を濃くしています。法脈相承《ほうみゃくそうじょう》の本流は聖人の直弟《じきてい》真仏《しんぶつ》上人と考え、真仏上人のころから「唯授一人入親鸞《ゆいじゅいちにんにゅうしんらん》位《い》」ということが言われていました。「親鸞位」とは、聖人からひそかに真仏上人にのみ授けられたものというのです。「唯授一人入親鸞位」というのがそれであります。『歎異鈔』は以上のような傾向のあった時代に「先師口伝の真信に異なることを歎き、後学相続《こうがくそうぞく》の疑惑あることを思う」て聖人の身内であった唯円大徳の手によって口伝血脈《けちみゃく》の法を伝えたものであります。それは他力の宗旨《しゅうし》の乱るることをおそれ「同心行者《どうしんぎょうじゃ》の不審を散《さん》ぜんがため」であります。してみると『歎異鈔』は、まことに「当流大事の聖教」であります。蓮如上人の真宗ご再興の精神「親鸞にかえる」大精神は、『歎異鈔』にその指導理念を学ばれたものかと思われます。

（昭和四十八年一月『宗教』誌掲載）

第一講

歎異鈔のこころ

緒言

竊《ヒソカニ》廻《メグラシテ》二愚《グ》案《アンヲ》一、粗《ホヾ》勘《カンガフルニ》二古《コ》今《コムヲ》一、歎《ナゲキ》レ異《コトナルコトヲ》二先師《センシノ》口《ク》伝《デン》之《ノ》真《シン》信《シンニ》一、思《オモフニ》レ有《アルコトヲ》二後学《コウガク》相続《サウゾク》之《ノ》疑《ギ》惑《ワク》一、幸《サイハヒニ》不《ズハ》レ依《ヨラ》二有《ウ》縁《ヱンノ》知《チ》識《シキニ》一者、争得《イカデカエン》レ入《イルコトヲ》二易《ヰ》行《ギヤウノ》一《イチ》門《モンニ》一哉《ヤ》。全以《マタクモテ》二自見《ジケンノ》之覚語《カクゴヲ》一、莫《ナカレ》レ乱《ミダルコト》二他《タ》力《リキ》之《ノ》宗《シュ》旨《シヲ》一。仍《ヨテ》故《コ》親鸞聖人《シンランシヤウニンノ》御物語《オンモノガタリ》之《ノ》趣《オモムキ》、所《トコロ》レ留《トヾムル》二耳底《ミヽノソコニ》一、聊《イサヽカ》註《シルス》レ之《コレヲ》。偏《ヒトヘニ》為《タメ》レ散《サンゼンガ》二同心行者《ドウシムギヤウジヤ》之《ノ》不《フ》審《シンヲ》一也《ナリト》、云々。

一　述作の動機

『歎異鈔』は親鸞聖人の直弟《じきてい》である唯円房の作と言われています。

唯円房が『歎異鈔』を著した心持ちをまずうかがいます。この心持ちは本書の始めの緒言と中間の別《べつ》序《じょ》と終りの総結《そうけつ》の文《もん》によって知られるのであります。

まず緒言は漢文であります。延《の》べ書《が》きしますと次のようになります。

「(イ)ひそかに愚案《ぐあん》を廻《めぐ》らしてほゞ古今を勘《かんが》ふるに、先師の口伝の真信《しんしん》に異なることを歎き、後学《こうがく》相続《そうぞく》の疑惑あることを思ふに、(ロ)幸《さいわ》ひに有縁《うえん》の知識《ちしき》によらずは、いかでか易行《いぎょう》の一門に入《い》ることを得んや。全く自見《じけん》の覚語《かくご》を以て、他力の宗旨を乱ることなかれ。(ハ)よって故親鸞聖人の御物語《おんものがたり》の趣《おもむき》、耳の底に留むるところ、いさゝか之《これ》を註《しる》す。ひとへに同心行者《どうしんぎょうじゃ》の不審を散《さん》ぜんがためなりと云々《うんぬん》」

この緒言で知られることは、(イ)先師口伝の真信に異なることを歎き云々とあるごとく親鸞聖人の滅《めつ》後《ご》において同心の行者のなかに異端者《いたんしゃ》の跋扈《ばっこ》したことを歎いて述作すること、(ロ)有縁の知識によれ、自見の覚語をもって他力の宗旨を乱さざるようにせよと師教随順《しきょうずいじゅん》を念ぜられたこと、(ハ)同心行者の不審を散ぜんために聖人の御物語《おんものがたり》をしるして、正法《しょうぼう》の伝持《でんじ》を願われたことなどであります。

次に中間の別序の所には

「そもそもかの御在生《ございしょう》のむかし、おなじこゝろざしをして、あゆみを遼遠《りょうえん》の洛陽《らくよう》にはげまし、信を一《ひとつ》にして、心を当来《とうらい》の報土《ほうど》にかけしともがらは、同時に御意趣《ごいしゅ》をうけたまはりしかども、そのひとびとにともなひて、念仏まうさるゝ、老若《ろうにゃく》、そのかずをしらずおはしますなかに、聖人の仰《おお》せにあらざる異義どもを、近来はおほく仰せられあうてさふらふよし、つたへうけたまはる、いはれなき条々《じょうじょう》」

とあります。

この文《もん》で知られることは、親鸞聖人の孫弟子に当たる人々の間に同聴《どうちょう》異聞《いもん》の異義があったので伝承の法義《ほうぎ》を掲げて、その誤りを訂《ただ》さんとせられたことが知られるのであります。この異義の内容については江戸時代の了祥《りょうしょう》師が一は誓名別執計《せいみょうべっしゅうけい》であり一は専修賢善計《せんじゅけんぜんけい》であったとせられてあります。誓名別執計とは「本願を信じ念仏せば仏《ぶつ》となる」すなわち「本願を信じ念仏して浄土に生まる」という教えを「本願を信ずる」ということと「念仏する」こととを別なることと分別《ふんべつ》して、「本願を信ずる」ということを重んじ、理知に偏《へん》して念仏することを軽んずる――いわゆる念仏を観念化したことを意味するものであり、専修賢善計とは「念仏して往生する」という念仏を執《しゅう》じて、念仏するという実行を重んじて善悪のはからいを加えて口称《くしょう》の念仏を主と見る――いわゆる念仏の律法《りっぽう》化を意味するのであります。この観念化と律法化の誤りを本鈔十八章のなかの後の八章で訂しているのであります。

終りに総結の文《もん》を見ると

「右条々《みぎじょうじょう》は、みなもつて信心の異なるより、ことおこり候《そうろう》か」と書き出して故親鸞聖人が法然上人のご膝下《しっか》で修学《しゅがく》の当時、勢観房《せいかんぼう》・念仏房《ねんぶつぼう》など御同朋《おんどうぼう》の弟子達のなかで親鸞の信心と法然上人の信心は同一であると申し出されたとき、御同朋の弟子達は「いかでかひとしかるべき（どうして同一であると言えるのか）」と難《なん》じて信心の一異《いちい》について争われた事蹟を載せて、親鸞聖人の入室《にゅうしつ》後の修学の時代において、すでに「親鸞の御《ご》信心に一《ひとつ》ならぬ御《おん》ことも候」と（信心を異にする人があったことを）述べて、「露命《ろめい》わづかに枯草《こそう》の身にかかりて候ほどにこそ、あひともなはしめたまふ人々の御不審をもうけたまわり（親鸞）聖人の仰せのさふらひし趣《おもむき》をも、まうし聴《き》かせまゐらせさふらへども閉眼《へいがん》ののちは、さこそしどけなき（しまりのない）ことどもにてさふらはんずらめと歎き存じさふらひて」云々と、親鸞聖人のご信心を一筋に明らかにして、聖人のご信心と異なることのないようにと念じているのであります。この念じている唯円の歎異の心が本鈔製作の動機であります。

さて聖人のご信心とはいかなる信心かというと、二種深信《にしゅじんしん》に他《ほか》ならないのであります。この旨を明らかにするために聖人の「そくばく（そこばく）の業《ごう》をもちける身にてありけるを（機《き》の深信）たすけんとおぼしめしたちける本願のかたじけなさよ（法《ほう》の深信）」とのご持言《じごん》と善導《ぜんどう》のお言葉とを載せて後に

「一室《いっしつ》の行者《ぎょうじゃ》のなかに信心異なることなからんためになくなく筆をそめてこれをしるす。名づけて歎異鈔といふべし。外見《がいけん》あるべからず」

と結んでいるのであります。

以上によって知られることは、緒言の文の「先師口伝の真信に異なるを歎き」といい、中間の別序に

「聖人の仰せにあらざる異義ども……いはれなき……」といい、総結の文に「信心異なることなからむためになくなく筆をそめ」と言われてあることによって前篇を通ずる著者の心持ちは「歎異」の二字に摂《おさ》まると言えましょう。

二 歎異の心理

さて「歎異」の心とは単なる異義に対する「批判」の心ではありません。「同心行者の不審を散ぜんため」という啓蒙の心をもった「一室の行者のなかに信心異なることなからんため」というやるせない心であります。これは、惑《まど》いのなかに悶《もだ》えている人々を抱《いだ》いて如来の加威力《かいりき》を乞うている態度であるとも申されます。あたかもこれは「母の歎き」とも言うべきものでありましょう。わが子の間違いにも批判の刃《やいば》を向けて裁くという母はありません。母というものは批判の刃を向けずに、かえって子のあやまちを親のあやまちとしてこれを歎くものであります。真に間違いを犯した息子をして廻心《えしん》せしむるものはこの「母の歎き」の心であると思います。「母の歎き」には垣《かき》がない。批判の心には「冷たい垣」があり刃があると思います。

よく今日世間で言われているような「政治家がなっていない」「教育者は何をしている」「宗教家の責任だ」というごとき第三者の批判でなく、「私《わたくし》がすまない育てをした」「どうか思い直して下さいよ」という歎異の心には対立がないと思います。自己の立場を固執《こしゅう》して力を以て圧伏せんとするのでなくして、固執を離れて「共に抱いて泣く」「共にもう一度聞き直しましょう。反省させてもらいましょう」という対立解消の鍵を「歎異」の心が示しているように思われます。米ソの対立によって冷たい戦争が行われています。日本はそのなかに介在して世界苦を負わされているように思われます。左《ひだり》すべきか右《みぎ》すべきか、いずれも真に日本を救う道とも思われません。ただわが国において世界に誇るべきものがあるとせば仏教でないでしょうか。しかもその仏教のなかにおいて親鸞聖人の道が私どもの前に唯一つの道として開かれているように感ぜられるのであります。それは念仏の心において、その念仏の心が具体的には歎異の心において開かれているように思うのであります。宗祖親鸞聖人の伝統を歎異の心として受け取られた唯円房の道は、さらに私どもへ一つの指針を与えているとも感ぜられるのであります。

「母の歎き」は「歎異の心」に通ず。いな歎異の心そのものと言えます。『歎異鈔』という題名は二つの世界の争いのなかに一つの指針を示す言葉でないでしょうか。私《わたくし》はこの唯円房の歎異の心を『歎異鈔』の上に読者の皆さんとともに味わいたいと思います。従来、多く本書を異義の批判の書と見られています。しかし、私は批判の書でなく歎異の書としての意義をたずねたいと念ずるのであります。

さりながら、かかる歎異の心は何に根ざすのでしょうか。それは言うまでもなく他力信心というものに根ざしていると思われます。他力信心とは他力廻向《えこう》の信心であります。そのものがらは如来大悲《だいひ》の仏《ぶっ》智《ち》であります。如来大悲の仏智は無縁《むえん》の大悲、――善悪平等の智慧の慈悲であります。如来の大悲には差別《しゃべつ》はないのであります。「生々《せいせい》これ天の徳なり」と言います。太陽や雨露《うろ》・水土《すいど》は善悪平等に恵みをたれて万物を生かしめ給うのであります。一本の雑草の上にも小さい薬草の上にも平等に潤益《じゅんやく》して天地には差別はないのであります。無差別平等の天地に比《ひ》せられる仏心《ぶっしん》がわれら衆生心《しゅじょうしん》に顕《あらわ》れるとき、信心と言われます。しかも平等の慈悲は、特に罪悪深重《ざいあくじんじゅう》の身の上にそそがれています。ここに無縁の大悲の衆生縁が尊く仰がれるのであります。されば仏《ぶつ》の救済を罪悪の救済として本願の意義を特に明らかにせられたところに浄土教の先達《せんだつ》の功労があります。そこでこの本願領受《りょうじゅ》の身の信相《しんそう》は罪の救いとしての機法《きほう》二種の深信となります。これが本願の心であります。なぜなれば、弥陀の本願は「罪悪深重《ざいあくじんじゅう》、煩《ぼん》悩熾盛《のうしじょう》の衆生（機）をたすけんがための願《がん》（法）」であるからであります。

　この本願の心のほかに親鸞聖人の「真信」とてなく、また「御意趣《ごいしゅ》」もなく「仰せ」もないのであります。また伝統の七高僧《しちこうそう》の信心もありません。ここに平等一味《いちみ》の信心ということが成立するのであります。この本願の信を親鸞聖人は「そくばくの業《ごう》をもちける身《み》にてありけるを（機の深信）たすけんとおぼしめしたちける本願のかたじけなさよ（法の深信）」と領解《りょうげ》せられたのであります。しかもこの機法二種の深信を表明せられた代表者は善導大師《ぜんどうだいし》であります。そこで『歎異鈔』の作者は「そくばくの業をもちける身にてありけるをたすけんとおぼしめしたちける本願のかたじけなさよ」との親鸞聖人のご持《じ》言《ごん》を「今また案《あん》ずるに善導の自身は現にこれ罪悪生死《ざいあくしょうじ》の凡夫《ぼんぶ》、曠劫《こうごう》よりこのかたつねにしづみつねに流転《るてん》して出離《しゅつり》の縁あることなき身としれという金言《きんげん》にすこしもたがはせおはしまさず」云々と善導大師の二種深信を以てこのお言葉の裏付けとして本願の信の伝統を明らかにしているのであります。

さて、信心を異にする異安心《いあんじん》、仰せに非ざることを仰せという異義者とは誰でありましょうか。他《ほか》ならぬ、私《わたくし》自身なのであります。本願の心に背《そむ》きながら背けることを知らず、本願に相応《そうおう》せざる言語を弄《ろう》してしかも無反省なのは私自身であります。異義・異安心とは如来のご恩を知らず、また如来のご恩を無にしている者、それは他ならぬ私であります。それはやがていつのまにか「自見の覚語をもつて他力の宗旨を乱」している姿であります。あいすまぬことであります。自見の覚語をもってよしあしを論ずることは何時《いつ》の時代にもある。あたかも法然上人門下の人々の間においてもすでに信心一異の諍論《じょうろん》があった。しかし本願の信は清くしてそれらに決して汚染《わぜん》せられないものなのであります。さりながら「善し悪しをのみ申し合ひ」「自見の覚語」に滞《とどこお》ることは仏恩《ぶっとん》を汚染し、仏智《ぶっち》に反抗するものであります。反省すべきはこの心であり、帰すべきは本願の心であります。『歎異鈔』の作者は、大悲の御心《みこころ》に動かされつつ伝統の精神を憶念《おくねん》して親鸞聖人の真信は二種深信に他ならぬことを明示して、「仰せに非ざる言葉」「自見の覚語なるもの」を歎きつつ「信心異なることなからんため」また一面「同心行者の不審を散ぜんため」「泣く泣く筆を染め」られたものが本書であります。したがって本書は、一字《いちじ》一涙《いちるい》の歎異の聖教《しょうぎょう》であると言うことができると思います。

第二講　善悪を簡《えら》ばず

一　弥陀の誓願《せいがん》不思議にたすけられまゐらせて、往生をばとぐるなりと信じて、念仏まうさんとおもひたつこゝろのおこるとき、すなはち摂取不捨《せっしゅふしゃ》の利益《りやく》にあづけしめたまうなり。弥陀の本願には、老少善悪《ろうしょうぜんまく》のひとをえらばれず、たゞ信心を要《よう》とするとしるべし。その故《ゆえ》は、罪悪深重《ざいあくじんじゅう》、煩《ぼん》悩熾盛《のうしじょう》の衆生《しゅじょう》をたすけんがための願《がん》にてまします。しかれば本願を信ぜんには、他《た》の善も要《よう》にあらず。念仏にまさるべき善なき故に。悪をもおそるべからず。弥陀の本願をさまたぐるほどの悪なきが故にと云々。

『歎異鈔』第一章は三段に切ってうかがうことができます。三段とは左《さ》のとおりであります。

(一) 弥陀の誓願不思議にたすけられまゐらせて、往生をばとぐるなりと信じて、念仏まうさんとおもひたつこゝろのおこるとき、すなはち摂取不捨の利益にあづけしめたまふなり。

(二) 弥陀の本願には、老少善悪のひとをえらばれず、たゞ信心を要とするとしるべし。その故は、罪悪深重、煩悩熾盛の衆生をたすけんがための願にてまします。

(三) しかれば本願を信ぜんには、他の善も要にあらず。念仏にまさるべき善なき故に。悪をもおそるべからず。弥陀の本願をさまたぐるほどの悪なきが故にと云々。

第一段は信の一念に摂取不捨の利益にあずかる旨《むね》を示されたものであり、第二段は善悪を簡《えら》び給わぬ罪悪救済の本願の旨を示されたものであり、第三段は機の善悪に滞《とどこお》って本願のみ心に達せざる者を誡《いまし》められたお言葉であります。

窃《ひそ》かに思いますと『歎異抄』の前十章に出されてある聖人のお言葉をうかがうには、その前提をなすものを考慮に入れてうかがわねばならぬと思います。「前提をなすもの」とは「聖人の御物語《おんものがたり》」の出づるについての「問い」であります。すなわち、関東から、はるばるたずねてきたお弟子、あるいは侍者《じしゃ》たりし弟子の方々によって投げかけられた「問い」が前提となっていると思われます。それは緒言にも「故親鸞聖人の御物語の趣、耳の底に留むるところ、いさゝかこれをしるす」とあるように、前十章はすべて親鸞聖人の御物語であります。と同時にそれは歩みを遼遠《りょうえん》の洛陽《らくよう》に運んで、志を同じうして心を当来の浄土にかけし関東の弟子達が同時に「問い」を出して、それに対する「答案」を親鸞聖人より承った「御意趣《ごいしゅ》」でもあります。そこにはともに抱ける不審があったに相違ありません。聖人の御物語はその不審に対する答案としての御物語であったと思われます。そこで『歎異鈔』の前十章をうかがうについては、その前提をなす人々の「御不審」を考慮に入れてうかがわねばならぬと思います。

それでは第一章において、その前提となるものは何であったでありましょうか。窃《ひそ》かに思いますと、それは「善悪二業について、往生のたすけ、さはり二様《ふたよう》に思ふ」心であったと思います。そのことは、第三段の「しかれば本願を信ぜんには他の善も要に非ず……悪をもおそるべからず……」と諭《さと》されている聖人のお言葉がこれを証明していると思います。すなわち「しかれば本願を信ぜんには云々」とあるお言葉がこれを裏書きしています（「しかれば」「本願を信じたならば善悪は問題とならぬのである」ということではない）。このお言葉は「しかれば本願を信ぜん信には、善悪は要《よう》にあらず」と善悪を要としている不審を散じて「善悪の沙汰《さた》は要にあらず」と示されたお言葉であります。善悪を要として沙汰するのは信罪福《しんざいふく》の道徳倫理の世界であります。本願の大道《だいどう》は、善悪平等の救いであります。不簡《ふけん》善悪の法であり善悪摂取《せっしゅ》の法であります。そこで第二段に「弥陀の本願には老少善悪の人を簡《えら》ばれず」と聖人は本願の約束は不簡善悪の法である旨を高く掲げて「善も要にあらず、悪も恐れなし」と善悪に滞って本願の意趣に達せざる機を教誡《きょうかい》せられたものがこの一章の旨帰《しき》であるとうかがえるのであります。

私どもが、弥陀の本願に対する場合、善悪をかえりみる要なき所以《ゆえん》は、本願がすでに老少善悪を簡び給わぬ本願だからであり、「罪悪深重、煩悩熾盛の衆生をたすけんがための願」であるからであります。

しかし「不要」に対して「為要《いよう》」があります。それは本願の信であります。故に「たゞ信心を要《よう》とすとしるべし」と第二段に示されたのであります。しかしてこの「たゞ信心」の内容は如何《いか》なるものであるかと言いますと、それは第一段の「弥陀の誓願不思議にたすけられまゐらせて往生をばとぐるなりと信ずる」信のほかのものであってはなりません。ここに「たすけられる」とは『歎異鈔』にあらわれた他力救済をあらわす特殊な表現であります。「弥陀の誓願」とは「南無《なも》阿弥陀仏とたのませたまひて迎へん」というお約束であります。この約束にたすけられるという信心であります。この信の内容を「念仏まうさんと思ひたつこゝろのおこるとき」と申されたのであります。ここに問題となりますことは「信ぜんとき」とあれば「信の始め」を示されたものとうなずけるのでありますが「信じて念仏申さんと思ひたつ心の起こるとき」とあるのは「信じて後に念仏申さんという心が起こる」のか「信じたとき念仏申さんと思いたつ心が同時に並んで起こる」のか、「信じた信が念仏申さんと思いたつ後続《ごぞく》の心を孕《はら》んでいる」というのか、ここの文の解釈には古来苦労されているのであります。しかしかかる問題は、聖人の当時の歴史的背景を見ることによって消釈《しょうしゃく》せられると思います。聖人の晩年の頃、この本願の信心について「誓願不思議を信ずるか、名号《みょうごう》不思議を信ずるか」と言い争うていた人々があったのであります。これに対して聖人は「誓願不思議を離れたる名号不思議もなく名号不思議を離れたる誓願不思議もなし」と誡められてあります。こうした分かつべからざる誓願と名号を「誓願と名号」というように思想的に分離して信心を概念化していた異解《いげ》のあった歴史的背景を考慮に入れますと、この誓願不思議を離れたる名号不思議のない信一念《しんいちねん》の表現としては「弥陀の誓願不思議にたすけられまゐらせて往生をばとぐるなりと信じて（誓願不思議）念仏申さんと思ひたつ心の起こるとき（名号不思議）摂取不捨の利益にあづけしめ給ふなり」と表現せられた意味もすなおに受けとられるように思います。誓願を離れたる名号もなく名号を離れたる誓願もない。その信一念の信心の具体的表現としてはこれ程完備せる表現はないとうかがわれるのであります。

　したがって「本願を信じ、念仏申さんと思ひたつ心の起こるとき」とは本願救済の信一念の内容を明示せる周到なる表現として有り難く感戴《かんだい》せらるべきでありましょう。「心を当来《とうらい》の報土《ほうど》にかけて往生浄土の道」を明らかにせんとする関東の御同行《おんどうぎょう》に対する聖人のお言葉は、その一語一語をゆるがせにせられてはおりません。この表現には、聖人の真剣なご態度が躍如《やくじょ》として活躍しているように思われます。名号をとなえん者を迎えんという他力本願の信心、これをほかにして聖人の信仰はありませぬ。この信仰を端的に表現せられているのが第一段の主旨とうかがわれます。

　更《さら》に「念仏申さんと思ひたつ心の起こるとき」という表現の上には、かつて聖人が若かりし日（二十九歳）法然上人に遇《あ》い奉《たてまつ》って「よき人にもあしきにも同じやうに生死《しょうじ》出づべき道をきゝ、さだめ」（『恵《え》信尼文書《しんにもんじょ》』の一節）られた入信の体験が内容をなしているともうかがえるのであります。かくのごとき

「念仏申さんと思ひたつ心の起こる」心の状態が、どうして私どもの心理作用として出てくるのでありましょうか。聖人は法然上人に遇い奉って六角堂《ろっかくどう》に百日こもらせられたように、百ヶ日、降るにも照るにも、いかなる大事にも、法然上人を尋ねて「後世《ごせ》のたすからんずる道」を聞き定められたのであります。ここに「後世のたすからんずる道」と申されたのは「第十八願のこころ」でありましょう。したがってこの「本願のこころ」を聞いて聞いて聞きぬかれたときに、聖人の心境に「信心」が恵まれたものと思われます。それは、聖人の「廻心《えしん》」であります。その廻心の端的をあらわされたものが「念仏申さんと思ひたつ心の起こるとき」というみ心であろうかと思います。

次に第二段の「弥陀の本願には老少善悪の人をえらばれず云々」のお言葉を消釈《しょうしゃく》するには、聖人の「入信の記録」を更に調べる必要があると思います。

さて聖人の入信の記録をうかがいますと(イ)「化身土文類《けしんどもんるい》」には「建仁辛酉《けんにんかのとのとり》の暦《れき》(聖人二十九歳)雑《ぞう》行《ぎょう》を棄てヽ本願に帰《き》す」と聖人は自ら記録されてあり、(ロ)覚如上人は『親鸞聖人伝絵《でんね》』に「たちどころに他力摂生《せっしょう》の旨趣《しいしゅ》を受得《じゅとく》し、あくまで凡夫直入《じきにゅう》の真信を決定《けつじょう》しましましけり」と伝えてあります。しかしこの記録ではあまりに簡単でありまして、聖人入信の過程を充分に知ることができません。そこで更に『恵信尼文書』「吉水入室《きっすいにゅうしつ》の消息」を繙《ひもと》きますと、遮般《しゃはん》の事情が更に詳細に載せられてあります。

「山を出《い》でヽ六角堂に百日こもらせ給ひて、後世《ごせ》を祈らせ給ひけるに、九十五日のあか月《つき》、聖徳太子の文《もん》を結びて示現《じげん》にあづからせ給ひてさふらひければ、やがてそのあか月いでさせ給ひて、後世の助からむずる上人（縁）にあいまいらせんとたづねまいらせて、法然上人にあいまいらせて、また六角堂に百日籠《こも》らせたまひてさふらひけるやうに、また百か日、降るにも照るにも、いかなる大事にもまいりてありしに、たゞ後世のことは、よき人にもあしきにもおなじやうに生死いづべき道をばたゞ一《ひと》すぢに仰せられさふらひしを、うけたまはりさだめてさふらひしかば、上人のわたらせたまはんところには、人はいかにも申せ、たとひ悪道《あくどう》にわたらせたまふべしと申すとも『世々《せせ》生々《しょうじょう》にも迷いければこそありけめ』とまで思ひまいらする身《み》なればと、やうやうに人の申しさふらひしときも仰せさふらひしなり」

この恵信尼の記録は聖人の吉水入室の事実をよく伝えています。

この『恵信尼文書』の記録に表れた大切な事項を箇条書きいたしますと次のようになります。

(イ)　六角堂に百日参籠《さんろう》して後世を祈られたこと
(ロ)　九十五日の暁に聖徳太子の示現にあずかり法然上人を尋ねられたこと
(ハ)　法然上人の膝下《しっか》に百ヶ日通われたこと
(ニ)　法然上人より善悪の諸機《しょき》平等に救われる道を聞き開いて安心決定《あんじんけつじょう》せられたこと
(ホ)　法然上人の渡らせ給う所は「たとひ地獄なりともとまで思ひまゐらする身」と仰せられたこと

(イ)によって知られることは聖人は二十九歳、建仁元年の春、比叡《ひえい》の山を出でて百日の六角堂参籠《さんろう》を企図《きと》せられました。その目的は後世のたすからんずる道を明らかにするためであったことであります。そのときの聖人の問題は、「世々生々に迷ひければこそありけめ」とか「いづれの行もおよび難き身」(第三章に出《い》づ)というお言葉を裏付けとしていただくとき、どうにもならぬ宿業《しゅくごう》の穢身《えしん》と出離生死《しゅつりしょうじ》の道との両立しない矛盾に悩まれたことが思われます。

(ロ)によって知られることは、聖人は聖徳太子の文を結び、その示現にあずかって法然上人をたずねられたということであります。この記事は、聖人が法然上人を尋ねて後世のたすからんずる道を聞かんと座を払って名師《めいし》を尋ねんと決心をせられるに至った動機は太子の指南《しなん》であったことを物語っていると思われます。

ここに「聖徳太子の文」とは何を指すのであるかについては、史家の間に問題がありますが、思うにこれは『松子伝《しょうしでん》』に出《い》ずる三骨一廟《さんこついちびょう》の偈《げ》であったであろうと思われます。三骨一廟の偈とは

大慈大悲ノ本誓願　愍二念《ミンネン》スルコト衆生一ヲ如シ二一子一ノ
是ノ故ニ方便シテヨリ従二西方一　誕二生シテ片州一ニ興二ス正法一ヲ
我ガ身ハ救世観世音ナリ　定慧《ヂヤウヱ》契女《カイニヨ》ハ大勢至ナリ
生二育セル我ガ身一ヲ大悲ノ母ハ　西方教主弥陀尊ナリ

真如真実本《モト》一体《ナリ》　一体現《ズルモ》レ三《ヲ》同一身《ナリ》
片域《ノ》化《ケ》縁《エン》亦已《スデニ》尽《キ》　還《ゲン》二帰《キス》西方我《ガ》浄土《ニ》一

……………………………（以下略）

等の二句十一行の偈であります。この文は聖人が終生太子を思慕されたことをうかがい知る資料として大正の頃注意された西本願寺所蔵の『上宮太子御記《じょうぐうたいしぎょき》』の終りに載せられてある文であります。この御記は正嘉《しょうか》元年聖人八十五歳に書写せられた後に寂忍《じゃくにん》が伝え、覚如《かくにょ》上人が更に書写せられたものであることが知られますが、ともかくこの三骨一廟の偈は太子の信仰が弥陀信仰にあったことを伝えている文書であります。聖人はここに思いを致し太子のご精神を発見し、和国《わこく》の教主《きょうしゅ》たる太子の精神に導かれて、座を立って法然上人をたずねられたものとうかがえるのであります。つまり法然上人にあい奉らんとの決心が太子示現の文によって導かれたことを示すものと思われます。

思うに建仁元年に先立つこと二十六年、承安《しょうあん》五年春以来、法然上人は専修《せんじゅ》念仏の旗色《はたいろ》も鮮明に浄土の一宗を建立し、吉水《よしみず》の草庵に拠《よ》って弥陀念仏の法を伝えており、その名は比叡山上の修道者《しゅどうじゃ》の人々にも知られていたことであろうと思われます。しかしながら、当時の仏教界は法然の主張は偏頗《へんぱ》なるものとして、あるいは異端なるもの、破《は》法罪《ほうざい》を犯せるものとしてその批判も鋭く行われていたのであります。年若き親鸞聖人も世論に耳を傾けて上人を尋ねることに躊躇《ちゅうちょ》し、決然と立って教えを法然上人に請うまでに至らなかったのであろうと思われます。しかるに今や機縁《きえん》熟して、太子の示現にあずかり、後世のたすからんずる上人として法然上人を尋ねんと決意せられ、百日参籠の満願《まんがん》の日をあと五日に控えつつ、九十五日目の暁《あかつき》に満願の有無にかかわらず座を立って道を吉水に求められたものと思われます。

まことに太子の引導《いんどう》と上人の教化《きょうけ》とは相《あい》よって、ここに親鸞聖人は「他力摂生の旨趣を受得し、あくまで凡夫直入の真信を決定」せられることになったのであります。『伝絵』の伝えるごとく、聖人は二菩薩の引導によって如来の悲願を弘《ひろ》められたのであります。二菩薩とは、観音の化身《けしん》たる聖徳太子と勢至の化身たる法然上人であります。しかしこの廻心は、一朝《いっちょう》にしてなされたのでありましょうか。このことを伝えるのが(ハ)の記事であります。

(ハ)について知らされることは、聖人は法然上人にあいまいらせて直ちに他力摂生の旨趣を受得せられたものでなく、百日の間、降るにも照るにも吉水に通うて聞法求道《もんぼうぐどう》せられたということであります。すなわち全身全霊を打ち込んで徹底的に本願念仏の心を法然上人よりお聞きになったのであります。しかもその本願念仏の法義《ほうぎ》において廻心せられた法味《ほうみ》は、善悪平等の救いという内容であったという事実であります。それは「よき人にもあしきにも同じやうに生死出づべき道をばたゞ一筋に仰せられさふらひしを、うけたまはりさだめてさふらひしかば」という記事で明瞭であります。それは「自《おの》ずから然《しか》らしめらるる」願力自然《がんりきじねん》の大道でもありますが、その法は「不簡《ふけん》善悪の法」であったのであります。この事実の記録と今の『歎異鈔』の第一節の「弥陀の本願には老少善悪の人をえらばれず」というお言葉とは、前後相応、符節《ふせつ》を合《あわ》すごとき叙述であります。すなわち「不簡善悪」の本願大悲の生命が一貫して流れております。二十九歳のときの聖人の信念が、六十歳をすぎて京都にかえられ、その後にせられた物語にも同じ諧調《かいちょう》をもって、聖人のみ言葉としてほとばしって出ているところに深き注意をそそがねばならぬと思います。「不簡善悪」とは善悪因果《いんが》の理を超えた超因果の世界の開眼《かいげん》であったと思われるのであります。それは道徳と宗教との分化を意味するとも言えるでしょう。善悪差別の世界は、世間道《せけんどう》でありまず。善悪平等の世界は、出世間道《しゅっせけんどう》であります。善悪の沙汰を超える別天地であります。かの『唐《とう》詩選《しせん》』に

余《われ》に問ふ、何の意《い》あつてか碧山《へきざん》に栖《す》むと
笑つて答へず心自《こころおのず》から閑《かん》たり
桃花流水窅然《とうかりゅうすいちょうぜん》として去る
別に天地あり人間《じんかん》にあらず

という有名な詩があります。「桃花流水窅然として去る」とは善悪差別《しゃべつ》の世界でなく、差別世界でない無差別平等の別の天地であります。それは人間沙汰でないものであります。人間の善悪、我他彼此《がたぴし》の世間道の天地ではない。この自然法爾《じねんほうに》の世界は、住んでみない人にはわからぬ。「何をか自然法爾の世界」

と問われても咲而答《わらってこた》えることはできぬ。この詩はそうした信仰の天地を心にくいまでに言いあらわしているとも味わえます。

したがって不簡善悪の法に触れる道は善悪差別の心を離れるほかはない。ここに「他の善も要にあらず」「悪をも恐るべからず」とする徹底した教誡《きょうかい》が聖人の信念として吐露《とろ》せられたわけでありましょう。不簡善悪の法に直参《じきさん》する道は、ただこれを領納《りょうのう》するほかはない。故に「たゞ信心（領納）を要とすとしるべし」と単刀直入、往生浄土の道は本願の約束に従うほかないと示されたものが、この法語《ほうご》の中核であろうとうかがわれるのであります。

これについてすぐ思われることは、絶対的な師教随順《しきょうずいじゅん》の態度であります。『歎異鈔』第三章に出ている「たとひ法然上人にすかされまゐらせて地獄におちたりともさらに後悔すべからず候《そうろう》。その故は、いづれの行もおよびがたき身なればとても地獄は一定《いちじょう》すみかぞかし」というお言葉があります。そのことと軌《き》を一《いつ》にする記事であります。何という確固たる確信でしょう。何という絶対的な師教随順の態度でしょう。しかしこの確信と随順とには、聖人の「いづれの行もおよびがたき身」という人間の宿業《しゅくごう》に対する深い反省が背後に光っていることを忘れてならぬと思います。それは人間が個としての肉体を持てる限り、貪瞋名利《とんじんみょうり》の煩悩より脱しえざる制約と宿業を持てることを割引なしに如実《にょじつ》に諦観《たいかん》せられてあるということであります。その結果としてもたらされる道理は、善悪因果に照らされた「必堕無間《ひつだむけん》」という信知《しんち》であります。「地獄は一定すみかぞかし」とは、この善悪応報道《おうほうどう》の必然の結論であります。この因果道《いんがどう》より一歩も抜け出られぬ人間親鸞を見定めて念仏道に随順せられた信念なる故に、「たとい悪道にわたらせ給うべしと申すとも」とまで思いまいらせられたのであろうと思われます。このことについては、いずれまた第三章（第五講）において詳述したいと思います。

第三講　往生極楽のみち

一　おのおの十余ヶ国《じゅうよかこく》のさかひをこえて、身命《しんみょう》をかへりみずして、たづねきたらしめたまふ御《おん》こゝろざし、ひとへに往生極楽のみちをとひきかんがためなり。しかるに、念仏よりほかに往生のみちをも存知《ぞんじ》し、また法文等《ほうもんとう》をもしりたるらんと、こゝろにくゝおぼしめしておはしましてはんべらんは、おほきなるあやまりなり。もししからば、南都北嶺《なんとほくれい》にも、ゆゝしき学生《がくしょう》たち、おほく座《おわ》せられて候《そうろう》なれば、かのひとにもあひたてまつりて、往生の要《よう》よくよくきかるべきなり。親鸞におきては、たゞ念仏して弥陀にたすけられまゐらすべしと、よきひとの仰《おお》せをかぶりて、信ずるほかに別の子細《しさい》なきなり。念仏は、まことに浄土にむ（生）まるゝたねにてやはんべるらん、また地獄におつべき業《ごう》にてやはんべるらん、総じてもつて存知《ぞんじ》せざるなり。たとひ法然上人にすかされまゐらせて、念仏して地獄におちたりとも、さらに後悔すべからず候。その故は、自余《じよ》の行《ぎょう》もはげみて仏《ぶつ》になるべかりける身が、念仏をまうして地獄にもおちてさふらはゞこそ、すかされたてまつりてといふ後悔もさふらはめ、いづれの行もおよびがたき身なれば、とても地獄は一《いち》定《じょう》すみかぞかし。弥陀の本願まことにおはしまさば、釈尊の説教《せっきょう》、虚言《きょごん》なるべからず。仏説《ぶっせつ》まことにおはしまさば、善導《ぜんどう》の御釈《おんしゃく》、虚言したまふべからず。善導の御釈まことならば、法然の仰せ、そらごとならんや。法然の仰せまことならば、親鸞が申すむね、またもつてむなしかるべからず候か。詮《せん》ずるところ、愚身《ぐしん》の信心におきてはかくのごとし。このうへは、念仏をとりて信じたてまつらんとも、またすてんとも、面々《めんめん》の御《おん》はからひなりと、云々《うんぬん》。

『歎異鈔』第二章を拝読するには従来考究されているように二つの当時の関東の出来事を考慮に入れておく必要があります。一つは親鸞聖人のご子息善鸞大徳《ぜんらんだいとく》の異義であり、一つは日蓮上人の「念仏無《ねんぶつむ》間《けん》」等の妨難であります。善鸞という方が如何《いか》なる異義を主張せられたのかということは文献の上ではあまり明瞭でないのでありますが、『御消息《ごしょうそく》』等によりますと本願を「しぼめる花」にたとえたということでもあり、関東の御同行《おんどうぎょう》達が「慈信坊《じしんぼう》がやうやうにまうし候なるによつて」日ごろの信心のたじろぎおうて教団内に動揺を起こしていたことを伝えているのであります。これに対して親鸞聖人は「慈信坊がまうすことをこれより（私が）申し候と御心得《おんこころえ》さふらふ、ゆめゆめあるべからず。法門《ほうもん》のやうも、あらぬさまに申して」と善鸞の異義のいわれなきこと、また特別な法門の伝授《でんじゅ》を行ってもいない事情を書き送って、奥郡《おうぐん》の大網《おおあみ》を中心とする人々、関東の御同行達の疑いを散《さん》じ、かつ、かかることを徒《いたずら》に信じて動揺を来たしているのは「日頃の信心の定まらぬ」故であると注意をされています。また

「親鸞も偏頗《へんぱ》あるものとき、さふらへば、ちからをつくして『唯信鈔《ゆいしんしょう》』（聖覚《せいかく》の作）『後世物語《ごせものがたり》』（信空《しんくう》の作）『自力他力《じりきたりき》の文《もん》』（隆寛《りゅうかん》の作）『二河《にが》の譬喩《ひゆ》』（善導大師の文）なんどをかきて」送っていられるのであります。

こうしたことから遂に親鸞聖人は善鸞に対して義絶《ぎぜつ》の消息を送って勘当《かんどう》しているのであって、純な念仏の法義《ほうぎ》を護持《ごじ》するためには父子の情を裁ち切って、これを濁《にご》しこれを乱す善鸞に対して父子の義を断絶するに至られた聖人の心境はまことに痛ましきものがあります。

次に日蓮上人の妨難というのは、唱題成仏《しょうだいじょうぶつ》を提示し一宗を唱導《しょうどう》せられた日蓮上人が、念仏教団に対して、念仏者は無間地獄《むけんじごく》に堕ちる（念仏無間）と妨難の毒舌を向けられたことを意味します。謗法《ほうぼう》の罪は無間地獄の業《ごう》であります。法然上人によって開かれた専修《せんじゅ》念仏の法門は聖道《しょうどう》の法門を雑行《ぞうぎょう》とおとしめて、ひとえに念仏をすすめている。聖道の法門は釈尊の説き置き給いし正法《しょうぼう》である。これをおとしめることは謗法の罪をおかしているものである。故に念仏者は無間地獄に堕つると難ぜられたのであります。

以上のごとく、当時の関東には内に善鸞大徳の異義あり、外に日蓮上人の妨難があって親鸞聖人の弟子達は念仏の信心に動揺を来たしていたのであります。

いまこの第二章の初めに「おのおの十余ヶ国のさかひをこえて、身命をかへりみずして、たづねきたらしめたまふ御こゝろざし、ひとへに往生極楽のみちをとひきかんがためなり」とあります。関東（主として常陸国《ひたち》）から京都まで東海道を常陸・下総《しもうさ》・武蔵《むさし》・相模《さがみ》・伊豆《いず》・駿河《するが》・遠江《とうとうみ》・三河《みかわ》・尾張《おわり》・伊勢《いせ》・近江《おうみ》・山城《やましろ》と十余の国々を越え、命がけで聖人を訪ねて来た理由には、こうした事情があったことが汲み取られるのであります。

しかし、それは聖人訪問の事縁ではありますけれども、同時にそれには理由がなくてはなりません。すなわち京都の聖人に会いまいらせせんと思い立つ動機がなくてはなりません。それは当時関東の同行達の持っていた疑問であったと思います。その疑問とは、念仏の信心を教えられつつも、なおそれに満足し同心し得ない「あるもの」があったのに相違ありません。その「あるもの」とは、念仏の基礎となるものがあるように思われる。あるいは念仏は非行非善《ひぎょうひぜん》と言われるが、やはり念仏は善根《ぜんごん》となるものでないかと思われる。「念仏一つ」と言われるけれども、お念仏だけでは何かたよりない。これは何か一つ奥の手があるのでないか、といういろいろの疑いがあったと思われるのであります。こうした日頃の信心に対する疑問が、善鸞の異義や日蓮の妨難を事縁《じえん》として、聖人訪問の動機となったものと思われるのであります。

しかればその目的は、日頃の信心のたじろいだ者をたじろがぬ者へ、確定しない者を確定した者へという念願であらねばなりません。そこで聖人は「たづねきたらしめ給ふ御こゝろざし、ひとへに往生極楽のみちをとひきかんがためなり」と問わんとする人々の心理をまず的示《てきじ》されたのでありましょう。

「往生極楽のみち」という言葉は「本願の大道《だいどう》」を意味するのであります。本願には「もし生《うま》れずは正覚《しょうがく》を取らじ」と誓われてあります。「生れる」とは往生極楽であります。されば本願こそは「往生極楽のみち」であります。言葉を替えると「後世《ごせ》」の問題であります。後世の問題とは、娑婆《しゃば》を食い倒して来世はお浄土で楽隠居《らくいんきょ》を決め込むということではなく、この穢身《えしん》を捨てて浄土の証《さと》りを得る、転迷開《てんめいかい》悟《ご》の道であります。しかしこの「後世の問題」という言葉は、現代の思想生活には何か縁の遠い響きを感ずるので「後世の問題よりはパンの問題がより大事だ」というように言われがちであります。しかしこれは偏見であります。

いったい明治以来、日本の教育というものは、西洋文化の教育であります。宗教であれ、哲学であれ、学問であれ、芸術であれ、政治・経済であれ、また制度文物であれ、色々の方面において西洋思想、西洋文化の訓練を受けているのであります。キリスト教が日本に伝わって相当久しい歳月を経ており、その信者も相当数にのぼっているのでしょうが、いわゆるキリスト教信者はそれ程多いとも思われません。しかし、不知不識《しらずしらず》の間に我々はキリスト教的思想を受けています。キリスト教の信仰を別に持つわけでないが冥々《めいめい》のうちにその感化を受けていると思います。文物制度を通じてその影響を受けている。文学を通じ、映画を通じ、哲学を通じ、政治を通じてその感化を受けている。そうしたことが真宗の学問の上にも如来を「絶対他者」であるとか、衆生と仏とは絶対断絶の関係であるとか、キリスト教神学の言葉がいつの間にか仏教学のなかに這入《はい》ってきておるのであります。かようにいろいろの部面に西洋思想というものを受けている。日本は祖先以来仏教文化、東洋文化に育てられているのです。日本文化というものは、仏教を信ずると否とを問わず、仏教を基調としております。もちろん明治以来は、急にその趣《おもむき》が変更せられたようでありますが、ともかく明治以前は日本文化の基調は仏教思想でありました。そこで仏教思想はそうした意味で今日といえども日本の文物および思想生活の一角になお現存していると思います。しかし西洋文化をキリスト教思想と見るならば、今日の我々は別にキリスト教信者でなくともキリスト教思想に動かされていると思います。思想の問題とは、単に思想を説き研究するだけでなく、文物制度に具体化している思想生活が問題なのであります。それを自覚するのでなく、知らず識らず生活し行動しているところに思想は動いていると思います。

そこで今日日本に動いている思想は、西洋の思想を抜きにして考えることはできません。ルネサンス以来のヒューマニズムの考え、更《さら》に世間でいう「人生とは戦いである」「戦いのなかに平和がある」「戦いとは祈りである」「平和は戦い（祈り）の実現にある」という考え、キリストは一生涯戦いを以て終始したのだ。こうした考え方が西洋思想でないのでしょうか。「死」に関しても、キリストの十字架と涅槃像とを対比するとき、何か東洋的なるものと西洋的なるものとの相違を感ずるのであります。

西洋の考え方には矛盾と撞着《どうちゃく》をすぎて平和がある、という弁証法《べんしょうほう》的な考え方があります。これは一つの理想主義でありまして、理想と現実との対立の上に理想の光を輝かしていこうとする、こうした祈りの上に西洋の思想信念というものが受け取れるようであります。この考え方は、仏教的な思想とはまったく異なったものでありまして、仏教は調和を求める教えであります。死の問題にしましても、安んじて死んで行ける道、死は戦いでなくして、死は一切との調和への道、やすらいの道として迎えるのであります。西洋の考え方を人間中心、人間が人間であることに満足する考え方と規定すると仏教は人間が仏になることを教える道と言えるのであります。

いま「往生極楽のみち」とは「人間の仏になる道」としてこれを示されているのであります。仏になる道として親鸞は「念仏」を法然上人より承《うけたまわ》った。この念仏道が「往生極楽の道」であります。この第二章はこの意味において「往生極楽の道」を問える人々に「念仏道」を明示して、これやがて本願の大道たるを明らかにせられんとされたものとうかがえるのであります。

宗教の問題とは自我を主張し、自我の実現であると、主我《しゅが》的に問題を取り扱うのでなく、自我の妄《もう》執《しゅう》をえぐりとって自我を改造するところに、すわわち「仏教は無我《むが》にて候」と言われたごとく、無我の境地をわが手に入れるところにあると思います。親鸞聖人が貴族を相手にせず庶民を相手にして念仏の法を説かれたのも、仏道を教えられたもので、仏道は庶民の上に平等に開かれているのであるから、法のごとくこれを伝えられたもので、決して被圧迫階級の解放という社会革命を目的として行化《ぎょうけ》せられたのではありません。人を階級的に取り扱いまた解放するのは政治法律の沙汰であって宗教の本質とするところではないと思います。

如来の平等の大悲を宣布する上に階級の差別はない、この宗教思想が当時の政治・制度の上にある程度の改新を催す影響をもち来たすことはありましても、階級打破の社会革新の社会運動と決して混同すべきものではありません。釈尊出世《しゅっせ》の本懐《ほんがい》にしても、親鸞聖人の出現にしても、真実なる宗教の開拓にこそその目的があったのであって、社会改革がその目的でなかったことを深く心得ておかねばならぬと思います。

「往生極楽のみち」、それは直《ただ》ちに現代思想の「パンの問題」を解決する道ではない。それは人間解放というか、人間改造というか、人間解脱《げだつ》の道を教えるのであります。この問題を掲げて関東の同行は歩みを遼遠《りょうえん》の洛陽《らくよう》（京都）にはげまし、信を一にして願いを当来《とうらい》の浄土にかけんとして十余ヶ国の国境を越えて聖人を訪ねられたのであります。しからば、かかる問題に対して聖人は何を示されたのでありましょうか。それは我らの上にすでに用意せられている本願念仏の道でありました。その本願念仏の道に、すでに聖人は参加せられている。その道は、また聖人の信の内容でもありました。この第二章の上には、その問える者と答える者との緊張した、一語もゆるがせにせざる空気が受け取られるのであります。そのことについては、第四講において領解《りょうげ》したいと思います。

第四講　念仏の伝統

さて第二章には「念仏」という言葉がたびたび出ております。摘《ひろ》ってみると

(イ) しかるに念仏よりほかに往生のみちをも存知《ぞんじ》し……
(ロ) 親鸞におきてはたゞ念仏して……
(ハ) 念仏はまことに浄土にむまる、たねにてやはんべるらん……
(ニ) 法然上人にすかされまゐらせて念仏して……
(ホ) 念仏をとりて信じたてまつらんとも……

というようにたびたび「念仏」の語が出ております。思うに『歎異鈔』という書物は、全篇を通じて「念仏」の道を明かされたお聖教《しょうぎょう》とも見られるのでありますが、そのなかにおいても特にこの第二章は、その念仏の意義を点抽《てんちゅう》せられた一章であると見ることができるのであります。また『歎異鈔』は親鸞聖人の念仏の信心に異なる異義を挙げて歎いて書かれたのであります。したがって『歎異鈔』は客観的に言えば、「念仏の意義」に暗き者のために「念仏の伝統」を明らかにし、主観的に言えば、親鸞聖人の真信《しんしん》を誤解せる者に対して、親鸞聖人の信心は二種深信《にしゅじんしん》のほかなきことを示されたものとうかがわれる

のであります。もちろん主観的とか客観的とかいうのは一応の分別《ふんべつ》でありまして、具体的には念仏の信心のほかなきものであります。しかし一応分別いたしますれば、この第二章はその「念仏の意義」を明らかにせられた一章であると見ゆるものであります。それでは、親鸞聖人の「念仏の意義」が如何《いか》なる次第をもってこの章には明かされてあるかというと

一　念仏と解学《げがく》
二　念仏と行善《ぎょうぜん》
三　念仏と業道《ごうどう》
四　念仏と伝統

の四段に分かってうかがいうると思います。

一　念仏と解学

まず本章の始めに、「しかるに、念仏よりほかに往生のみちをも存知し、また法文等《ほうもんとう》をもしりたるらんと、こゝろにくゝおぼしめしておはしましてはんべらんは、おほきなるあやまりなり。もししからば、南都北嶺《なんとほくれい》にも、ゆゝしき学生たち、おほく座《おわ》せられて候《そうろう》なれば、かのひとにもあひたてまつりて、往生の要《よう》よくよくきかるべきなり」とあるお言葉は「念仏と解学」との関係を明らかにせられたものとうか

がえます。

善導大師《ぜんどうだいし》は「学」ということについて解学と行学《ぎょうがく》とを分別せられてあります。解学は法門《ほうもん》の知識を積むことです。されば一切の教法《きょうぼう》を学んで、その知識は広くして深きことを願うものであります。そしてその学によっていよいよ法門の旨《むね》を知るべきであります。行学とは身につける実践の学であります。したがって行学は有縁《うえん》の法によるべきであります。関東の御同行《おんどうぎょう》は「念仏よりほかに往生の道」（念仏以外の法門）を聞かんとし、または「往生の要《よう》」（往生浄土の法門の要義）を尋ねんとしている。それは解学でありましょう。それに対して親鸞聖人は行学としての「念仏道」を高く掲げて解学はその筋の人に訊《き》けと示されてあるようであります。「念仏して弥陀にたすけられまゐらする」教えを信ずるほかに何者もない。「往生極楽のみち」としては、念仏の信心のほかに何者もない。これが聖人の態度であります。「何者もない」とは、唯信《ゆいしん》の大道でありまして、「ただ信ずる」――念仏に生かされている信のほかに何者もなき身たることを表明せられたのであります。解《げ》を学ばんとせられるならば、親鸞はその任でない。学解《がくげ》を積まんとせられるならば、その道の専門家たる南都北嶺の学生《がくしょう》にあい奉《たてまつ》りて聞かるべきである。親鸞におきて、答えうるものは「念仏の解学」でなく「念仏の信心」のみである、と申されたのであります。すなわち念仏への理解と念仏の体験とは学ぶ態度において異なるものがあります。念仏は、身につくべきもので、頭で分別すべきものでないことを裁断《さいだん》せられたお言葉とうかがえるのであります。ここに「信仰と知識」についての問題が裁断せられているとも思われます。と同時に、生命を賭《と》して解決を迫る求道者《ぐどうしゃ》に対決する聖人の緊張感が見られるのであります。

二　念仏と行善

次に「念仏と行善」とは「念仏はまことに浄土に生まるゝたねにてやはんべるらん、また地獄におつべき業《ごう》にてやはんべるらん、総じてもつて存知せざるなり」「親鸞におきては、たゞ念仏して弥陀にたすけられまゐらすべしとよきひとの仰《おお》せをかぶりて信ずるほかに別の子細《しさい》なきなり」と述べられた一段の意趣《いしゅ》を指すのであります。

ここに念仏を「浄土のたね」「地獄の業」と主張する考え方を打破して「浄土に生まるゝたねにてやはんべるらん、また地獄におつべき業にてやはんべるらん、総じてもつて存知せざるなり」と言われているのは、当時における一般的通念として地獄、極楽とは勧善懲悪《かんぜんちょうあく》のためで、善いことをすれば極楽へ行く、悪いことをすれば地獄に堕ちる、これは悪に傾く人を教えて善をつましめる方便のために地獄、極楽を説くのであるという考え方がありました。言葉を換えると、念仏の信仰を、道徳のお手伝いをするもののように考える考え方であります。もちろん、善悪応報《ぜんあくおうほう》は仏法の説くところでもあります。しかしそれは惑業《わくごう》の因果《いんが》として多く説かれる真理でありますが、いま「本願の念仏」は、かかる惑業の因果を超えた、如来の因果において成就《じょうじゅ》せられた法である。されば、その如来の法は勧善懲悪の因果の枠で律すべきものでない。「地獄におつべき業」「極楽に生まるゝたね」と沙汰《さた》して、如来の大悲を忘れて惑業の因果の枠に引き降ろす沙汰は念仏道に対する越権《えっけん》の沙汰であって、この親鸞のあずかり知らざるところである。念仏の道は如来の因果として聞き習ったところのものである。かえって念仏を万善万行《まんぜんまんぎょう》の総体として廃悪修善《はいあくしゅぜん》の定散心《じょうさんしん》（自力心《じりきしん》）の手で握るところに念仏の意義を誤る過失を招く。このことわりを明断《めいだん》せられたるものが「浄土に生まるゝたねにてやはんべるらん、総じてもつて存知せざるなり」というお言葉でないでしょうか。道徳的業道《ごうどう》の因果の心をもって超因果の念仏をとらえてはならぬことを教えられているようであります。

三　念仏と業道

「たとひ法然上人にすかされまゐらせて、念仏して地獄におちたりとも、さらに後悔すべからず候。その故は、自余《じよ》の行《ぎょう》もはげみて仏《ぶつ》になるべかりける身が、念仏をまうして地獄にもおちてさふらはゞこそ、すかされたてまつりてといふ後悔もさふらはめ、いづれの行もおよびがたき身なれば、とても地獄は一定《いちじょう》すみかぞかし」とある法語《ほうご》の精神は「いづれの行もおよびがたき身」の上に行われる「念仏」というものを明らかにせられたようであります。

いったい親鸞聖人が「いづれの行もおよびがたき身」と言われた反省には如何なる思想が働いているのでしょうか。窃《ひそ》かに思うに、そこに宿業感《しゅくごうかん》というものがあると思われます。宗祖の宿業感を明らかにするには、仏教にいう㈠異熟《いじゅく》宿業と㈡業《ごう》宿業ということを考慮に入れるべきでありましょう。㈠異熟宿業とは異熟の果として受けたこの身はどうにもならぬということであり、㈡業宿業とは異熟の身には制約せられた、行為に自由にならぬ三業《さんごう》があるということであります。されば異熟宿業にせよ、業宿業にせよ、ともに決定的な、思いにまかせぬ不自由な制約を受けている身心《しんしん》であることを指すのであります。すなわち賢善精進《けんぜんしょうじん》の姿を示して精進の行をやってみてもそれは異熟宿業・業宿業の身心にとってはどうにもならぬものがある。それを「いづれの行もおよびがたき身」という体感としてあらわされたものでありましょう。この語はまた「愚身《ぐしん》の信心」と言われた「愚身」とか「そくばくの業をもちける身」と言われた「身《み》」にも通ずる考え方であります。「身」とは異熟の果体であります。

かくて、「自余の行をはげみて仏になるべかりける身」でなく「いづれの行もおよびがたき身」たる親鸞聖人は、それを宿業と感じ、その身を解脱《げだつ》せしむる道が「念仏」であって、それを「念仏して弥陀にたすけられまゐらすべしとよき人（法然上人）のおほせをかぶりて信ずるほかに別の子細なきなり」と的示《てきじ》せられたものでありましょう。ここに聖人の信味《しんみ》が躍如《やくじょ》としています。

思うに「たゞ念仏して」の「たゞ」の二字を、従来多く、念仏に係わる副詞のごとく読まれていますが、静かにこの第二章を見ると「たゞ」という副詞は、後の「信ずる」にかかるようであります。さればこのお言葉は唯信念仏《ゆいしんねんぶつ》――「念仏をただ信ずる」――念仏往生の教えをただ信ずるほかに別の子細なき意味を表明せられたものとうかがえます。されば聖人の道は「念仏をただ信ずる」この念仏の一道よりほかに往生の道もなく、法門の要《よう》もなかったものであります。極楽で助かるのでなく、それより更《さら》に適切な「念仏の救い」――念仏に遇《あ》える身――これが関東の同行に対して示された聖人の全信念であったのでありましょう。

四　念仏と伝統

本章の終りに

「弥陀の本願まことにおはしまさば、釈尊の説教、虚言《きょごん》なるべからず。仏説まことにおはしまさば、善導の御釈《おんしゃく》、虚言したまふべからず。善導の御釈まことならば、法然の仰《おお》せ、そらごとならんや。法然の仰せまことならば、親鸞が申すむね、またもつてむなしかるべからず候《そうろう》か。詮《せん》ずるところ、愚身《ぐしん》の信心におきてはかくのごとし」

とあるを「念仏と伝統」としてうかがいます。

『歎異鈔』の第二章には、この「念仏と伝統」ということが特に明らかにされています。「念仏と伝統」とは、念仏は弥陀の本願の約束で、それは如来の成就せられた法である。この法は、すでにして調《ととの》えられてある。釈尊はこの法を説き、善導大師またこの法に生かされ、法然上人またこの法に浴《よく》し、親鸞もまたこの法を信ず。この法は、凡夫の身のなすによりてはじめて生じ、なさざるをもってまた失《う》する法ではない。とかくのはからいを超えた法である。迷いの業報《ごうほう》の因果にしばられる我ら衆生を包んで、しかもその因果を超えて如来のはからいによって成就せられた如来の因果の法である。我らすでに、この如来の因果に包まれている。その法が釈尊・善導・法然と伝承説示《せつじ》せられてある。さればただ我らはこの法に乗《じょう》ずる。この法を仰ぐことのみが我らに許されてある。さればただ我らは、この法に乗ずる。この法を仰ぐことのみが我らに許されてある道である。親鸞はただこの法に生かされているのみである。かくのごとく念仏の伝統を明らかにせられたのが本節の特色であるとうかがわれます。かくのごとき念仏の伝統を示された御物語《おんものがたり》は他の章にはない本章のみにある特色であります。

しかし、このお言葉において、宗祖親鸞聖人が自身の信念を打ち出さるるに当たって「愚身の信心」と申された言葉は注意しなくてはなりません。「愚身の信心」とは「おろかなる身にいただかれた信心」ということで、「智者の信心」でなく、また「愚心の信心」でもない「愚身の信心」と言われたことは意味があります。親鸞聖人が申された宗教は、単なる精神の問題でもない。また智者の宗教でもない。愚身の宗教であることであります。

身《み》と心とは如何《いか》に考うべきか、身は心の依持《えじ》となるものであり、また心は身をして身たらしめるものでもありましょう。こうした考え方に従えば身心一如《いちにょ》と見るべきであり、身を離れて心なく、心を離れて身も考えてはならぬのでありましょう。しかし宗教とは「心の問題」であるというふうに考え、あるいは精神主義であるごとく考えている人々に対して、「愚身の信心」という言葉は単なる心の問題、精神の問題でなく「身の問題」を解決しているように思われる。身の宗教であることを暗示しているのでないでしょうか。このことについては、なお考うべき問題があるようであります。

更に本章の終りに

「このうへは、念仏をとりて信じたてまつらんともまたすてんとも」云々《うんぬん》と結ばれてあります。

如来は「救いの法」を成就してすでに十劫《じっこう》の昔に調《ととの》え給うてある。我らはこの用意せられてある念仏に乗じ、その如来の誓いに救われてゆくのである。法を成就することは如来のなし給う仕事である。しかしその法を信ずるのと信ぜざるとは我らの自由意志に委《ゆだ》ねられてある。これまた我らの自由である。そこで宗祖は「念仏の伝統」を高く掲げて、しかる後に「このうへは念仏をとりて信じたてまつらんとも捨てんとも面々の御《おん》はからひなり」と、信不信は皆々さまのご自由であると結ばれたものでありましょう。まことに味わうべき法語であります。

「信教の自由」は、すでに七百年前に洞破《どうは》せられているようであります。

第五講　悪人成仏の勧励《かんれい》

一　本文の分科

(一)　善人なほもつて往生をとぐ、いはんや悪人をや。しかるを、世《よ》のひとつねにいはく、悪人なほ往生す、いかにいはんや善人をや。この条《じょう》、一旦《いったん》そのいはれあるににたれども、本願他力《ほんがんたりき》の意《い》趣《しゅ》にそむけり。

(二)　その故は、自力作善《じりきさぜん》のひとは、ひとへに他力をたのむこゝろかけたるあひだ、弥陀の本願にあらず。しかれども、自力《じりき》のこゝろをひるがへして、他力をたのみたてまつれば、真実報土《しんじつほうど》の往生をとぐるなり。

(三)　煩悩具足《ぼんのうぐそく》のわれらは、いづれの行《ぎょう》にても生死《しょうじ》をはなるゝことあるべからざるを、あはれみたまひて願《がん》をおこしたまふ本意《ほんい》、悪人成仏のためなれば、他力をたのみたてまつる悪人、もつとも往生の正因《しょういん》なり。よつて善人だにこそ往生すれ、まして悪人はと、仰《おお》せさふらひき。

二　本章の要旨

この第三章は悪人成仏の大道《だいどう》を勧励《かんれい》せられたものであります。従来本章を「悪人正機《あくにんしょうき》の本願」を明らかに示されたものともうかがわれてあります。その故は本章の終りに、「願をおこしたまふ本意、悪人成仏のためなれば」等とある文に着眼してうかがわれたからであります。しかし本章は「悪人成仏の大道」を勧励せられた章と見るのが穏当であろうと思います。何となれば「善人なほもつて往生をとぐ、いはんや悪人をや」と申されてあるからであります。このお勧めは、もと法然上人のお言葉で、意訳すると「善人も本願に帰して往生を期《き》し給う、まして悪人凡夫《ぼんぶ》は、なにはさておきこの他力を憑《たの》むべき」であると勧められた言葉であるとうかがえるからであります。まことに自力作善《さぜん》をなしうる善人も作善の努力を捨てて本願を仰ぐ、まして作善の力なき悪人凡夫はいよいよ本願を仰ぐべきでありましょう。罪悪の凡夫の前に開かれたる唯一の道はただこの本願のほかはないからであります。悪人の成仏の唯一の道は本願のみであります。そこで、かかる本章の要旨を三段に分けてうかがいたいと思います。

第一段は悪人正機の本願は善人も仰ぐ大道なることを示して、世間の是認している善人の往生の唱導《しょうどう》は不徹底なるを明らかにせられたものとうかがわれます。第二段は、自力作善（善人修道《しゅどう》）の道と他力本願の道とを相対《あいたい》して善人も他力道《たりきどう》に帰《き》する旨《むね》を明らかにし、第三段は、弥陀の本願は悪人を正機とする本願なる故に、いずれの行も及び難き煩悩具足のわれらの道たる旨を述べて、いよいよ本願に帰すべき旨を勧励せられたものであります。

三　悪人への唱導

法然上人の直弟である勢観房源智《せいかんぼうげんち》によって伝えられた法然上人の『一期物語《いちごものがたり》（法然上人伝記）』（醍醐《だいご》の三宝院《さんぼういん》に在る）には法然上人のお言葉として

一、善人なほ以て往生す、況《いわん》や悪人をやといふこと〈口伝《くでん》これ有り〉私《わたくし》に言《い》はく、弥陀の本願は自力を以て生死を離るべき方便《ほうべん》ある善人の為《ため》におこし給はず、極重悪人無他方便《ごくじゅうあくにんむたほうべん》の輩《やから》を哀れみておこし給へり。然《しか》るを菩薩・賢聖《げんしょう》も之《これ》について往生を求む。凡夫《ぼんぶ》の善人も此《こ》の願《がん》に帰して往生をう、況《いわん》や罪悪の凡夫、尤《もっと》も此の他力を憑《たの》むべしといふなり。

と伝えられています。従来「善人なほもつて往生をとぐ、いはんや悪人をや」という言葉は、親鸞聖人によって始めて顕示《けんじ》された己証《こしょう》の法門のごとく言われていますが、この『一期物語』（伝記）によって、そのもとは法然上人に出《い》ずる言葉であることが知られます。しかしてこのお言葉は、勢観房が「私に言はく」として領解《りょうげ》しているように、弥陀の本願のおこりは悪人成仏のためなるも、生死出離《しょうじしゅつり》の自力の方便《たより》ある菩薩も、善凡夫《ぜんぼんぶ》も、この願に帰して往生を願われている。まして罪悪の凡夫は尤《もっと》もこの願を憑《たの》むべきであるという旨を示された法語であります。したがって今の第三章の趣旨もまたこのご意趣であることがうかがわれます。そこでこのお言葉は反道徳的表現をもって真宗の本質を磨き出されたスペシャルな表現ではないのでありましょう。そうでなく極めて平凡に悪人凡愚《ぼんぐ》の前に開かれた唯一の道である本願にはやく帰すべき旨を勧励されたお言葉とうかがえるのであります。

この勧励において、当時世間一般の通念になっていた「悪人なほ往生す、いかにいはんや善人をや」という言葉を掲げ、これと今のお言葉とを対比して、鋭い取捨を加えております。すなわち「この条一旦そのいはれあるに似たれども本願他力の意趣にそむけり」とあるがそれであります。「この条一旦そのいはれあるに似たり」とは当時の世間の通念としての「悪人でも往生しうるならば善人はなおさら往生できる」という考え方を「本願他力の意趣に背《そむ》けり」と批判せられたのは如何《いか》にも適切であるとうかがえるのであります。それは第三段のところにある「願をおこしたまう本意、悪人成仏のため」という趣意を明らかにしようとせられたからであります。本願は悪人正機の願であり「罪悪深重、煩悩熾盛の衆生をたすけんがための願」であります。悪人目当ての願であり、「罪を救う」願であります。他の方便なき悪人の前に開かれた道であります。悪人にはこのほかに証《さと》りを得べき道はないのであります。他に道なき悪人凡愚《ぼんぐ》にとっては、帰すべき道はこの一筋道《ひとすじみち》であります。この意趣を知らされたものが「善人なほ往生す、いはんや悪人をや」というお言葉でありましょう。これに反した「悪人なほ往生す、いかにいはんや善人をや」という通念は、かえって「本願他力の意趣に背ける」ものと言わねばなりません。そこで鋭い取捨を加えられたものでありましょう。

この取捨は聖人の独断ではありません。まったく師匠法然上人の意趣を承《う》け継がれたものであります。大法《だいほう》を大法のままに相承《そうじょう》味得《みとく》せられたにすぎません。浄土教の啓拓者《けいたくしゃ》である善導大師《ぜんどうだいし》は本願の「十方衆生《じっぽうしゅじょう》」を「一切善悪の凡夫」と領解せられ、更《さら》に本願は「凡夫のためにして聖者《しょうじゃ》のためにあらず」と論究し、ついに「罪悪生死の凡夫を救う本願」であると頂戴《ちょうだい》せられてあります。この大師の意趣を承けられたのが法然上人でありまして、この意趣にもとづいて浄土教の独立を企図《きと》せられたのであります。親鸞聖人またこの意趣をうけて、悪人成仏の本願を勧励せられたのが今の章であります。かくて悪人の前に開かれた唯一つの道が本願であると、これを高く掲げて勧励せられるのが第一項の趣意であります。

思うに本願の道は「悪人成仏のため」とあるように、悪人にのみ局《かぎ》られた道のように見ゆるのであります。しかし「善人なほ往生す」というお示しは、この悪人のための道には、善人も参加せられるのであることが示されてあります。してみると悪人の救われるこの道は、善人にも及ぶという広大なる大道であることが知られるのであります。まことに本願の一道は、善人も悪人もえらばず、善人も帰す「不《ふ》簡《けん》善悪」の法であることが「悪人成仏のため」なる本願を聞く身にとって一層深き感激を覚えるのであります。

四　善人の往生と悪人の往生

さて次に、第二段と第三段とを一緒にうかがいたいと思います。第二段は、善人の往生を、第三段は悪人の往生を明かされたものとうかがえます。

およそ仏教の目的は、転迷開悟《てんめいかいご》であります。そしてこの大目的を達するためには、因果相順《いんがそうじゅん》の理《り》に従って、自らの努力を支払ってこの目的を達成するのであります。これについては仏道の実践には規定が設けられて、あるいは戒《かい》・定《じょう》・慧《え》の三学《さんがく》を説き、あるいは布施《ふせ》・持戒《じかい》・忍辱《にんにく》・精進《しょうじん》・禅定《ぜんじょう》・智慧《ちえ》の六度《ろくど》の行を教えられてあります。この規定によって自力作善《じりきさぜん》の行をはげみ、仏果を開くたねとしてこれを実践するのであります。この実践に堪《た》える人を「善人」と言うのです。

しかしこの実践を成就することは困難でありまして、現実の人生においては堪えざるところであります。そこでこの実践の完成を、他《た》の世界、他の清浄なる世界に往生して、そこでこの行を成就しよう、あるいはしたいと志したところに往生浄土の教えが拓《ひら》かれたのであります。しかしこのような浄土は、一種の修道場である上に、往生するについてもその往生の資格は修因感果《しゅいんかんか》の理法によって自力作善の努力によって自ら励まねばなりません。これもなかなか困難なので、そのためにその資格を成就し往生するために、仏力《ぶつりき》の加被《かび》を願うところがありました。しかし、かように仏力を乞いましても、なお根本の考え方は自力作善のたねなくてはその資格は成就せざるものと考えて来ました。

しかし阿弥陀仏の本願の浄土は、かかる考え方とはその趣《おもむき》をまったく異にしているのであります。阿弥陀仏の浄土建立《こんりゅう》の因果は、同じ因果でも次元が異なるのであります。すなわち阿弥陀仏の本願は、従来の世間《せけん》・出世間《しゅっせけん》の因果の理に超えているのです。浄法界《じょうほっかい》の因果なのであります。修因感果の理法を超えた因果です。そこで「他力法《たりきほう》」と言うのです。この他力法を開顕《かいけん》せられたのが親鸞聖人であります。この他力法と従来の自力作善の因果法とは、いわゆる次元がちがうのであります。

いま「自力作善のひとは、ひとへに他力をたのむこゝろ欠けたるあひだ弥陀の本願にあらず」とは、自力作善の法と、他力法との区別を裁断《さいだん》せられた明言なのであります。

次に「しかれども、自力の心をひるがへして他力をたのみたてまつれば真実報土《しんじつほうど》の往生をとぐるなり」と示されたのは、「善人の往生」を明かされたもので、自力作善の人も自力の心を捨て他力に帰すると願力《がんりき》の救済にあずかって、真実報土の往生をとぐのである、悪人成仏の道に、善人も参加するのである、という旨を述べられたものであります。

本願の大悲の涙は、善をたのみ、悪をおそるる心の上に流されています。それは不簡善悪の法に徹《てっ》せぬから善をたのみ悪をおそれるのであります。一度、不簡善悪の法に徹し奉れば、善にほこる心も悪におののく心も超えて、善悪平等に救われる大悲にひれ伏さずにはおられません。

まして「煩悩具足のわれら」「いづれの行にても生死を離るることあるべからざる身」のために如来は願をおこし給うた、と聞くならば、煩悩具足の凡夫、いづれの行もおよびがたき身は、ただ本願のかたじけなさに感謝せずにいられないはずであります。この感謝感恩《かんおん》こそ、如来の本願に報《むく》いる唯一の道なのであります。そして、この悪人の感謝感恩をこそ、如来は久しく待ち給うたものであります。「他力をたのみたてまつる悪人、もつとも往生の正因《しょういん》なり」とは、この意趣を道破《どうは》せられたものとうかがわれます。

「他力をたのみたてまつる悪人、もつとも往生の正因なり」とは日本語としても理解しにくい言葉であります。しかしこれは、合糅法《ごうじゅうほう》と省略法とを兼ねそなえた聖人の信仰感情よりほとばしり出た強い表現のお言葉であります。それは「他力をたのみたてまつるほかに悪人成仏の道なし」ということと、「他力をたのみたてまつる、これ往生の正因なり」という両者の概念を会合《えごう》して表現せられたものであります。古来、正因の文字を因地《いんじ》をあらわすとか、正機をあらわすとか、いろいろに会通《えつう》せられていますが、かかる会通の必要はなく「悪人正因」と申されたごとく見ゆる表現の上に汲めども尽きぬ悪人成仏の法味《ほうみ》を汲み取るべきであります。

これ悪人往生の本願を示すものであります。かくて本章においても、第一、第二章のごとく「他力をたのむ」唯信《ゆいしん》の一道に立ってこの法を勧励せられたのでありましょう。かくて、結ぶに「よつて善人だにこそ往生すれ、まして悪人はと仰せさふらひき」の語をもってせられてあります。一章を通じ、まことにきびきびしたお言葉で充たされていて、一言《いちごん》の無駄もありません。

思うに親鸞聖人の法語は、常に「唯信の一道」を高揚せられてあるように思われます。そのなかでも特に本章は、唯信勧励《かんれい》の一章であります。この勧励を、悪人成仏の悲願にもとづいて示されたるもの、これがこの第三章の趣意でなかろうかと窃《ひそ》かにうかがい奉《たてまつ》るのであります。

第八講　慈悲と念仏

一　本文の分科

(一)　慈悲に聖道《しょうどう》・浄土のかはりめあり。聖道の慈悲といふは、ものをあはれみ、かなしみ、はぐくむなり。しかれども、おもふがごとく助けとぐること、きはめてありがたし。

(二)　浄土の慈悲といふは、念仏して、いそぎ仏になりて、大慈大悲心《だいじだいひしん》をもつて、おもふがごとく衆生を利益《りやく》するをいふべきなり。

(三)　今生《こんじょう》に、いかにいとほし不便《ふびん》とおもふとも、存知《ぞんじ》のごとくたすけがたければ、この慈悲始終《しじゅう》なし。しかれば、念仏まうすのみぞすゑとほりたる大慈悲心にて候《そうろう》べきと云々《うんぬん》。

二　解　説

『歎異鈔』第四章は、社会生活における慈悲の問題、愛の問題を取り扱われた一章とうかがわれます。したがって本章は、次の第五章の父母《ぶも》孝養《きょうよう》（追善回向《ついぜんえこう》）の問題、第六章の師弟道《していどう》の問題とともに念仏者の対人関係――社会生活における立場を明らかに示された一章とうかがわれます。特に本章は、対人生活における愛の実践における念仏の意義を示されたものであります。人間の内に持てる親子の愛、夫婦の愛、隣人の愛――こうしたものをいま聖道の慈悲という語に約《つづ》めて示されているとうかがいますと、人間に恵まれたる他よりの慈悲に仏の慈悲、阿弥陀仏の大慈悲というものがあり、これを如来の慈悲、浄土の慈悲と申されたとうかがわれます。そこで慈悲を大別して「慈悲に聖道・浄土のかはりめあり」と示されたのでありましょう。仏教では慈悲活動を利他《りた》の行《ぎょう》と言います。聖道門といわず、浄土門といわず、およそ仏道には利他の行を説いていないものはありません。自利《じり》も利他のためですから利他行を説くものと言えます。この目的に向かって精進《しょうじん》努力する行を利他の菩薩行《ぼさつぎょう》と言います。そうしてその利他の基調をなすものは慈悲であります。慈悲に小悲《しょうひ》・中悲《ちゅうひ》・大悲《だいひ》がありますが、小悲は衆生縁《しゅじょうえん》の慈悲とも申します。衆生縁の慈悲とは衆生の苦悩を見てあわれみ、かなしみ（可愛がる）、育《はぐ》くまんとするものであります。

今は小悲において、まず慈悲の内容を説かれたものです。しかし、中悲は法縁《ほうえん》の慈悲、大悲は無縁《むえん》の慈悲と申されてあります。聖道の法門において説かれる慈悲において小悲の実践さえ聖者といえどもむつかしいのでありますから、凡夫にとっては極めて成就《じょうじゅ》し難いものであり、不可能に近いものです。そこで宗祖は「思ふがごとくたすけとぐることきはめてありがたし」と申されたのであります。これに対して浄土の慈悲というは、仏力《ぶつりき》に恵まれて浄土に往生して仏果《ぶっか》のさとりを得て再び娑婆《しゃば》世界に還《かえ》って思うがごとく衆生を利益《りやく》する還相摂化《げんそうせっけ》の行を言うのであります。これは如来より与えられるもの故、いかなる者にも行ぜられます。と同時に、この行は廻施《えせ》されるもの故、何人《なんぴと》にも可能な慈悲であると申されるのであります。そこで聖道の慈悲をひるがえして浄土の慈悲に帰すべきを勧められたものがこの一章です。そこでこの章を㈠聖道の慈悲㈡浄土の慈悲㈢念仏と慈悲という三節に分かって、趣意《しゅい》をうかがいたいと思います。

㈠　聖道の慈悲

『智度論《ちどろん》』に「大慈《だいじ》とは一切衆生に楽を与え、大悲《だいひ》とは一切衆生の苦を抜く」と言われてあるように、抜苦与楽《ばっくよらく》を慈悲と言うのであります。本章初めに「慈悲に聖道・浄土のかはりめあり」とは、この抜苦与楽の行に聖道・浄土――すなわち自力・他力の相違があると言われるのであります。これは一応聖道自力の法門において談《だん》ずる慈悲の利他行と浄土門において談ずる大悲廻向《えこう》の利他行には、相違があると言われるのであります。その相違とは何であるかと申しますと、人間の生まれながらにして持てる愛の心、これを基調とした慈悲活動と浄土の仏力によって行われる慈悲活動の相違であります。前者を聖道の慈悲といい、後者を浄土の慈悲と名づけられるのであります。聖道の慈悲とは、これを拡げてうかがいますと、今現に行われている人間的愛の生活（これには社会政策とか人倫の道とかいうものが含められます）で、それは「もの（有情《うじょう》）をあわれみ、かなしみ（可愛がる）、育くむ」心において行われているものでありましょう。しかし、その実践は「思うがごとくたすけとぐることきわめて有り難い」のであります。この「きわめて有り難し」とは何を意味するのでありましょうか。

思うに、聖道の慈悲は人間的なる故に、人間的制約を受けるということでしょう。人間的制約とは、一つには肉体的制約であり、二つは精神的制約であります。肉体的制約とは、人間のもてる肉体の個別性であります。肉体の苦悩はいかなる場合においても代ってやることができぬということです。子供の病気は親の病気と申しても、それは異体異心《いたいいしん》であって、異体である個別性のために代受苦《だいじゅく》できないということです。次に精神的制約とは、我らの持てる個別的主体を意味します。個別的主体は能感《のうかん》する世界を異にしているということであります。感応道交《かんのうどうこう》しうる人間性一般としては幾分の代苦は可能としましても、結局自己の業繫《ごうけ》としての主体生活は、ただ個別の自己においてのみ受けてゆかねばならぬものであるということであります。かかる制約があるから「いかにいとおし、不便《ふびん》と思うとも助け難い」のであります。

ここに慈悲生活の限界があります。そこで親鸞聖人は、この限界点を示して「助けとぐること、きはめて有り難し」と申されたのでないでしょうか。しかし「きはめて有り難し」とは不可能な故にこれを捨てよと言われたのでないことはくれぐれも注意しておかねばなりません。人間は不可能の上に立ちながら、あわれみいつくしみ育くまんとするところに一つの祈りとして、慈悲が行われ、ここに人間愛がありります。

(二) 浄土の慈悲

「浄土の慈悲」とは「念仏していそぎ仏《ぶつ》になりて大慈大悲心をもつて思ふがごとく衆生を利益《りやく》する」ことであります。このことは『西方指南抄《さいほうしなんしょう》』に「あながちに(念仏を)信ぜざらん人をば、御《おん》すゝめ候べからず。仏なほ力及びたまはず、いかにいはんや、凡夫の力は及ぶまじく候。かゝる不信の衆生をも過去の父母《ぶも》兄弟なりと思ひさふらひて慈悲を起して、念仏申して、極楽の上品上生《じょうぼんじょうしょう》に参りて覚《さと》りをひらき、速《すみや》かに生死《しょうじ》にかへりて、誹謗《ひぼう》不信の人をも、迎へむと思召《おぼしめ》すべきことにて候なり」との法然上人のお言葉を綴《つづ》られてありますが、このお言葉にも見えるように、浄土の慈悲とは浄土の上品上生のさとりを開いて生死にかえりて行う慈悲生活を言うのであります。親鸞聖人は、これを還相《げんそう》の利益《りやく》と名づけられてあります。しかし、この還相の利益は如来よりたまわるものであります。かく還相の利益が如来よりたまわることを還相の廻向《えこう》と言います。この還相の廻向は浄土の法門のみにあることであります。しかも、その実践の因《いん》は念仏の廻向として、念仏のすがたとなって行われるのであります。すなわち浄土に往生すれば、地上の心身の個別性の制約を脱して、新たなる無漏《むろ》清浄《しょうじょう》の心身を得て、無碍《むげ》の智慧をもって、自由に、思うがごとく、たすけとぐることになるのであります。これを浄土の慈悲と言います。

(三) 念仏と慈悲

親鸞聖人は第三節に「しかれば念仏申すのみぞ、すゑとほりたる大慈悲心にてさふらふべき」と結ばれてあります。この結びの言葉は、聖道の慈悲の「たすけとぐることきはめて有り難き」を知りて、念仏に帰して、念仏のこころにおいて行ぜられるとき、はじめて末とおりたる大慈悲心となる意味を顕《あらわ》して「念仏申すのみぞ」と申されたのでないでしょうか。聖道の慈悲は、たすけとぐることはできない、すえとおらぬものである、だからだめだ、ただ念仏のみがすえとおった慈悲である、だから念仏のみがよいのだ、と畳《たた》みかけて申されたお言葉でなくして、念仏のこころは聖道の慈悲の不可能を可能ならしめるものであることを高く掲げて、念仏の尊さを示されたもののようにうかがえるのであります。浄土真宗において教えられる往相《おうそう》の廻向・還相の廻向を静かに聞かせていただくとき、往相の廻向は、生死《しょうじ》の私《わたくし》をさとりの身として下さる道であり、還相の廻向は、さとりの身を得しめて行わしめる衆生《しゅじょう》利益《りやく》の利他大悲の道であります。すなわち人間の慈悲の営みたる「ものをあわれみ、かなしみ、育くまん」

とする、やるせない心を、如来はすでに見抜き給うて、それ自身のもてる限界と制約をかなしみ、それを超えて衆生を利益せしむる行において、無碍たらしむべく用意されているのが還相廻向であります。かくて、往相の廻向の上に還相の廻向までも、廻向法《えこうほう》としてすでに如来の願心《がんしん》の上に成就せられてあることを聞けば、聖道の慈悲の、たすけとぐること極めて有り難き制約を知るにつけても、その制約を解《げ》脱《だつ》せしめ、その不可能を可能にせしめる道が、阿弥陀仏の本願において用意せられたところに、心のやすらいを得《う》ると同時に、その無限の大悲に感泣《かんきゅう》せしめられるのであります。かく如来の大慈大悲に帰することによって、換言せば、念仏申さるる身において、聖道の慈悲は満足せしめられ、また安定も得られるのであります。これを浄土の慈悲と言います。この心持ちを「念仏申すのみぞすゑとほりたる大慈悲心にて候」と示されたようであります。

こうした浄土の慈悲は、私どもの現実生活においていかなる形をとるかと申しますと、助けたい心に助けられるのでないでしょうか。親を心配し、子を心配し、人を心配している私《わたくし》は、かえって心配せられていた私である。何とかしてあげたいという慈悲の心が、何ともならぬ現実の究極点に立って、念仏申する心に転ぜられるときに、しばらくお待ち下さい、やがて還相廻向させていただきますからと念仏申すときに、何ともならぬ心の、安らいをうるのであります。

私どもは国を愛し、村を思い、家を心配し、わが子に患《わずら》うのであります。親子の情に通う慈悲の尊さも知っております。社会道徳の仁《じん》の実践にも胸打たれるものがあります。至誠《しせい》は天にも通ずるものでありましょう。

まことに私なき無私の実践、滅私《めっし》の奉公《ほうこう》こそは道義の中核をなすものであります。しかし人間の個別性には一つの限界をもち、自我愛の妄執《もうしゅう》を脱却しえないあるものがあります。この個別性・自我愛を超えるものは、人間ならざる如来の行たる念仏への転入《てんにゅう》のほかに生かされる道はないようであります。この転入は、人間道としての道義より、如来道としての仏道に転入することであります。

この転入によってのみ「始終なき慈悲」が「すゑとほりたる慈悲」に転ずるのでないかと思います。ここを「念仏申すのみぞ」と申されたのではないかと思います。かくて聖道の慈悲は一貫しない不可能の上に立つ限界のあるものであり、浄土の慈悲は一貫せる、可能なる、無限界の大慈悲であります。

されば人間の実践が、念仏の心において行ぜられるとき、初めて人間の慈悲生活、慈悲活動もその安定をうるものでありましょう。

第七講　念仏と追善《ついぜん》

一　本文の分科

(一) 親鸞は父母《ぶも》の孝養《きょうよう》のためとて、一返《いっぺん》（遍）にても念仏まうしたること、いまださふらはず。

(二) (イ) その故は、一切の有情《うじょう》は、みなもつて世々《せせ》生々《しょうじょう》の父母《ぶも》兄弟なり。いづれもいづれもこの順次生《じゅんじしょう》に仏《ぶつ》になりて助け候《そうろう》べきなり。

(ロ) わがちからにてはげむ善にてもさふらはゞこそ、念仏を廻向《えこう》して、父母をもたすけさふらはめ。

(ハ) たゞ自力《じりき》をすてゝ、いそぎ浄土のさとりをひらきなば、六道四生《ろくどうししょう》のあひだ、いづれの業苦《ごうく》にしづめりとも、神通方便《じんづうほうべん》をもつて、まづ有縁《うえん》を度《ど》すべきなりと云々《うんぬん》。

二　一章の背景

『歎異鈔』はだいたい師訓《しくん》十章と歎異《たんに》八章と都合十八章からできています。その師訓十章も本鈔の著者の耳の底に留まる故《こ》親鸞聖人の御物語《おんものがたり》の趣旨を書き綴《つづ》られたものであります。したがって一章一章に、その御物語を引き起こす因縁《いんねん》があったと思われるのであります。そこで、かかる因縁となったものを想像して、いましばらく「一章の背景」と名づけておるのであります。

「親鸞は父母の孝養（追善供養《ついぜんくよう》）のためとて、一返にても念仏まうしたること、いまださふらはず」とは如何《いか》なる人々に対して申されたのでしょうか。思うに『平家物語』等にも出ているように「西国《さいごく》の軍《いくさ》と申すは親討たれぬれば孝養《きょうよう》（追善供養）し、忌《き》明けて寄する」という有様であり、あるいは「首をはねられたれば屍《しかばね》を取り寄せて孝養する」というごとく血なまぐさい争いの行われた時代であります。子の孝養（追善）、親の孝養、主人の孝養と孝養（追善供養）の盛んに行われた時代でもあります。ここに菩提を弔《とむら》うという思想も濃厚であります。熊谷直実《くまがいなおざね》が敦盛《あつもり》を一ノ谷の戦で「人手にかけ参らせんより、同じくは直実が手にかけ参らせて、後《のち》の御《おん》孝養をこそ仕《つかまつ》りさふらはめ」と言って首を斬《き》り、その孝養を動機として、法然上人に参りて念仏に帰入《きにゅう》せられたことも有名な話であります。したがって当時における念仏の道場《どうじょう》は、孝養のために念仏を修《しゅ》せられたものでありましょう。六十歳をすぎて関東より京都に帰られた聖人は、かかる意味の念仏の会座《えざ》を見聞もしておられたのでありましょう。また聖人の禅室《ぜんしつ》にたずね参られた人々のなかにも、かかる孝養の念仏を修しておられた方々もあったのでしょう。しかし聖人は、かかる意味の念仏会《ねんぶつえ》を特に行われなかったと想像せられるのであります。ところがあるとき弟子のなかに、父母の孝養には念仏に如《し》くものはないと申し募《つの》る人があって、それについて親鸞聖人のご意見をうかがったのであろうと想像せられるのであります。そのときの聖人のお答えが今の第五章でないかと思われるのであります。そこで「親鸞は父母孝養のためとて、念仏申したることいまだ候はず」と「親鸞は」と自名を掲げてお答えになったと思われます。「親鸞は」とか「親鸞におきては」とか申されているお言葉は、常に聖人の自督《じとく》を他に簡《えら》んで述ぶるときに用いられているようにうかがわれるのであります。ここに親鸞聖人に領納《りょうのう》せられたお念仏のご趣意《しゅい》が躍動しています。そこでその理由を相手に領納せしめる必要がある故に「その故は」と端《たん》を改め、「一切の有情は世々生々の父母兄弟なり」「わがちからにてはげむ善にあらず」「いそぎ浄土のさとりを開きなば、有縁を度すべきなり」とその所由《しょゆ》を披瀝《ひれき》せられたのであろうとうかがえるのであります。

三　一章の組織

そこでこの一章は初めに「親鸞は父母孝養のために念仏を申さない」と所信《しょしん》を述べ、後に所由を明らかにし、念仏は(イ)法界《ほっかい》のもの故、自己中心に限定すべきものでない。(ロ)他力の念仏は自力作善《じりきさぜん》の行でない。したがって機《き》のはからいに引き降ろすべきものでない。(ハ)如来の誓約《せいやく》によって順次生《じゅんじしょう》に自然《じねん》に還相《げんそう》の利益《りやく》はできる。という三由《ゆ》を示されたものとうかがえるのであります。そこで私《わたくし》はその三由を示された聖人のご意趣《いしゅ》を尋ね本章の要旨をうかがいたいと思うのであります。

四　一章の要旨

宗祖が父母の追善のために念仏申されなかった理由を三ヵ条掲げられた訳はどういうことでありましょうか。

(イ) まず第一由《ゆ》として「一切の有情は世々生々の父母兄弟なる故、順次生に念仏して助けよ」と申されています。このことは「私の父母のために」「私の先祖のために」と自我愛を許容した思想を拒否せられたのであろうと思われます。念仏は本願の念仏であります。本願には「十方衆生《じっぽうしゅじょう》」と誓われています。一応は自己の業識《ごっしき》が今の父母を縁としてこの世に生を受けたのでありますが、『心地観経《しんじかんぎょう》』には「有情は輪廻《りんね》して六道《ろくどう》に生ずること、猶《なお》し車輪の始終《しじゅう》なきが如《ごと》し。或いは父母となり、男女《なんにょ》となりて、世々生々に恩あり」とあるように、久遠《くおん》の私を考えて現在の有情を眺むるとき、一切の有情は世々生々の恩愛《おんない》の因縁《いんねん》につながるものであることが知られます。その一切の有情の法として弥陀の本願は建てられ、念仏は恵まれています。かかるお念仏を「私の父母のため」と限定して自己の追善に用うべきものでない。自己に限定することは、自我愛の肯定の下《もと》に行われることとなる。自然の人情として父母の追善を思うとき、父母をも含めた法界《ほっかい》の衆生の前に届けられてあるお念仏を領納して、その領納の徳として与えられる順次生の開覚《かいかく》をこそ俟《ま》つべきであると申されたのでありましょう。

(ロ) 第二由として掲げられた「わがちからにてはげむ善にてもさふらはゞこそ、念仏を廻向して父母をもたすけさふらはめ」とあるお言葉は、念仏は行者《ぎょうじゃ》のためには非行《ひぎょう》・非善《ひぜん》でありまして、わがはからいにて造る行でも、善でもないのであります。わがはからいにて造る善であり、はげむ行であるならば、自分の功徳《くどく》として、父母の追善のために廻向してみることもできるでしょう。本来、念仏は如来廻向の行であります。己《おのれ》が造る善根《ぜんごん》でないのであります。如来の行を己《おの》が善根とすることは、許されないのであります。許されていないことを親鸞はしないのであると申されたのであろうとうかがえます。

(ハ) 最後の第三由に「たゞ自力をすてゝ、いそぎ浄土のさとりをひらきなば、六道四生のあひだ、いづれの業苦にしづめりとも、神通方便をもつてまづ有縁を度すべきなり」と申されたのは、自力をすてて、ただ本願を信ずれば、念仏の利益として、臨終一念《りんじゅういちねん》の夕《ゆうべ》、速《すみや》かに大般涅槃《だいはつねはん》のさとりを開き、還相《げんそう》摂化《せっけ》と衆生を利益《りやく》する身となり、六道四生と迷いの境界に生まれて、いかなる業報《ごうほう》の苦を受くる人々をも神通方便をもって縁ある人々から助けることができるから、ただその念仏の自然《じねん》の益《やく》におまかせしているに過ぎない。この念仏の益に不足を言うべき筋はない。またこの浄土の益のほかに末とおりたる慈悲はない。だから私は父母孝養のためにいまだ一遍にても念仏申したることはないのであると申されたご意趣とうかがわれます。

五　一章余意

以上によって本章は、世に追善のために念仏を修していることの誤りを訂《ただ》し、念仏の意義を正しく示《じ》教《きょう》せられたことを、知りうるのであります。かくて念仏は、追善のために申すべきでないことが知られます。しかしここに注意すべきことは、父母を思うて念仏せられなかったということを意味するものではないということです。恩愛《おんない》の契《ちぎ》りとして亡き父母を偲びては聖人も念仏せられたことでありましょう。しかしそれは、亡き父母を慕うて念仏するとき、かく念仏する身に育てられた受生《じゅしょう》の縁を喜ばれたことでありましょう。しかしその念仏は、追善のための念仏でなく、追善追福《ついふく》の仕事までも還相の廻向として如来の方に調《ととの》えて下されてある感恩《かんおん》の念仏であったことが偲ばれるのであります。

思うに聖人のご一生のご努力は、法然上人より承《うけたまわ》られた他力念仏を、純に伝承することにあったと思われます。他力の念仏が、いつの間にか自力の念仏と俗化することを畏《おそ》れられたと思われます。『歎異鈔』の師訓十章にあらわれるご意趣は、すべてこの一点に集注せられてあるようであります。純なる念仏、これにもまして尊く広大なるものはありませぬ。聖人のみ跡《あと》を辿《たど》る我々もまた、この聖人のご意趣をご意趣のままに辿らせていただきたいものであります。

第八講　浄土教の師弟

一　本文の分科

(一)　専修《せんじゅ》念仏のともがらの、わが弟子ひとの弟子といふ相論《そうろん》の候《そうろう》らんこと、もつてのほかの子細《しさい》なり。

(二)　親鸞は弟子一人《いちにん》ももたず候。その故は、わがはからひにて、ひとに念仏をまうさせさふらはゞこそ、弟子にてもさふらはめ。ひとへに弥陀の御《おん》もよほしにあづかつて念仏まうし候ひとを、わが弟子と申すこと、きはめたる荒涼《こうりょう》のことなり。つくべき縁あればともなひ、はなるべき縁あればはなる、ことのあるをも、師をそむきてひとにつれて念仏すれば、往生すべからざるものなり、なんどいふこと、不可説《ふかせつ》なり。如来よりたまはりたる信心を、わがものがほにとりかへさんとまうすにや。かへすがへすも、あるべからざることなり。

(三)　自然《じねん》のことわりにあひかなはゞ、仏恩《ぶっとん》をもしり、また師の恩をもしるべきなりと云々《うんぬん》。

㈠㈡㈢は次第のごとく標《ひょう》・釈《しゃく》・結《けつ》とうかがわれます。

二　弟子一人ももたず

『歎異鈔』の第六章は浄土の師弟道《していどう》を明らかにせられたものであります。他力浄土の教えにおいては、前《さき》なるものは後《のち》を導き、後なるものは前をたずねて、ともに往生の因《いん》たる信心は如来より賜《たまわ》るものなることを明らかにするほかにはありません。したがって、わが弟子・人の弟子と相争《あいあらそ》うことは、法門の上から許されないのであります。「親鸞は弟子一人ももたず」と申されたのは、決して聖人が謙遜《けんそん》して言われたのでなくして、浄土他力の信は、弟子を持つことを許さないのであります。

そこで宗祖は「その故は、わがはからひにて、ひとに念仏をまうさせさふらはゞこそ、弟子にてもさふらはめ。ひとへに弥陀の御もよほしにあづかつて念仏まうし候ひとを、わが弟子と申すこと、きはめたる荒涼のことなり」と申されたのであります。

聖道《しょうどう》自力の法門においては、師・弟子の関係は「付法《ふほう》」ということが条件でありますが、浄土他力の法門においては、信心は師・弟子ともに如来よりたまわるが故に、その関係は御同朋《おんどうぼう》・御同行《おんどうぎょう》であり法友《ほうゆう》であります。そこで釈尊も『大経《だいきょう》』においては、信心の行者《ぎょうじゃ》を「わが善《よ》き親しき友」であると説き、『法華経《ほけきょう》』におけるごとき「三界《さんがい》の衆生《しゅじょう》を見ること、わが子を見るが如し」という立場をすてて、「善き友」という御同行・法友の立場に立って、ともに手をにぎられたのであります。

本鈔の終りに、法然上人のお弟子として聖人が吉水《よしみず》に修学《しゅがく》せられていた当時、勢観房《せいかんぼう》・念仏房《ねんぶつぼう》なんどまうす御同朋達と、法然上人の信心と善信房《ぜんしんぼう》（親鸞）の信心と一つであるか一つでないかという信心の一異について論争のあったことを述べていますが、そのときに法然上人のお言葉として「源空《げんくう》が信心も如来よりたまはりたる信心なり、善信房の信心も如来よりたまはらせ給ひたる信心なり、さればたゞ一つなり」と申されたことを述べています。このことは、浄土教の信心は、自心発起《じしんほっき》の信でなく、如来より賜る信心なる故に師弟一味《いちみ》なることを表明せられたのであります。

もしこのことに反して、師たる者が弟子に信心を与え、あるいは念仏申す身に育てたのであると自負するごときことあれば、浄土教の教風《きょうふう》に背《そむ》くものであり、人々各別《にんにんかくべつ》の信心となって、ともに同じき浄土のさとりをうることができないのであります。この世における師弟のつながりは、全く因縁《いんねん》によるもので、睦《むつ》び、あるいは離れることもまた因縁である。しかるに師をそむいて他の人について念仏する人を往生すべからずなど言うことは言語道断の次第である。このことを誡《いまし》められたのがこの第六章でありま す。如法《にょほう》に本願の心を領納《りょうのう》すれば、おのずから仏恩《ぶっとん》を知り、また養育の師恩《しおん》をも知るのであります。これ、自然《じねん》の道理にして、弟子の争奪のごときよしなきことに心を痛めることは、浄土の法門に心得なきが致すところであると誡められたのであります。

かくてこの一章は、聖道門と浄土門との師弟関係の考え方の相違を、あざやかにせられたものとして、深く浄土の法門の性格を味読せねばならぬと思います。

三　釈迦教と弥陀教

このことについて思われることは、聖道門と浄土門との教えの在り方と祖師たるの資格の在り方の相違であります。

聖道門の教えは、大体において釈迦教と見られます。浄土門の教えは、弥陀教であります。聖道門においては、小乗といい、大乗というも、要するに釈尊の人格を中心として、釈迦を理想としてその教えに従わんとしたものとうかがえます。そこに釈尊の人格の感化が行われるのであります。しかし歴史の事実は、この感化力は時代とともに薄らいでゆきます。ここに正像末《しょうぞうまつ》の三時の区分が生まれたものと思います。正法《しょうぼう》の時期とは、釈尊人格の感化力が在世《ざいせ》のままに行われた時代でしょう。像法《ぞうぼう》の時期とは、その力がやや衰えた時代でしょう。末法《まっぽう》の時期とはその力が微《かす》かになった時代でしょう。したがって正法五百年の時代は、小乗仏教の行われた時代であり、像法千年の時期は大乗仏教、聖道諸宗の成立した時代であり、末法万年の時期は釈尊の人格を超えた浄土仏教の興起した時代と見られるのであります。したがって正法・像法の時機《じき》においては、人間釈尊あるいは法格《ほうかく》の釈尊を教権《きょうけん》の中心として行動していた時代と見えます。しかし末法の今日においては、釈尊を超えた弥陀教の時代です。そこで釈尊も、この弥陀法に参加し、あるいはその一翼《いちよく》を負担されることによって、その使命を明らかにせられる時代となったと思います。これが

久遠実成《くおんじつじょう》阿弥陀仏
五濁《ごじょく》の凡愚《ぼんぐ》をあはれみて
釈迦牟尼仏《しゃかむにぶつ》としめしてぞ
伽耶城《がやじょう》には応現《おうげん》する

と親鸞聖人をして讃ぜしめし所以《ゆえん》ではないでしょうか。

かくて人間釈迦は、弥陀法《みだほう》に対しては十方衆生《じっぽうしゅじょう》とともに法友の立場に立ち、法釈迦《ほうしゃか》は、弥陀海中応現《みだかいちゅうおう げん》の釈迦として弥陀教主《きょうしゅ》の使命を行ぜらるることとなったのでありましょう。かくて弥陀法に直参《じきさん》することこそ、真の仏弟子となる所以ともなります。「則我善親友《そくがぜんしんぬ》」の『大経』の言葉は、深く味わうべきであります。

そこで聖道門において祖師・師匠と言われる資格と、浄土門で祖師と言われる資格についても左右があるように思われます。すなわち聖道門では釈迦教を中心として釈尊の一代説法《いちだいせっぽう》の教相《きょうそう》を判釈《はんじゃく》してその宗とするところを明らかにすることが祖師たる資格でありました。これに反して浄土門においては、弥

陀を中心として、釈尊のごとく弥陀の本願に参加する人、すなわち信心を弥陀より賜ることこそが祖師たるの第一条件となります。したがって、そこには「わが弟子」「人の弟子」と争うことを許さない「親鸞は弟子一人ももたない」という立場が必然的に出てくるのでありましょう。ここに聖人が「御同朋・御同行とかしづきて仰せられ」（『御文章《ごぶんしょう》』）た意味もあると思います。

現代学界等を見ましても、学閥ということが言われてあります。そうして「あれは誰の弟子じゃ」「あれは誰の子分じゃ」と識別して、互いに名利《みょうり》の奴《やっこ》となっているかのごとくであります。いったい真理は、私《わたくし》すべきものでないのでありましょう。真理は公道であって私用することを許されないのでありります。「親鸞は弟子一人ももたず」ということは、本願の公道の前には、人はみな同資格である、私有すべきものでない、という態度を声明せられた尊いお言葉と領納せられるのであります。

第九講　無碍《むげ》の一道《いちどう》

一　本文の分科

(一)　念仏者《ねんぶつしゃ》は、無碍の一道なり。
(二)　そのいはれいかんとならば、信心の行者《ぎょうじゃ》には、天神《てんじん》・地祇《じぎ》も敬伏《きょうぶく》し、魔界《まかい》・外道《げどう》も障碍《しょうげ》することなし。罪悪も、業報《ごうほう》を感ずることあたはず、諸善《しょぜん》もおよぶことなき故なりと云々《うんぬん》。

(一)(二)は次第のごとく標《ひょう》・釈《しゃく》であります。したがってこの一章は念仏の無碍道《むげどう》なること、したがって念仏者は無碍者《むげしゃ》なることを明らかにせられたものとうかがわれます。

二　「念仏者」の語について

「念仏者は無碍の一道なり」とある「念仏者」の語について問題がありまして、これを次の句の「信心の行者」とある言葉と望め合わせて、この「者」の字を「人者《にんしゃ》」として「念仏者」とは「念仏の行者」を意味するものであると考えて「念仏者は無碍の一道なり」とは「念仏の行者は無碍の一道を歩む」ことを示されたものである。すなわち、念仏は無碍道《むげどう》なる故に、念仏者は無碍道と一つになったものである。念仏の法（法）とその行者（人《にん》）の、不二《ふに》なる姿を「念仏者は無碍の一道なり」と述べられたものである、と見る考え方があります。またこの「者」の字は「助字《じょじ》」である。したがって「念仏者」とは「念仏は」ということである。すなわち「念仏者は無碍の一道なり」（「者は」の「は」は「者」を「は」と読むという添え仮名と見る）とは「念仏なる法は無碍の一道である」旨《むね》を示す句であると見る見方もあります。

いずれにいたしましても、念仏が無碍道なる故に念仏者は無碍者である趣《おもむき》を示されたものであります。

三　無碍の一道

「無碍」とは「無障碍《むしょうげ》」のことで「障碍するものなし」ということであります。障碍するものには内《うち》なる障《さわ》りと外《そと》なる障りとがあります。内なる障碍とは貪欲《とんよく》・瞋恚《しんに》・愚癡《ぐち》の煩悩であり、外なる障碍とは肉体や社会環境でありましょう。念仏には、この内外の障碍なしと言われるのであります。何故《なにゆえ》に念仏にはこの内外の障碍がないのであるかと申しますと、次元が異なるからであります。如来法《にょらいほう》であるからであります。煩悩といい、肉体・環境と言いましても、それは人間という世間での沙汰《さた》であります。念仏は仏陀如来の成就《じょうじゅ》し給う法で仏界《ぶっかい》という超世間の沙汰であるからであります。人間界は仏界を障碍しえないのであります。すなわち仏界は人間界に障碍せられないのであります。人間界の制約を超えているものであります。あたかも物理的自然《しぜん》の理法は人間の悲喜苦楽を超越して行われているようなものであります。しかしかかる自然法と念仏法との異なる点は、自然法は人間行為に関係なくある法則であるのに対して、念仏は人間行為のなかにある、人間行為の上に顕《あらわ》れるところの法則であることがちがうのであります。そこでこれを「無碍の一道」と言われているのであります。

ここに「道《どう》」とは、「路《ろ》」に対する言葉で、聖人においては行《ぎょう》の宗教を「万行《まんぎょう》の小路《しょうろ》」というに対して、本願の念仏を「道」と言われるのであります。そこで、この「道」のことを「直道《じきどう》」とも「大道」とも「白道《びゃくどう》」とも熟字されて、如来の本願を意味されてあります。したがって「一道」とは「唯一《ゆいいっ》大道」「無二《むに》の直道」の意味で、誓願一仏乗《せいがんいちぶつじょう》を指されたものであります。

誓願の一道は、具体的には、信心の行者の念仏として行ぜられているのであります。

ここには、法と人とが一如《いちにょ》となって、唱うる者のほかに法がない。すなわち能所不二《のうじょふに》なるものでありますこのことを「念仏」といい、「信心」と申されたのであります。

四　無碍たるの所以《ゆえん》

さて、何が故に念仏が無碍の一道であるかというに、その理由をここに四種掲げられてあります。

一　天神・地祇も敬伏し

二　魔界・外道も障碍することなし

三　罪業も業報を感ずることあたわず

四　諸善もおよぶことなき故

というのがそれであります。これをしばらく(イ)「神祇の敬伏」(ロ)「魔界の無障《むしょう》」(ハ)「業報無感《ごうほうむかん》」(ニ)「諸善超過《ちょうか》」の四由《しゆ》と名づけて、以下この四由の意味するところを少しばかりうかがってみたいと思います。

(イ)　天神地祇の敬伏

ここに「天神地祇」と言われたのは、当時の世の通念によって神祇《じんぎ》を意味されたもので、神明《しんめい》を崇《あが》めることは当時世俗の礼奠《れいてん》でありました。その神祇が敬伏せられるというのであります。しかし宗祖の依用《えよう》せられた『涅槃経《ねはんぎょう》』には「仏に帰依《きえ》せば遂にまたその余《よ》の諸天神に帰依せず」と示されてあります。この言葉は、仏道に帰依する者は世の神祇を帰依せずということであります。この言葉を今の「敬伏」と望めてうかがいますと、当時崇められた神々の多くは（邪神もあったが）国祖神《こくそじん》でありました。したがって国祖神と解釈するときは、われらの先祖の御霊《みたま》もわれらの国祖の御霊もわれらが念仏申すと尊敬を払われる。すなわちご先祖も念仏を念じられている。したがって念仏する身となれば先祖も本懐《ほんがい》と思《おぼ》し召《め》して念仏の行者を敬い護り給う道理のあることを「天神地祇も敬伏」と申されたものでありましょう。かくうかがうことによって宗祖の神祇観の上に神祇の本懐もまた念仏において真実の帰依所《きえしょ》を求められたものであるという考え方があったように思われます。したがって神祇は現世《げんぜ》の利益《りやく》の祈りを捧げるべきものでなく、かえって神祇の本懐に契《かな》う念仏することによって神祇も神祇の真実の意義を全うせられるものでないでしょうか。もちろん『涅槃経』等に出《い》ずる「諸天神」は印度・中国の神々を意味するものでありますが、いま「天神地祇」と申されるお言葉には、それらをも含めて仏法の守護神として神々を見られているとうかがえるのであります。

(ロ) 魔界の無障

魔界とは魔障《ましょう》と言われていて、仏道を妨げるものであります。魔を分類して古来陰魔《おんま》・死魔《しま》とも言われてあります。概論的に申しますと、仏道を邪魔するところの感覚的誘惑で煩悩をおだてるものです。これに対すれば「外道《げどう》」とは道に外れた教えでありまして思想的誘惑であります。一因論《いちいん》とか偶然論とか無因論《むいん》とか他因論《たいん》等でありまして、仏教の無自性《むじしょう》の理《り》や縁起《えんぎ》の思想に暗い考え方であります。念仏道《ねんぶつどう》は、こうした感覚的誘惑に陥らずまた思想的暗愚《あんぐ》を打破するものであります。したがって、悪魔もその力を加うることを得ず、外道もその力を失うものであります。このことを「魔界外道も障碍することなし」と示されたものでありましょう。このことは一面念仏道が人間の発明したり創造したりしたものでなく、魔界外道とはその次元を異にしているものなることを彰《あらわ》すものであります。

(八) 業報無感

業報感《ごうほうかん》の思想は仏教の根本思想であります。しかるに今「罪悪も業報を感ずること能《あた》はず」と言われたのはどういうことでしょうか。これは悪因苦果《あくいんくか》の惑業《わくごう》の因果《いんが》は念仏によって転ぜられることをあらわすものであります。念仏は、如来の因果によって成就《じょうじゅ》せられたものであります。如来の因果は衆生《しゅじょう》をたすくることをその目的としておられます。自らの因願因行《いんがんいんぎょう》によって成仏せられるところに衆生が成仏する因果が成就せられてあるのが如来の因果であります。この如来の因果の組織のなかに織り込まんと如《にょ》来行《らいぎょう》の行われるところに念仏の信心があらわれるのであります。この如来行には、凡夫《ぼんぶ》の罪業《ざいごう》の因果を転ぜしむる威神力《いじんりき》があります。不断煩悩得涅槃《ふだんぼんのうとくねはん》というのはこの理《ことわり》であります。されば念仏は、この如来行の口業《くごう》に浮かび出《い》でたものでありますから「罪業も業報を感ずること能はず」と言われたのであります。この道理をある人は「他作自受《たさじじゅ》」で行為の因果を破《は》した一種の奇蹟でないかと難じています。ある人はこの難に対して、信心において「如来の因果が衆生の因果」となるので因果を破るものでないと説明しています。しかし今のお示しは、如来力《にょらいりき》の活動が「罪悪も業報を感ぜしめない」ことを申されたものであります。如来行における因果必然の理を示されたものであります。したがって奇蹟でなく、如来願行《がんぎょう》のあらわれもてゆく姿であります。

(二) 超過諸善

最後に「諸善も及ぶことなき故に」と申されている言葉は、念仏は万行諸善《まんぎょうしょぜん》に超過せるものなることを示されたのであります。これは諸善と念仏はその次元を異にするということでありましょう。「行《ぎょう》巻《かん》」の一乗海釈《いちじょうかいしゃく》に念仏と諸善と比校《ひきょう》し対論《たいろん》せられて四十八対《たい》を挙げられてあります。その結びに「本《ほん》願一乗海《がんいちじょうかい》を案《あん》ずるに円融《えんにゅう》、満足、極速《ごくそく》、無碍《むげ》、絶対不二《ふに》の教《きょう》なり」と申されてあります。絶対の教とは、諸善に超過して対待《たいじ》を許さないことを意味します。そしてその四十八対の始めに「難易対《なんいたい》」が置かれてありますことは意味深いことです。何となれば『愚禿鈔《ぐとくしょう》』には「難《なん》とは三業修善《さんごうしゅぜん》、不真実の心《しん》なり」と申されているからです。すなわち諸善は「行《ぎょう》の宗教」一般を意味するのでしょう。かくて行の宗教たる「三業の修善」は行の結果を数える人間の内なる不真実を脱化しきれない、人間の功利心と結びつくものなる故に、如来の廻向《えこう》の真実を主体とする念仏とはその質を異にしているものでありましょう。

本鈔第二章に宗祖が「いづれの行もおよびがたき身」と申された意味も、安価に「万行諸善はできないものじゃ」というごとき怠慢への妥協や、横着者の弁解を表明せられたのでなくして、諸行を手段とする迷妄よりぬけ切れぬ身を悲しまれての表明でありましょう。かくて念仏は、他のいずれの諸善も及ばざる所以があるのであります。

五　念仏は如来行

「行巻《ぎょうかん》」に「往相《おうそう》の廻向を案ずるに大行《だいぎょう》あり大信《だいしん》あり、大行とはすなはち無碍光《むげこう》如来の名《みな》を称《しょう》するなり」と示されたるごとく「称名念仏《しょうみょうねんぶつ》」は廻向行《えこうぎょう》であります。廻向行とは如来廻向の行であります。それはしたがって如来行であります。これは自力作善《じりきさぜん》の行ではありませぬ。自力作善の行でないから、本願力《ほんがんりき》を仮定し、または予期して、向こうにそれを望めてなす行為でなくして、内に浮かび出《い》ずる大法《だいほう》の顕現《けんげん》であります。ここにおいて宗祖は念仏一つに生かされ、その念仏に満足せられて、念仏を手段とする考え方を否定せられたのであります。かくて念仏は如来行なる故に、よく万人の道となり、破邪《はじゃ》の光となり、罪業を転じ諸善に超過した無碍道《むげどう》たる所以があるのであります。

第十講　非《ひ》行《ぎょう》非《ひ》善《ぜん》の念仏

一　本文の分科

(一)　念仏は行者《ぎょうじゃ》のために、非行非善なり。

(二)　わがはからひにて行《ぎょう》ずるにあらざれば、非行といふ。わがはからひにてつくる善にもあらざれば、非善といふ。ひとへに他力《たりき》にして、自力《じりき》をはなれたる故に、行者のためには非行非善なりと云々《うんぬん》。

この一章は念仏は非行非善なること、すなわち念仏は行者の行善《ぎょうぜん》という世界とはその次元を異にしていることを明らかにせられたものとうかがわれます。(一)(二)は標《ひょう》と釈《しゃく》とに見られます。

二　「ため」の語について

「念仏は行者のためにヽヽ」の「ため」という語について近く『言海《げんかい》』を調べてみますと、(イ)ゆえ・わけ

(ロ)たすけ・たより・利益(ハ)係わる事、の三義が挙げられています。いまの「ため」という語は如何《いか》に解したらよろしいかと言いますと、第三の「わがためには、父なり君なり」という「ため」の使用法であろうと思います。

そこで「念仏は行者のために非行非善なり」という語は、念仏と行者との関係、係わり合いは非行非善という関係であると申されたのであろうと思われます。つまり念仏は行者にとっては自力の行善《ぎょうぜん》というものでない。行者のはからいで行じ、行者のはからいで造る善というものでないという意味とうかがわれます。そこで言葉を続けて「わがはからひにて行ずるにあらざれば、非行といふ。わがはからひにてつくる善にもあらざれば非善といふ」と仰《おお》せられたものでありましょう。

三　非行非善の用例

さて「非行非善」つまり「行にあらず、善にあらず」ということについて、宗祖は如何なる場合に使用せられてあるかと、その類文《るいもん》を二、三拾ってみますと、まず『教行信証《きょうぎょうしんしょう》』の「信巻《しんかん》」には「大信海《だいしんかい》を按《あん》ずれば……行にあらず、善にあらず……たゞこれ不可思議、不可称《しょう》、不可説《せつ》の信楽《しんぎょう》なり」と示され、『末灯鈔《まっとうしょう》』には「弥陀の本願は、行にあらず、善にあらず、たゞ仏名《ぶつみょう》をたもつなり」とあります。以上の二ヶの用法と更《さら》にこの『歎異鈔』の「念仏は行者のために非行非善なり」の用例とを合わせますと、親鸞聖人が「非行非善」と言われたものに念仏と信心と本願との三つがあることがわかります。

そこで念仏と信心と本願との三つが行者にとっては非行非善であると申された意味を推察しますについては「行善」というものを親鸞聖人は如何に考えておられたか、ということを考察する必要があります。「行善」とは言うまでもなく「因行善根《いんぎょうぜんごん》」を意味するものでしょう。したがって行とは諸善万行《しょぜんまんぎょう》で、願い求むるところの証果《しょうか》を得んがために修《しゅ》する身口意《しんくい》の善業《ぜんごう》であり、善とは善き行業《ぎょうごう》の功徳力《くどくりき》であって、法に順《じゅん》じ、自他の順益《じゅんやく》をなす勝《すぐ》れた力用《りきゆう》のあるもの、つまり善き果報《かほう》を受くべき善因《ぜんいん》を意味するものでありましょう。

いったい念仏は、本来「行善」と言わるべきものであると思われます。しかるにいま「行にあらず、善にあらず」と言われたのは如何なる意味でありましょうか。

四　「あらず」ということ

そこで「あらず、あらず」と否定せられた言葉の意味を明らかにすべきであります。このことについては『末灯鈔』に「名号はこれ善なり、行なり。行といふは善をするについていふ言葉なり」と申されてあることを、一方において心得ておかねばなりません。

思うに「名号はこれ善なり行なり」で、名号は本来如来の行善であります。行善という言葉を如来の上にのみ認むるということになれば、本願も名号《みょうごう》も信心も称名念仏《しょうみょうねんぶつ》も如来の行でありましょう。それは衆生の行ではない。よし衆生の上において行われてあっても、本来如来の行であります。してみると念仏は、衆生の上に行われてあっても、衆生の行善ではない。このことを「非行非善」と申されたものと解釈されるのであります。

衆生の行善は、自力であって他力ではない。念仏はもとより仏のお約束で他力である。衆生の行善は自力である。この自力の行善を一般的に行善と名づけるならば仏のお約束にて成る念仏は「非行非善」と言うべきである。かくて非行非善とは、他力をあらわす言葉となります。このところを「ひとへに他力にして、自力をはなれたる故に、行者のためには非行非善なり」と明示せられたように思われます。

五 「行善」ということ

いったい行善という語は仏にも衆生にも用いられる言葉でありましょう。仏のなし給う行善、衆生のなすところの行善。このように二様に使用しうるのであります。そこでここに与えられた「本願の念仏」は衆生の行善か仏の行善かといえば、それは衆生の行善でなく、まったく如来の行善である。しかるに多くの人々はこの如来の行善である念仏を衆生の行善と心得誤っている。その誤りを訂《ただ》して、衆生の行善と心得誤ってはならぬ、まったく如来の行善であるぞということを「念仏は行者のために非行非善なり」と申されたのでありましょう。されば このご法語《ほうご》は、自力・他力の分際《ぶんざい》を明示してその誤謬《ごびゅう》を訂された尊い思《おぼ》し召《め》しであるとうかがわれるのであります。

如来の行善と衆生の行善とは、まったく次元を異にしているのであります。この次元を異にしていることをよくよく心得て、お念仏の意義を領納《りょうのう》すべきでありましょう。

ちなみに思うに、念仏せば踊躍歓喜《ゆやくかんぎ》の心もあり、願生浄土《がんしょうじょうど》の心も熾烈《しれつ》となると思うごときも念仏を自己の行善とするものと言えましょう。煩悩心《ぼんのうしん》のほかなき現前《げんぜん》のこの刹那《せつな》において「喜ぶべきことを喜ばせざる煩悩、願生《がんしょう》浄土の心おろそかにする煩悩」そのものの、その当所《とうしょ》において、仏《ぶつ》かねて煩悩具《ぐ》足《そく》の凡夫《ぼんぶ》としろしめして建て給いし本願名号《ほんがんみょうごう》なりと念仏の心に帰るところにこそ、念仏の意義があるのでありましょう。これ本願を聞くすがたであります。それは本願念仏の心に転ぜられる不退《ふたい》の風光でもあります。これまったく念仏は行者のためには非行非善なるものであります。

仏教は転迷開悟《てんめいかいご》であって、捨迷得悟《しゃめいとくご》ではありませぬ。迷妄心《めいもうしん》をそのままに転ぜられる仏智《ぶっち》の不思議に生かされることのほかに念仏道《ねんぶつどう》はありません。念仏を自力行善と執《しゅう》ずる偏見は「非行非善なり」とのこの教語《きょうご》に接して初めて念仏の如来行《にょらいぎょう》たる道理に直参《じきさん》せしめられるのであります。されば念仏は「ひとへに他力にして、自力をはなれたる」ものであります。

聖人のこの仰《おお》せ言《ごと》は短文でありますが、その上に流れている他力念仏の広大心《こうだいしん》を味得せねばならぬと存ずる次第であります。

六　道徳行と宗教行

このことについて思われることは、道徳行と宗教行の分化ということであります。自力の行善は道徳行を意味するものでないでしょうか。他力の行善は宗教行を意味するものでないでしょうか。もしこの推定が許されるといいたしますと「念仏は行者のために非行非善なり」と申された言葉は、念仏の純粋宗教たることを明示して、法然上人より伝承せられたお念仏——その念仏は、持戒《じかい》をも助《す》けにさし布施《ふせ》をも助けにさすことを拒否せられた「独り立ちの念仏」が、純粋宗教行として、倫理や道徳の実践とはその位取《くらいど》りを異にしたものなることを開顕《かいけん》せられた法語とうかがわれるのであります。道徳の実践には努力を伴います。同時にそれは選択の自由を基盤としていますから、その行為には必ず責任を問われるのであります。それに対して念仏の実践は無努力、努力の放棄の上にあらわれるものであります。それは、如来の責任にまかすのでありますから、責任を問われないのであります。行善の道を責任を問われる努力の伴う道徳善を意味するものとすると、念仏は無責任・無努力の実践でありますから、これまさしく非行非善たるものでありましょう。親鸞聖人が法然上人より念仏の教えを承《う》けて、更にその念仏義《ねんぶつぎ》の上に明らかにせられた営みがありとすれば、法然上人によって高く掲げられた念仏の宗教行たる所以《ゆえん》を、思想の混乱を来たしやすい道徳的実践との区別を鮮やかにして、念仏の宗教行たる意義を光彩あらしめられたところにあるのでないかと思うのであります。そういたしますと、この一章のごときは、こうした道徳、宗教の分化を明示せられた重大な意義をもつ一章ともうかがえるのであります。

第十一講　念仏生活

一　本文の分科

(一)「念仏まうしさふらへども、踊躍歓喜《ゆやくかんぎ》のこゝろおろそか（疎）に候《そうろう》こと、またいそぎ浄土へまゐりたきこゝろ（願生《がんしょう》の心）のさふらはぬは、いかにと候べきことにて候やらん」と、申しいれてさふらひしかば、「親鸞も、この不審《ふしん》ありつるに、唯円房おなじこゝろにてありけり。

(二)よくよく案《あん》じみれば、天にをどり、地にをどるほどによろこぶべきことを、よろこばぬにて、いよいよ往生は一定《いちじょう》とおもひたまふべきなり。よろこぶべきこゝろをおさへて、よろこばせざるは、煩悩の所為《しょい》なり。しかるに仏《ぶつ》かねてしろしめして、煩悩具足《ぐそく》の凡夫《ぼんぶ》と仰《おお》せられたることなれば、他力《たりき》の悲願《ひがん》は、かくのごときわれらがためなりけりとしられて、いよいよたのもしくおぼゆるなり。

また浄土へいそぎまゐりたきこゝろのなく、いさゝか所労《しょろう》のこともあれば、死なんずるやらんと、こゝろぼそくおぼゆることも、煩悩の所為《しょい》なり。久遠劫《くおんごう》よりいまゝで流転《るてん》せる苦悩の旧《きゅう》里《り》はすてがたく、いまだむ（生）まれざる安養《あんにょう》浄土はこひしからず候こと、まことに、よくよく煩悩の興盛《こうじょう》に候にこそ。なごり惜しくおもへども、娑婆《しゃば》の縁つきて、ちからなくしてをはるときに、かの土《ど》へはまゐるべきなり。いそぎまゐりたきこゝろなきものを、ことにあはれみたまふなり。これにつけてこそ、いよいよ大悲大願《だいひだいがん》はたのもしく、往生は決定《けつじょう》と存じさふらへ。

㈢ 踊躍歓喜のこゝろもあり、いそぎ浄土へもまゐりたくさふらはんには、煩悩のなきやらんと、あやしくさふらひなまし」と云々《うんぬん》。

これは『歎異鈔』第九章の文《もん》で人々によく親しまれている聖人のお言葉であります。また拝読すれば別に解釈などしなくともその大意はうかがえるのでありますが、拝読者の心の用意に従っていろいろに理解されますので、私《わたくし》の領解《りょうげ》させていただいている二、三のことを申し上げたいと思います。

二　念仏まうしさふらへども

第九章は㈠総示《そうじ》㈡別示《べつじ》㈢結示《けつじ》の三段からできていますが、㈠総示は「念仏まうしさふらへども」という言葉で始まっております。ですから㈠踊躍歓喜の心おろそかなること㈡いそぎ浄土へまいりたき心のないこと、についての不審を唯円房が師匠親鸞聖人に尋ねておられるのでありますが、この両者の不審は「念仏まうしさふらへども」という前提に立っての不審であることをまず心得ねばならぬと思います。

そこで「念仏まうしさふらへども」とは如何《いか》なる意味でありましょうか。思うに、浄土真宗のならいは「本願を信じ念仏せば仏《ぶつ》となる」という教えでありますから、今の「念仏」も時間的に言えば本願を信じた上の「念仏」と心得《こころう》べきでありましょう。言い換えますと「相続《そうぞく》の念仏」を意味するのであります。信を「安心《あんじん》」とすれば念仏は「起行《きぎょう》」と言うべきでありましょう。信をいただいて「とうとや、有り難や」と憶念《おくねん》相続するお念仏であります。ですからそれは、歓喜《かんぎ》の念仏であり、浄土を要期《ようご》する、すなわち往生を待ちもうける念仏であります。かかる喜びの念仏、往生を待ちもうけるお念仏を相続しながら、踊躍歓喜の心の疎《おろそ》かなること、いそぎ浄土へまいりたき心のなきことは、念仏申す身にとっての不審であらねばなりません。本章は、この問題をひっさげて、聖人に尋ねられたものとうかがえるのであります。

三　「も」に孕《はら》む同朋感《どうぼうかん》

この不審に対する親鸞聖人の態度は、「親鸞も、この不審ありつるに、唯円房おなじこゝろにてありけり」という同感の態度をまず示されてあります。この同感の態度は、やがて㈡の別示の所に「よくよく案じみればこそ、煩悩の所為なり」と機《き》を反省し、同信《どうしん》同朋である念仏者の機に通ずる咎《とが》であると示しているのであります。されば「も」の一字は、御同朋《おんどうぼう》としての親愛感を示すもので、聖人が自ら手をさしのべて唯円房の手を握られている姿であります。これらは、信仰生活の妙味というものでありまして、不審を持つことによって、いよいよわが身のあさましきことを知らされる信心不退《ふたい》の風光を示すものであります。それは信心が浅いから喜ばれぬのでもなければ、信仰が確定していないから浄土を願う心が浅いのでもない。本願を信じ念仏しながら「よろこぶべきことを喜ばさぬ」という原因「いそぎ浄土へまいりたき心をおこさせない」という理由というものは、煩悩の為《な》すところであって、法に原因や欠陥があるわけではない。本願の法は「喜ぶ」「喜ばぬ」ということに関係はない。「いそぐ」「いそがぬ」によって深浅《しんせん》を付ける信でもない。ただ信ずる者を救う法である。換言すれば、法の酒は飲めば酔う。酔えば踊るようにできている。けれども、踊るようにならなければ飲んだと言えぬとは断定できない。酒飲んでも踊れぬ人もある。踊るべき酒飲みながら踊れぬのは、その人の咎で、酒の咎ではない。踊るべき酒を飲みながら踊らぬのは、他に原因があるからだ、その原因は煩悩だと仰《おお》せられるのであります。

四　為凡《いぼん》の大悲

かくてこの全章を通じて聖人が提示せられていられるものは「為凡の大悲」というものであろうと思

われます。

何となれば「仏《ぶつ》かねてしろしめして煩悩具足の凡夫と仰せられたることなれば、他力の悲願はかくのごときわれらが為なりけり」と言い、「いそぎまゐりたきこゝろのなきものを、ことにあはれみたまふなり」と述べ、更《さら》に「喜ぶびき心をおさえて喜ばせざる煩悩」、「安養《あんにょう》の浄土をこいしからざらしむる煩悩の興盛《こうじょう》」を見るにつけても、大悲の悲願は、かかる者の上に垂れられていることを偲《しの》べば、不足の言えぬ大悲であり、たのもしき限りの大願であると申されてある点から、かくうかがわれるのであります。

五　不退の風光

思うに浄土真宗に言う信心の益《やく》として不退の位《くらい》に住《じゅう》すと示されている内容は、この第九章の示すごときものでないでしょうか。

信仰生活といえば、法悦三昧《ほうえつざんまい》であると考えられやすいのであります。踊躍歓喜の法悦、熾烈《しれつ》な願求《がんぐ》往生の心境こそ信仰生活であると考えられているようであります。しかし、もしさような生活ありとすれば、それは聖者《しょうじゃ》の生活でないでしょうか。かえって凡人《ぼんにん》の生活とは往生決定《けつじょう》の身たることを喜ばず、浄土に往生する日の近づくを楽しまず、日々の煩悩の虜《とりこ》となって流されてゆく生活が凡人の生活というものでありましょう。

ただ凡人の生活の上に許された信仰ありとすれば、この生活をそのままに抱《いだ》きつつ捨て給わぬ本願の一道《いちどう》がすでに用意せられてありしことを知らされて、念々《ねんねん》に甦生《そせい》せしめられる生活こそ信仰生活でないでしょうか。仏は煩悩を断《だん》ずる無限の智力《ちりき》をすでに用意せられてあって、凡夫の小智《しょうち》を以てこれを許ろうところに、かえって大悲の涙は宿り給うているのでないかと思われます。所詮《しょせん》、仏の大悲は人生の苦《く》悩界《のうがい》を転じて菩提智《ぼだいち》たらしめて下さるようであります。

かくて煩悩こそ、法味《ほうみ》の資糧《しりょう》とも言うべきものでありましょう。かくて聖人は「踊躍歓喜のこゝろもあり、いそぎ浄土へまゐりたくさふらはんには、煩悩のなきやらんとあやしく（不審に）さふらひなまし（思うだろう）」と結ばれたのであります。苦悩の旧里は捨てがたく名残《なごり》惜《お》しく思い、父母妻子の別離を悲しむところにこそ、凡夫さながらの有様があります。たじろぐことなく、ありのままに、すなおに、凡夫は凡夫らしく、はからうことなく、往生の大事を如来にまかせ奉《たてまつ》るほかに浄土の教えはありません。かくてこそ浄土の教えは、凡夫に相応《そうおう》した法であると喜ばれたのが、聖人の喜びであるとうかがわれるのであります。

第十二講　義なきを義とす

一　本文の分科

㈠「念仏には無義《むぎ》をもつて義とす、不可称《しょう》・不可説《せつ》・不可思議の故に」とおほせさふらひき。

㈡そもそもかの御在生《ございしょう》のむかし、おなじこ、ろざしにして、あゆみを遼遠《りょうえん》（遠い）の洛陽《らくよう》（京都）にはげまし、信をひとつにして心を当来《とうらい》の報土《ほうど》にかけしともがらは、同時に御意趣《ごいしゅ》をうけたまはりしかども、そのひとびとにともなひて念仏まうさる、老若《ろうにゃく》、そのかずをしらずおはしますなかに、上人のおほせにあらざる異義《いぎ》どもを、近来《きんらい》は、おほくおほせられあうて候《そうろう》よし、つたへうけたまはる。いはれなき条々《じょうじょう》の子細《しさい》のこと。

二　第十章について

右の章のなかの㈠は『歎異鈔』の第十章の文《もん》であります。すなわち「念仏には無義をもつて義とす云々《うんぬん》」の一段は、まさしく師訓《しくん》十章のなかの第十章に当たるものであります。

㈡の「そもそもかの御在生のむかし云々」は後の第十一章以下、当時行われていた異義《いぎ》について述べる部分に対する別序《べつじょ》のごときものであります。そこで近時の活字本では㈠と㈡のところで行を改めているのであります。内容から言えば、その方がはっきりするわけです。しかし古写本、古版本では、行を改めずに書き流しになっております。今は活字本に従って行を改めて第十章の内容をうかがうことにいたします。

三　無義をもつて義とす

「念仏には無義をもつて義とす」という言葉について、先人の解釈では「無義とは行者《ぎょうじゃ》のはからひなきを言ふなり、義とすとは仏のはからひなり」とか、また「行者のはからいなきがもっともよきはからいである」という意味であるというように見ておられるのであります。これに対して多屋頼俊《たやらいしゅん》師は『歎異抄新註《しんちゅう》』に親鸞聖人の「義といふは行者のおのおののはからふ心なり。この故におのおののはかならふ心をもつたるほどをば自力《じりき》といふなり」(『尊号真像銘文《そんごうしんぞうめいもん》』)「義といふははからふことばなり、行者のはからひは自力なれば義といふなり」(『末灯鈔《まっとうしょう》』)等のお示しを例示して「無義」の「義」を「行者のはからい」と釈することには賛同するが、後の「義とす」の「義」の文字は「意義」「趣旨」の意味で「はからい」と釈することには賛同できない。そこで「無義為義《むぎいぎ》」とは「無義を念仏の意義とする」

という意味を仰《おお》せられたものであると、聖人の用語例を並べて、論証せられてあります。まことに達見であると思われるのであります。

しかし、かように「義」の字を二様に扱うことについて、何ほどかの無理を感ずるのであります。そこで少しく卑見《ひけん》を述べたいと思います。

いったい「義なきを義とす」とは法然上人の語を承《う》けられたものであることは申すまでもありません。このことは幾度となく和語《わご》の聖教《しょうぎょう》の上に親鸞聖人も申されてあります。しかし真宗の学者の調査によると、『選択集《せんじゃくしゅう》』をはじめ、法然上人の著書、遺文のなかに「義なきを義とす」という証文《しょうもん》がないと言われています。これは従来「義なきを義とす」ということを「凡夫《ぼんぶ》自力のはからいなきを弥陀のはからいとす」と解してきたからでありまして、法然上人が「義なきを義とし、様《よう》なきを様とす。浅きは深きなり」と申されたことは伝記の伝うるところでもありますから、これを否定することはできないのであります。もしこれを「自力のはからいなき（無義）を念仏の本義とす（為義）」と多屋師のごとく解釈すると「たゞ一向《いっこう》に念仏すべし」と申された専修《せんじゅ》念仏の風格を示す言葉となって、これの類語は数多く見出されるようであります。

しかしながら、更《さら》に思いますに「義なきを義とす」という一句が、法然上人においては「様なきを様とす」という句と一連に示されていることであります。この「様なきを様とす」ということは、法然上人が「念仏申《もう》すに、全く様《よう》もなし、たゞ申せば極楽に生まると知りて、心を致《いた》せば参るなり」と申されてあるように、「様」とは「模様」「風情《ふぜい》」のことで「儀軌《ぎき》」（きまり）を意味しているのであります。それで「風情なき風情」を示すものが「様なきを様とす」という意味とうかがえます。したがって「様なきを様とす」と同意句として「義なきを義とす」と申されたこの句は「無規定の規定」ということをあらわすものでないでしょうか。この「無規定」をあらわす「義なき」とは「凡夫自力のはからひの心にあらず」ということをあらわすと、親鸞聖人が味読《みどく》せられたと見えるのであります。そこで私はこの聖人の味読の上より「無義為義」とは「議なきを儀とす」、すなわち念仏にははからいなきを儀則《ぎそく》（風情）とするという意味を示されたお言葉とうかがうのであります。

　更に聖人が、この語を「自然法爾《じねんほうに》」すなわち「行者のはからいにあらず、法の徳として自《おの》ずから然《しか》らしめらるる」他力本願《たりきほんがん》を示す語と同意語と味読せられてありますが、この立場に立ちますと「念仏は行者のはからいにあらず、法のはからいなり」という意味をあらわして「無義為義」の語が用いられたとうかがわれるのであります。そういたしますと、先輩が「自力のはからいなきは弥陀のはからいなり」（無義為義）と解釈せられたことも妥当かと思われるのであります。しかしそれは穿鑿《せんさく》にすぎる見方であると思います。それで私《わたくし》はいま用語の上に据《す》わって「無義を本義とす」と見るべきであろうという多屋師の説に対して「無義（議）を義（儀）とす」と見てはどうであろうかという考えを率直に述べて皆様のご批判を仰ぐ次第であります。すなわち、法然上人が「義なきを義とす」と申されたのは「儀（規定）なきを儀（規定）とす」という意味をもって示されたのであろうと思います。この時は「無規定を規定とす」という意味になります。そのお言葉を親鸞聖人が受け取られたときには、その「義」の字を「議」におきかえて「議（はからい）なきを儀（規定・きまり）とす」と転釈《てんしゃく》せられたのでなかろうかと思うのであります。このときは、他力念仏の法に対する行者の態度は「議なき（はからわぬ）を儀（規定）とする」のであるという意味になります。つまり「義」「儀」「議」は同音で何《いず》れも「ギ」でありますから、法然上人の「儀なき」と申された「義」を「議なき」という意味の「義」に理解して「義（議）といふは凡夫のはからふ言葉なり」と聖人は領解《りょうげ》せられたものとうかがうのであります。

四　不可称《しょう》・不可説《せつ》・不可思議

不可称・不可説・不可思議というお言葉には二様の解釈ができます。一つは『華厳経《けごんぎょう》』に出ているように無数量《むすうりょう》――かずかぎりなき数――をあらわす場合と、もう一つは『起信論《きしんろん》』等に出ているように、「言説《ごんぜつ》の相を絶《ぜっ》し、名字《みょうじ》の相を絶し、心縁《しんえん》の相を絶する」――言葉も、思いも超えている――という意味をあらわす場合とであります。

前者についてては蓮如上人も、親鸞聖人の「五濁悪世《ごじょくあくせ》の有情《うじょう》の、選択本願《せんじゃくほんがん》信ずれば、不可称・不可説・不可思議の、功徳《くどく》は行者の身《み》にみてり」の和讃《わさん》を『御文章《ごぶんしょう》』に引用せられて「不可称・不可説・不可思議の功徳といふことは、かずかぎりもなき大功徳のことなり」と釈されてあるのは、この『華厳経』の扱いぶりを承《う》けられたものであります。

今は後者の意味で申されてあります。『大無量寿経《だいむりょうじゅきょう》』に「昼夜一劫尚未能尽《ちゅうやいっこうしょうみのうじん》」とあって弥陀の徳は説き尽くすことはできぬとあるのは、『起信論』的の意味であります。要するに念仏の徳は無数量であり、説いても説いても説き尽くせぬ、思うても思うても思い尽くせぬものであることを「不可称・不可説・不可思議の故に」と申されたのでありましょう。それはやがて凡夫のはからいの彼方《かなた》にあるものでしょう。凡夫のはからいの彼方にあるものを、凡夫のはからいに引きずり降ろすところに念仏に対する異義が出てくるのであります。そこでこの「不可称・不可説・不可思議の故に」というお言葉は「不可思議の故に念仏には義なきを義とす」とうかがえば上《かみ》の師訓十章を結ぶ語となり、「不可思議をはからう故に異義あり」とうかがえば下《しも》の異義八章を説き起こす語となります。要するに承上起下《じょうじょうきげ》の役目をしているものであります。

五　師訓十章

ここで以上師訓十章を大観《たいかん》してみたいと思います。十章を列示《れつじ》すると次のごとくなります。

第一章　不簡善悪《ふけんぜんまく》章
第二章　信不自由《しんぷじゆう》章
第三章　悪人正機《あくにんしょうき》章
第四章　浄土慈悲《じょうどじひ》章
第五章　念仏追善《ねんぶつついぜん》章
第六章　不持弟子《ふじでし》章
第七章　無碍一道《むげいちどう》章
第八章　非行非善《ひぎょうひぜん》章
第九章　起行念仏《きぎょうねんぶつ》章
別《べつ》

第十章　無義為義《むぎいぎ》章
総《そう》

この十章を大観しますと、第一章は不簡善悪の弥陀法《みだほう》に対して善悪を沙汰《さた》する誤謬を訂《ただ》されたものであり、第二章は関東門弟の動揺に対して聖人の確信を披瀝《ひれき》して、信不《しんぷ》は「面々《めんめん》の御《おん》はからひなり」と信仰の自由を洞破《どうは》せられたものであり、第三章は本願の大道《だいどう》は悪人の前に拓《ひら》かれた唯一の道なることを示して勧信《かんしん》せられたものであり、第四章は浄土の慈悲こそ慈悲生活の究竟態《くきょうたい》たることを諭《さと》されたものであり、第五章は念仏は追善のために用うべきものならざることを教えられたものであり、第六章は本願の法は聞く道で、弟子の持てない法たることを示して「わが弟子、ひとの弟子」という争いを止《とど》められたものであり、第七章は念仏の無碍《むげ》たることを示して、信心の無碍性を示されたものであり、第八章は念仏と行善《ぎょうぜん》の二つを裁断《さいだん》して念仏は純粋宗教行で道徳の行善とその次元をまったく異にすることを示されたものであり、第九章は念仏の相続位《そうぞくい》における不退《ふたい》の益《やく》の風光を完全に説示《せつじ》して、安心《あんじん》と起行《きぎょう》との分《ぶん》際《ざい》を示されたものであります。

要するに以上の九章は、門弟の質疑等の機縁《きえん》に応じて対人的に示された聖人の法味《ほうみ》の発露《はっろ》とその態度を、それを見聞《けんもん》せる唯円房が手記せられたものとうかがえるのであります。

次に第十章は、以上の九章は要するに不可称・不可説・不可思議にして、義なきを義とする念仏のほかなきものであることを示すものであります。「義なきを義とす」とは聖人の常の仰《おお》せであったと思われるのであります。それでこの語を最後に書き載《の》せて師訓十章の結語とする意図を示されたものが第十章と思います。

蓋《けだ》し念仏為本《ねんぶついほん》の法然上人の仰せと信心為本《しんじんいほん》の宗祖の仰せとについて、古来これを化風《けふう》の相違と言われているのですが、近時は『歎異鈔』や御消息《ごしょうそく》等によって「ただ念仏して弥陀にたすけられまいらする」念仏為本が宗祖の道で「信心為本」は蓮如上人によって唱導《しょうどう》せられた宗派の宗義《しゅうぎ》であるごとく言われているのですが、よくよく親鸞聖人の教えをうかがうと、念仏為本の法然上人の念仏が歪曲《わいきょく》せられたなかにあって、宗祖が念仏の真実義《しんじつぎ》を開顕《かいけん》して示されたのが信心為本であります。特に「信巻《しんかん》」を拝見すると、唯信別選《ゆいしんべっせん》の本願海《ほんがんかい》を開詮《かいせん》せられてあります。このことは、親鸞聖人の思想を見る上に注意しなくてはならぬのであります。よって『歎異鈔』の師訓十章の思想も『教行信証《きょうぎょうしんしょう》』より反顕《はんけん》してうかがうべきであります。私《わたくし》がことさらに師訓十章が対機《たいき》の説法、一機一縁《いっきいちえん》の法語《ほうご》としてうかがい奉《たてまつ》る所以《ゆえん》もそこにあります。すなわち、お念仏のお勧めも、もとの信心海《しんじんかい》に返していただかねばなりませぬ。

第十三講　異義《いぎ》批判のまえがき

一　異義について

これから『歎異鈔』の「異義批判の八章」のお心をいただくのであります。

そもそもかの御在生《ございしょう》のむかし、おなじこゝろざしにして、あゆみを遼遠《りょうえん》の洛陽《らくよう》にはげまし、信をひとつにして心を当来《とうらい》の報土《ほうど》にかけしともがらは、同時に御意趣《ごいしゅ》をうけたまはりしかども、そのひとびとにともなひて念仏まうさるゝ、老若《ろうにゃく》、そのかずをしらずおはしますなかに、上人のおほせにあらざる異義どもを、近来《きんらい》は、おほくおほせられあうてさふらふよし、つたへうけたまはる。いはれなき条々《じょうじょう》の子細《しさい》のこと。

と書き出して第十一章より第十八章まで綴《つづ》られてあります。これより以下の本文は異義を批判せられる部分であります。そしてその批判をせられているところの多くの異義は「念仏の信心」に対する誤謬を批判せられるものであります。言い換えますと、宗教に対する謬見《びゅうけん》の批判であります。その謬見を大別いたしますと、一は信仰と知識の区別を誤るものであります。二は宗教と倫理の立場を混乱するより来たれるものであります。

第一の信仰と知識との区別を誤るということは、仏教で談ずる悟道《ごどう》を「自然《しぜん》の行く処《ところ》」を定むることと一つであるという見解を取るものであります。「自然の行く処」を定むるとは自然界の理法《りほう》を明らかにすることであって、これは科学の分担するところであります。「自然の行く処」をしばらく天道《てんどう》と名づけますと「悟道」はどこまでも人道《じんどう》の沙汰《さた》であります。その人道の沙汰である「悟道」をもって「天道」と見ることは「宗教」と「科学」との分際を乱すものであります。

第二の宗教と倫理の立て前を混乱しているというのは、――この謬見には更《さら》に二つの方向がありまして、一つは「宗教さえあれば倫理はどうでもよい」という考え方であります。二つには宗教は倫理のためのものであるという考え方であります。

前者の、宗教さえあれば倫理はいらないという考え方は極端になりますと、信仰さえあれば倫理などどうでもよいという宗教万能論となります。これが更に進みますと、造悪無碍《ぞうあくむげ》といって造悪もさまたげとはならぬという倫理無視の考え方となります。

次に後の方の宗教は倫理のためにあるものであるという考え方は、宗教というものは倫理の一翼《いちよく》を担うものであるという考え方となります。したがって仏教に説く地獄極楽は勧善懲悪《かんぜんちょうあく》のためであり、キリスト教の神も、人間界の善悪を裁く裁判官の役目を果たすものと見ることになります。かくして、善悪平等・邪正一如《じゃしょういちにょ》と説く仏教の実義も、信仰によって義とせられると説くキリスト教の信仰も、その独立の立場を失って倫理のお先棒《さきぼう》をかつぐ添え物のごとき次第となるのであります。これらは何《いず》れも宗教と倫理を混同するところから出てくる謬見であります。

かかる謬見は、昔も今も変りなく、人間の思想の分野にその影を残しているようであります。

二　歎異鈔の批判

さて『歎異鈔』の異義批判の八章の章目を妙音院了祥《みょうおんいんりょうしょう》師は

第十一章　誓名別信《せいみょうべっしん》章
第十二章　学解念仏《がくげねんぶつ》章
第十三章　禁誇本願《きんこほんがん》章
第十四章　一念滅罪《いちねんめつざい》章
第十五章　即身成仏《そくしんじょうぶつ》章
第十六章　常恒廻心《じょうこうえしん》章

第十七章　辺地堕獄章《へんじだごく》
第十八章　施量分報章《せりょうぶんぽうちょう》

と名づけられています。更にそれらの各章が何を明らかにせられたかについては、第十一、第十二の二章は誓名別執《せいみょうべっしゅう》の異義を批判せられたものであり、第十三、第十四の二章は但称固執《たんしょうこしゅう》の異義を批判せられたものであり、第十五、第十六、第十七、第十八の四章は以上の誓名別執、但称固執の二計《けい》より起こるいろいろの雑執《ざっしゅう》を批判せられたものと見ておられるようであります。

親鸞聖人の第十八願の法義《ほうぎ》は、純粋宗教の面目を鮮かに示されたものでありまして、「親鸞におきては、ただ、念仏して弥陀にたすけられまいらすべしとよきひとの仰《おお》せをかぶりて信ずるほか、別の子細《しさい》なし」という第二章のお言葉は、これを表明しているものであります。しかもこの唯称《ゆいしょう》（ただ念仏する）唯信《ゆいしん》（ただ信ずる）は南無《なも》阿弥陀仏の一法《いっぽう》のすがたでありまして、分かつべからざるものでありま す。しかれば、唯信に滞《とどこお》って唯称を無にする考え方も、唯称に滞って唯信を否定する考え方も、ともに誤りであります。『歎異鈔』の第十一章、第十二章は、この誤りのなか、唯信に滞る考え方を誡《いまし》められたものであり、第十三章、第十四章は唯称に滞る考え方を批判せられたものと見えるのであります。

唯信に滞ると、本願念仏の宗教は、哲学的観念に陥るのであります。また唯称に滞ると本願念仏の宗教が倫理的律法《りっぽう》に陥るのであります。この両者への批判が完全に果たされるところに、純粋宗教としての念仏の面目が躍如《やくじょ》としてその光彩を放つことになるのであります。『歎異鈔』における異義批判の大綱は、この両者に対する批判に尽きるのであると見られるようであります。こうした見方をもって異義八章の大綱を見られたのが了祥師の見方であると申すことができます。この見方は、否《いな》と言われぬ見方であります。

三　歎異鈔と現代思潮

いったい宗教と科学とは、その本質を異にするものであることについては、明治時代から西洋文化がわが国に伝来して、その科学思想と仏教の思想とが対決したとき、すでにその一端の解明は果たされたと考えてよいと思います。弥陀の浄土が西方《さいほう》十万億の仏土《ぶつど》をすぎて建立《こんりゅう》せられてあるということも、これは宗教上の沙汰であって天文学上の沙汰でないことは、すでに明らかとなったところであります。

しかし現今残されている問題は、社会科学と宗教の対決において、いろいろの問題が未解決のままに残されている感があります。現代の思潮の多くの問題は、この社会科学の示している社会主義的社会への動向に対して果たすべき宗教の任務というものが如何《いか》にあるべきかの問題の提起に対して解決を果たしていないように見えるのであります。それに伴うて宗教は個人の救済であって社会的問題でないという答案も出ております。その他いろいろに仏教界においてはその問題を捉えて答えているようであります。

こうした現代思潮の流れに沿うて『歎異鈔』の教えるところは何かということも一応考えてみたいと思うのであります。

思うに『歎異鈔』にあらわれた親鸞聖人の風格は何であるかというと、そこに描かれている聖人の風《ふう》貌《ぼう》は、全身を捧げて偏《ひとえ》に弥陀の本願を仰ぎその本願の救済に満足されているお姿であります。聖人の言々句々《げんげんくく》、それは本願の法の持てる全内容を堂々と吐露《とろ》しておられるようであります。しかもその本願の一法は、善悪差別《しゃべつ》せず、一視同仁《いっしどうじん》の大悲《だいひ》のほかなきものであります。

善悪の差別をするは人間倫理界の沙汰であります。一視同仁の世界は大悲無倦《むけん》の世界であって、人間の分別《ふんべつ》の世界ではありません。もしそれ善悪平等、一視同仁の大悲の世界を宗教とするならば、この宗教の世界を大胆率直《だいたんそっちょく》に表明せられているのが『歎異鈔』であるとうかがえるのであります。これをもし分化という言葉で表明するならば、聖人は宗教と倫理の分化をいよいよ鮮やかにし、科学と宗教の分化を完全に果たして、純粋宗教行の一法を鮮やかに示されたものと見えるのであります。

しかしながら一面「自然のことわりにかなひなば仏恩《ぶっとん》をも知り師の恩をも知るべきなり」と申されたごときは、その宗教と倫理の統合において人生生活の円成《えんじょう》を示されている面もうかがえないわけではないのでありましょうが、しかしながら全体的に眺めて、宗教の面目を旗色《はたいろ》鮮明に表示されているのが

『歎異鈔』であると見えるのであります。

かかる意味において異義八章を大観いたしますと、第十一章、第十二章は、知識と信仰の分化を、第十三章、第十四章は宗教と倫理の分化を、後の四章はこれに伴う雑多の問題を、一刀両断《いっとうりょうだん》的に鮮明にせられたものとうかがえるのであります。

そこには現代社会思想に対して直接的に答うる答案はなくとも、分化の完成に基づく純粋宗教の面目を鮮やかに示されたところに自ずから「案《あん》ずるより産むが易《やす》い」という平凡な真理が教えるごとく、社会問題に対する解答への道が開かれているようであります。

私どもは、こうした意味を以てこれより以下、異義八章の批判に耳を傾けたいと思うのであります。

第十四講　よび声

一　本文

一文不通《いちもんふつう》のともがらの念仏まうすにあうて、「なんぢは誓願《せいがん》不思議を信じて念仏まうすか、また名号《みょうごう》不思議を信ずるか」と、いひおどろかして、ふたつの不思議の子細《しさい》をも分明《ふんみょう》にいひひらかずして、ひとのこゝろを惑《まど》はすこと、この条《じょう》、返すがへすもこゝろをとゞめて、思ひわくべきことなり。誓願の不思議によりて、やすくたもち、となへやすき名号を案じいだし給ひて、この名字《みょうじ》をとなへんものを、迎へとらんと、御《おん》約束あることなれば、まづ弥陀の大悲大願《だいひだいがん》の不思議にたすけられまゐらせて、生死《しょうじ》を出づべしと信じて、念仏の申さるゝも、如来の御《おん》はからひなりと思へば、すこしもみづからのはからひまじはらざるが故に本願に相応《そうおう》して、実報土《じっぽうど》に往生するなり。これは誓願の不思議をむねと信じたてまつれば、名号の不思議も具足《ぐそく》して、誓願・名号の不思議ひとつにして、さらに異なることなきなり。

二　引文《いんもん》の要旨

右の引文は、第十一章の前半の文《もん》であります。すでに申し上げたとおり『歎異鈔』の後半、第十一章以下の八章の示すところは、まさしく聖人の真信《しんしん》に異なるを歎かれる歎異の内容を縷述《るじゅつ》せられる部分であります。ただ今の引文は、そのなかの第十一章の前半の文であります。この文の示すところは当時行われていた一つの異義、すなわち誓名別執計《せいみょうべっしゅうけい》と言われている異義を批判せられたものであります。誓名別執計ということは、誓願と名号は分かつべからざるものである。この分かつべからざるものを分かちて、誓願の不思議でたすかると信じているか、名号の不思議でたすかると信じているか、どちらか。お前らはひょっとすると、名号不思議でたすかると信じているのであろうが、そうとるのでないぞ、誓願の不思議でたすかるのであるぞと言わんばかりに、本来分かつべからざる誓願・名号の不思議を、誓願不思議と名号不思議との両者に分かち、この二つは思想信仰を異にしているぞと、両者を言い分け、知識的に分別して人を迷わし、聖人の教えを混乱さす考え方に対して、その考え方の誤りであることを示されたのが、この一段のご意趣《いしゅ》であるとうかがわれます。

三　異解《いげ》の出自と批判

こうした異解が、どうして出てきたのでありましょうか。第十八願《がん》のお約束の内容を見ると、第十八願の如来の誓いは

「名号をとなえん者をむかえとらん」

との約束であります。したがって、この願を文面のごとく心得た人々にとっては、「名号をとなえん者」とある故「名号をとなえた」ときにこの願に相応《そうおう》して、おたすけにあずかるのであると受け取るのでありましょう。しかし何故《なにゆえ》に「名号をとなえた」とき御《おん》たすけにあずかるのであるかとその所由《しょゆ》を尋ねると、それはそのように如来が計《はか》ろうて本願を建てて下されてあるからであると言うほかはないでありましょう。そこで、名号をとなえて助かるのか、本願の御《おん》はらかいで助かるのかという考え方が出てくるのでありましょう。この考え方が、やがて一方においては㈠称《とな》うるとき、名号の御《おん》不思議が働いてたすかるのだ、という考え方が出てきます。これが名号不思議でたすかると主張する一派なのでありましょう。更《さら》に他方においては㈡そうではない。称うる者を迎え取らんと約束せられた如来さまの誓願の御《おん》不思議で助かるのだ、という考え方が出てまいります。これが誓願不思議でたすかると主張する一派を生んだのであろうと思われます。

思いみまするに、誓願と名号とは本来分かつべからざるものであります。その分かつべからざるものを分けて、「汝は誓願不思議を信ずるか」「名号不思議を信ずるか」と誓願・名号の二つの不思議を立て

て人を惑わすことになったのでありましょう。けだし本願の救いには、善悪浄穢《じょうえ》はありません。この善悪浄穢なき旨《むね》を明らかにして、本願の救いは善悪平等である。この善悪平等の救済に対して善悪を沙汰《さた》するは誤りである。このことを明らかにせんとして、念仏往生の教えは凡夫のはからいを超えた如来の御《おん》はからい、すなわち誓願の不思議をたのむことこそ浄土真宗の真実義《しんじつぎ》なる旨を高調せんとして名号不思議の信に簡《えら》んで、誓願不思議と信ずることこそその本義であると主張せんとせられたものと思われるのであります。

『歎異鈔』の作者は、この主張に対して批判を下し、誓願を離れたる名号もなく、名号を離れたる誓願もない。誓願と名号とは一体不二のものである。この旨を明らかにせられるのがこの一章の趣意とうかがわれるのであります。

四　誓願と名号

誓願とは第十八願であります。名号とは南無《なも》阿弥陀仏のお六字《ろくじ》であります。しばらく誓願を因《いん》とすれば、名号は果《か》であります。この二者は、因果《いんが》の相違はあれども本来等流《とうる》相続《そうぞく》して、しかも同時の因果であります。したがって本願（因）果力《かりき》（果）の一物《いちぶつ》であります。本願は果力を成《じょう》じ、果力は本願に就《つ》くものであります。我らの救済は、この願力《がんりき》に救われるのであります。本願は南無阿弥陀仏の本願であります。本願をみ言《こと》とすれば名号はよび声であります。み言もよび声も表現の相違こそあれ、同一事実であります。この同一事実を異なる事実かのごとく心得るところに誤りを生じたと考えてよいと思います。

従来お六字は「となえもの」と考えられていたのであります。したがって称えることによって仏徳《ぶっとく》をわが身につけるのであると思想したことも無理からぬことでありました。しかし親鸞聖人の領解《りょうげ》においては、お六字は「聞かれもの」であると領解せられたのでありましょう。それはすでに『大無量寿経』に「其《そ》の名号を聞きて信心歓喜《しんじんかんぎ》せん」とあるからであります。名号が「聞かれもの」とする以上、その名号は必然的に「よび声」であらねばなりません。ここにおいて親鸞聖人は、「行巻《ぎょうかん》」の六字釈《ろくじしゃく》において「本願招喚《ほんがんしょうかん》の勅命《ちょくめい》なり」と、この点を明示せずにおられなかったのであろうと思われます。本願は「み言」であり、勅命は「よび声」であります。したがって、本願と名号とは、同一事実にほかなりません。「本願の救い」というも「名号の救い」というも別なる事実を言い表したものでないのであります。

さて以上のように名号は「聞かれもの」、したがって「よび声」であると解釈いたしますと、この第十一章の本文に「たもちやすく、となえやすき名号」といい、「この名字をとなへん者をむかへとらん」とあるご指南《しなん》に背《そむ》くでないか、すなわち名号は「となえもの」ではないかという疑問を抱《いだ》かれる人もあろうかとも思います。

言うまでもなく名号は「となえもの」であります。しかしその「となえる」という事実の意味を吟味したいと存じます。『歎異鈔』に示されてあるように「となえる」とは称名《しょうみょう》の念仏です。この場合「となえる」念仏の意趣は第十四章に「念仏は、みなことごとく、如来大悲《にょらいだいひ》の恩を報《ほう》じ、徳を謝《しゃ》すと思ふべきなり」とあるように報恩《ほうおん》の行《ぎょう》であります。報恩の生活であります。報恩に応えている生活であります。それは称えつつ聞く姿であります。称えられつつ名号は聞かれものとなっているのであります。換言すれば「呼ばれつつ呼ばれつつ仰いでいる」事実があるというほかはないと存じます。文字の表面に拘泥《こうでい》いたしますと、それは珍奇に聞こえるかも知れませぬ。しかしながら親鸞聖人の『教行信証《きょうぎょうしんしょう》』の開闡《かいせん》を基本にしてこの『歎異鈔』を領解するとき、かく領納《りょうのう》することこそ聖人の御意《おこころ》であろうと思います。

思うに『歎異鈔』は「となえもの」として名号を扱われているように見えるのでありますが、それは法然上人より念仏往生の教格《きょうかく》を習われた法話であったからであろうと思われます。念仏往生の化風《けふう》より聞名得生《もんみょうとくしょう》の化風への展開は心して頂戴《ちょうだい》しなくてはならぬ本願開顕《かいけん》の営みであったと承《うけたまわ》っているのでありましす。第十三条における誓名別執の考え方とその批判は、遠く七百年の昔の問題ではなくして、今日の我らにとっても他事《たじ》と思われぬ問題であります。

応《おう》と呼び　応とこたふる山彦の
谷のこだまも　峯《みね》のよび声

と古老も詠《えい》じています。本願名号を「よび声」と味わわれたところは、心して読み取るべきでないかと思います。いわんや聖人は、六字を勅命《ちょくめい》と味到《みとう》せられています。

第十五講　善悪のはからいを誡《いまし》む

一　本文

つぎに、みづからのはからひをさしはさみて、善悪のふたつにつきて往生のたすけさはり二様《ふたよう》に思ふは、誓願《せいがん》の不思議をばたのまずして、わがこゝろに往生の業《ごう》をはげみて申すところの念仏も自行《じぎょう》になすなり。このひとは、名号《みょうごう》の不思議をもまた信ぜざるなり。信ぜざれども辺地《へんじ》懈慢《けまん》・疑城《ぎじょう》胎宮《たいぐ》にも往生して、果遂《かすい》の願《がん》の故につひに報土《ほうど》に生《しょう》ずるは、名号不思議のちからなり。これすなはち誓願不思議の故なれば、たゞひとつなるべし。

二　文の大意

右の文《もん》は『歎異鈔』第十一章の後半の文であります。

このお示しの内容は、(イ)善悪二業《にごう》について善業は往生の資助《たすけ》となり、悪業は往生の障碍《さわり》となると、はかろう心は、誓願の不思議をたのまず、また名号の不思議を信ぜざるものであること。(ロ)自力の称《しょう》

名《みょう》を募《つの》り し者が、果遂の願(第二十願)によって、自然《じねん》に真如《しんにょ》の門(第十八願)に転入せしめられることは名号の不思議力《ふしぎりき》の然《しか》らしむるところであるが、同時にそれは誓願の不思議の然らしむるところであることを示されたのであります。

それでこのご文《もん》の意趣《いしゅ》を「善悪のはからいを誡む」と題して、主として「善悪のはからい」について歎異の心をうかがいたいと思います。

三　善悪の問題

それで「悪」の問題から申し上げます。

とかく善悪の二業について往生のたすけ・さわり二様に思う心は、やみがたい人間のはからいであるようであります。

親鸞聖人は「善悪の二つ総じてもつて存知《ぞんじ》せざるなり」と、本鈔の後跋《こうばつ》に洞破《どうは》せられてありますが、如来のご恩ということをば沙汰《さた》せずして我も人も定めなき「善《よ》し」「悪《あ》し」ということをのみ申し合《お》うているのであります。如来の本願は元来、不簡《ふけん》善悪——善悪を簡《えら》び給わぬ法なのであります。しかるに私どもは、その如来のご恩を沙汰せず除外して、機《き》のはからいに明け暮れ、踏み迷うているようでありま す。まことにもったいない次第であります。すでに本鈔の第一章にも「本願を信ぜん(信)には他《た》の善も要《よう》にあらず、悪をもおそるべからず」と示されてあります。蓮如上人も「罪の沙汰無益《むやく》なり」とも誡《いまし》めておいでになるのであります。しかるに、何故に善悪摂取《せっしゅ》の本願を仰がずして、何時《いつ》までも機《き》の善悪をいじっているのでありましょうか。

思うに私どもは、人間の意志に操《あやつ》られているからであるように思われます。人間の意志に先立つ如来の意志の法のあることに、耳を傾けぬからであろうと思うのであります。如来の本願は、私どもの善悪の宿業《しゅくごう》の内底《ないてい》にすでに用意せられてあるようであります。人間には、いろいろの欲望があります。悪とはその欲望を満たし得ぬ欠陥の状態でありますが、人間の希望、人間の意志は、その欠陥を満たすことにかかり果てているのであります。そこでしばらく人間の善悪を明らかにするために人間の持てる欲望を人格的なるものを中心として試みに分類してみましょう。すると左《さ》のごとくなると思います。

- 一　肉体的欲望
- 二　精神的欲望
  - 一　非人格的欲望
  - 二　人格的欲望
    - 一　他律的欲望
    - 二　自律的欲望

右の表をしばらく説明いたしますと、初めの㈠肉体的欲望とは、食欲とか睡眠欲とかいう肉体を持てる故の生理的約束に伴う欲望を意味するのであります。

次の㈡精神的欲望とは、心理的な欲望を指すのでありまして、このなかには知識欲とか美的要求とか音楽的要求とかいうごとき非人格的なものや、名誉欲とか、権勢欲のごとき人格（対人的資格）に関する要求とがあります。それで、これを二分して、前者を非人格的欲望と名づけ、後者を人格的欲望と名づけたのであります。

㈢人格的欲望のなかにおいて、他人の協賛を俟《ま》って満たされうる、名誉欲とか、権勢欲とかいうものと、他人の協賛を俟たずして自ら天命《てんめい》に安《やす》んずるとかいうごとき二種の欲望があります。それで前者を他律的――他人の向背《こうはい》に律せられるもの――とし、後者を自律的――他人の向背に律せられないもの――と名づけたのであります。

かくのごとく欲望を分類することによりまして、それに伴うて起る善悪の判断に――すなわちその各々の欲望の満たされた状態を善とし、満たされない状態を悪とする判断に――いろいろの種類のあることがわかります。換言しますと善悪にはいろいろの種類があるということになります。

欲望の種類によって善悪の種類に差別のあることがわかります。

しかし、一般に人生における善悪の問題は、多く第三の人格的欲望において論ぜられているようであります。この場合における悪は欠如と言われうるのでありますが、他の欲望と異なる点は、それが対他《たいた》的であることと行為の上の沙汰であることとであります。そして道徳の本質に関する問題はこのなかの自律的な人格建設の要求でありましょう。すなわち――俯仰《ふぎょう》天地に愧《は》じざる呈《てい》の状態は自律的人格の充たされた――いわゆる最上善というべき状態であろうと思われます。それは自己に対する他己《たこ》にとってはまことに都合のよいことであります。すなわち他人の意志を自分の思うように左右しようとしないからです。すなわち他人の人格を認める立派なる態度でもあります。と同時に他人の意志の向背にも左右せられないのであります。いわゆる他律的な不安より脱却した状態でもあります。古聖賢《こせいけん》が「天命に安んずる」とか、「自然《じねん》の理《り》に従う」とか、「良心に愧《は》じず」とか、「人理《じんり》・人道《じんどう》を履践《りせん》する」とか申されているものは、かかる境地を意味するように思われます。

しかし人間の欲望は、先にも申したように雑多でありまして、しかもその欲望と欲望との間には何時《いつ》も調和をうるとは限りませぬ。その上、欲は盲目であります。どこへ行くかわかりません。例えば精進《しょうじん》と懈怠《けだい》とは相反《あいはん》する欲望で調和しません。したがってこの相反する欲望の整理統一がないと精神生活は無政府状態となり、自己矛盾という結果となり、狂気の沙汰となります。ここにこの整理統一の使命を帯びてあらわれた精神作用こそは意志と言わるべきものでありましょう。かくてこの意志によって吾人の欲望を整理して自律的人格の欲望を捉えて、吾人の生活行為をこれに集注せしむる工夫こそ古聖賢の歩まれた人格錬磨《れんま》の芳躅《ほうちょく》であろうかと思われます。ここにおいて「山中の賊《ぞく》を敗《やぶ》ることは易《やす》けれども心中の賊を敗ることは難《かた》し」という道味《どうみ》もこの欲望整理の困難なることを物語られたものとうかがわれるのであります。

されば善悪の問題は人格に関する問題として何時《いつ》も私どもに「諸《もろもろ》の悪を作《な》すこと莫《な》かれ」として倫理、人道の履践《りせん》を要求しているのであります。しかしかかる人倫人道の履践の上に、常にこれより後退せしめる、時にはこれを遮断《しゃだん》せしめる強力な欲望の誘惑に常におびやかされ、常に落第しているのであります。かくて「君子、危きに近づくことなかれ」とその落第を来たすことなきように誡められているのであります。君子といえども誘惑に対して完全に免疫がはたらいていると言えないものを残しているのであります。その不健康な状態とは意志の持てる弱さを意味するものと思われます。その弱さとは、意志の持てる自由は不可抗的な誘惑のない限りの自由であるという条件的なものであることを意味すると思います。

かくのごとく私《わたくし》のはからい（意志）が本来不自由なものであるとすれば、その意志によって決定せられる善悪も絶対的と申されぬのであります。更《さら》に私どもには悲しいかなこの意志は更に本来的な無知の我執《がしゅう》の病を伴っているのであります。

これを仏教では無明《むみょう》と申しています。この無明の病は人間として必然的に持っている心の病であります。したがって親鸞聖人が「善悪の二つ総じてもつて存知せざるなり」と申されたことは、人間知の世界に談《だん》ずる善悪は相対不定《ふじょう》のものである。更に、その相対不定の善悪には妄執《もうしゅう》無明の病を持っている。

故にその基底に、根本悪というべき無明の狂いがある。狂いのある善悪をもって如来界を計《はか》ろうべきものでない。このことを「善悪の二つ総じてもつて存知せず」と申されたものであるようにうかがえます。

しかるに人間の無明妄執は何時までもこの狂いのある善悪の尺度をもって如来の本願の世界を測定しようとする誤謬を犯しているのであります。いま「善悪のふたつにつきて往生のたすけさはり二様に思ふは」とは、この誤謬を犯していることを言うのです。したがって善悪を超えた誓願名号をたのまぬ病気に罹《かか》っている者が「善悪について往生の助けさわり二様に思う」のであります。「わが心に往生の業を励《はげ》む者」「念仏をも自行になす」とは、この過失に陥れる病気を示したものであります。したがって機の善悪を超えた弥陀の名号、如来の願い、この如来のほかに我ら凡夫《ぼんぶ》の救われる道もなく、救いの前には自力、善悪の沙汰は無役《むやく》であります。自力無明の心の病を癒《なお》し給うもの、これぞ不簡善悪の誓願名号の一法《いっぽう》であることを知るべきであろうと思います。

四　果遂《かすい》の願《がん》

「果遂の願」とは第二十願のことであります。第二十願とは自力の心にて念仏を修《しゅ》する者を遂《つい》に第十八願海《がんかい》に転入せしめんとの誓願であります。このことを「転入果遂《てんにゅうかすい》」と申されているのであります。

万善諸行《まんぜんしょぎょう》に超えすぐれた弥陀の名号に手を掛けて、それをひとえに自己の善根《ぜんごん》として励むのは二十願の人々であります。それらの人は、二十願力《がんりき》によって辺地《へんじ》・懈慢《けまん》・疑城胎宮《ぎじょうたいぐ》といわれる化土《けど》に往生するのであります。しかしその人々が仏智《ぶっち》の不思議を疑うた罪を悔《く》いて他力不思議に入《い》るときは、報土《ほうど》の往生を遂げるのであります。かく自力の心をひるがえして他力の不思議に入《い》らしめる作用は、また名号の力でありますから、これまた「名号不思議」の力であります。すなわち、名号には転入の作用と摂取《せっしゅ》の作用とがあります。自力転捨《てんしゃ》の作用と摂取の作用とがあります。自力の心という病気は、名号の不思議によって癒《ゆ》せられるのであります。かかる名号不思議は、また誓願不思議であります。名号を離れた誓願もなく、誓願を離れた名号もないからです。「果遂の願の故に、つひに報土に生ずるは、名号不思議のちからなり。これすなはち誓願不思議の故なればたゞひとつなるべし」と結ばれているのはこの故であります。

いったい法然上人によって示された念仏往生の道は、第十八願の道であります。第十八願の道は如来の救済の道で、信と行とが誓われてあります。すなわち如来は衆生の上に表れて、信心となり念仏（称名）行となって、浄土に往生せしめんと誓われてあります。ここに信心は往生の因となるものであり、念仏は信心の一生相続《いっしょうそうぞく》のすがたであります。したがって、如来は衆生《しゅじょう》をお念仏を喜ぶ身《み》と育てて浄土に往生せしめんとするのが念仏往生の道であります。多くの法然上人の門弟は、この相続行《そうぞくぎょう》の念仏を往生の因法《いんぽう》と誤解せられたようであります。親鸞聖人の門弟のなかにもこの誤りをせられた人々があったようであります。それが一念《いちねん》・多念《たねん》という諍《あらそ》いとなって京にも田舎にも賑《にぎ》おうたことを文書《もんじょ》は伝えております。いま「わが心に往生の業をはげみて、申すところの念仏を自行になす」とは、この消息《しょうそく》を伝えるものであります。

純粋宗教行としての念仏は、概念に陥ったり、律法《りっぽう》に偏《へん》したりしてはならぬのであります。それは如来のよび声であるとともに如来心《しん》そのものであり、如来選択《せんじゃく》の行でもあります。私どもの称《とな》えている名号は、私が称えながら、そのままそれは呼ばれているのであります。否《いな》、呼ばれていることをも亡《もう》じたみ名一つの輝ける世界であります。名号独一《どくいつ》の世界であります。名号独用《どくゆう》の世界であります。名号の一法《いっぽう》これを外《ほか》にして法なく機《き》なく、我《われ》なく如来なく、光明広海《こうみょうこうかい》独用の天地であります。この天地に摂《おさ》め込まれるところにこそ浄土真宗の信の世界が開かれます。それはただ如来のしろしめす世界であって、どこまでも機の善悪の沙汰にかかる世界ではありません。これを、私は次元を異にせる世界として味わっているのであります。

第十六講　信と知

一　本文の分科

(イ)　経釈《きょうしゃく》をよみ、学《がく》せざるともがら、往生不定《ふじょう》のよしのこと。
この条《じょう》、すこぶる不足言《ふそくごん》の義といひつべし。

(ロ)　他力真実のむねをあかせるもろもろの聖教《しょうぎょう》は、本願を信じ、念仏をまうさば仏《ぶつ》になる。そのほかなにの学問かは往生の要《よう》なるべきや。まことに、このことわりにまよへらんひとは、いかにもいかにも学問して、本願のむねをしるべきなり。経釈をよみ学すといへども、聖教の本意をこゝろえざる条、もつとも不便《ふびん》のことなり。一文不通《いちもんふつう》にして、経釈のゆくぢもしらざらんひとの、となへやすからんための、名号《みょうごう》におはします故に、易行《いぎょう》といふ。学問をむねとするは、聖道門《しょうどうもん》なり、難行道《なんぎょうどう》となづく。あやまつて、学問して、名聞利養《みょうもんりよう》のおもひに住《じゅう》するひと、順次《じゅんじ》の往生、いかゞあらんずらんといふ証文《しょうもん》も候《そうろう》べきや。

(ハ)　当時、専修《せんじゅ》念仏のひと、聖道門のひと、諍論《じょうろん》をくわだて、「わが宗こそすぐれたれ、ひとの宗はおとりなり」といふほどに、法敵《ほうてき》もいできたり、謗法《ほうぼう》もおこる。これしかしながら、みづから、わが法を破謗《はほう》するにあらずや。たとひ諸門《しょもん》こぞりて、念仏はかひなきひとのためなり、その宗あさし、いやしといふとも、さらにあらそはずして、「われらがごとく下根《げこん》の凡夫《ぼんぶ》、一文不通のもの、、信ずればたすかるよし、うけたまはりて信じさふらへば、さらに上根《じょうこん》のひとのためにはいやしくとも、われらがためには、最上の法にてまします。たとひ自余《じよ》の教法《きょうぼう》はすぐれたりとも、みづからがためには器量《きりょう》およばざればつとめがたし。われもひとも、生死《しょうじ》をはなれんことこそ、諸仏の御本意《ごほんい》にておはしませば、御《おん》さまたげあるべからず」とて、にくいけせずは、たれのひとかありて、あだ（仇）をなすべきや。かつは、諍論《じょうろん》のところにはもろもろの煩悩おこる、智者《ちしゃ》、遠離《おんり》すべきよしの証文候《しょうもんそうろう》にこそ。

(二) 故聖人の仰《おお》せには、「この法をば信ずる衆生《しゅじょう》もあり、そしる衆生もあるべしと仏《ぶつ》ときおかせたまひたることなれば、われはすでに信じたてまつる。またひとありてそしるにて仏説《ぶっせつ》まことなりけりとしられ候。しかれば往生はいよいよ一定《いちじょう》とおもひたまふべきなり。あやまつて、そしるひとのさふらはざらんにこそ、いかに信ずる人はあれども、そしる人のなきやらんとも、おぼえさふらひぬべけれ。かく申せばとて、かならずひとにそしられんとにはあらず。仏のかねて信謗《しんぼう》ともにあるべきむねをしろしめして、ひとのうたがひをあらせじと、ときおかせたまふことを申すなり」とこそさふらひしか。

(ホ) いまの世には学文《がくもん》(問)して、ひとのそしりをやめ、ひとへに論義《ろんぎ》(議)問答をむねとせんとかまへられ候にや。学問せば、いよいよ如来の御本意《ごほんい》をしり、悲願の広大のむねをも存知《ぞんじ》して、いやしからん身《み》にて、往生はいかゞなんどあやぶまんひとにも、本願には善悪・浄穢《じょうえ》なきおもむきをも、とききかせられさふらはゞこそ、学生《がくしょう》のかひにてもさふらはめ。たまたまなにごころもなく、本願に相応《そうおう》して念仏するひとをも、学文してこそなんどといひおどさるゝこと、法の魔障《ましょう》なり、仏の怨敵《おんてき》なり。みづから他力の信心かくるのみならず、あやまつて、他《た》をまよはさんとす。つゝしんでおそるべし、先師《せんし》の御《おん》こゝろにそむくことを。かねてあはれむべし、弥陀の本願にあらざることをと云々《うんぬん》。

二 信仰と知識

この第十二章は、別に説明を要しないほど平易に、かつよどみなく信仰と学問の問題を説き示されてあります。

「経釈をよみ、学せざるともがら、往生不定のよしのこと、この条すこぶる不足言の義といひつべし」と冒頭に申されて、最後に「なにごころもなく、本願に相応して念仏するひとをも、学文してこそなんどといひおどさる丶こと、法の魔障なり、仏の怨敵なり。みづから他力の信心かくるのみならず、あやまつて、他をまよはさんとす。つ丶しんでおそるべし、先師の御こ丶ろにそむくことを。かねてあはれむべし、弥陀の本願にあらざることをと云々」と結んで示されていることによって、信仰と学問との分《ぶん》際《ざい》を明らかに示されているお示しとうかがえるのであります。

信仰は霊性《れいせい》の問題であり、学問は理性・悟性《ごせい》の問題であります。特に念仏の教えは「愚者《ぐしゃ》にかえりて念仏申す」のであります。「八万の法蔵《ほうぞう》を学ぶとも一文不知《いちもんふち》の愚鈍《ぐどん》の身《み》になし、尼入道《あまにゅうどう》の無智《むち》の輩《ともがら》に同じうして、智者《ちしゃ》のふるまいもせず一向《いっこう》に念仏する」教えであります。それは念仏が念仏する世界に生かされる道であります。「南無阿弥陀仏とたのませ給ひて迎へん」との如来の誓願《せいがん》に生かされる霊性の領域であります。人間理性や人間悟性のはからいの領域ではありません。ただ本願のみしろしめす、念仏が念仏せしむる領域であります。したがって、経釈をよみ、学問して決定《けつじょう》する理性・悟性の領域ではありません。

本願の御《おん》はからいに相応《そうおう》して、なにごころなく念仏申すのみであります。この霊性の領域にはたらき給う本願海《ほんがんかい》の不可思議を理性・悟性の領域にて割り切っていこうとするところに、各々の持てる分野の混乱が醸《かも》し出されるのでありましょう。まことにかかる混乱を引き起こすものこそ「法の魔障」であり「仏の怨敵」でもありましょう。

「知識と信仰」という問題は、古来からある重大な問題であります。それは認識の問題に関係するからであります。

しかし私《わたくし》は人間性の内容には、感性・悟性・理性・霊性というものがあると心得ているのであります。そうして宗教は、そのなかの霊性の領域に属するものと考えているのであります。もしこの考え方が許されるといたしますと、芸術問題は感性の問題であり、認識の問題は悟性の問題であり、倫理の問題は理性の問題であると言われましょう。そうして感性・悟性・理性・霊性は各々その領域を持ちつつ、人間性を形成していると思われます。

かくてこの第十二章は特に悟性と霊性、換言しますと、知識と信仰の各自の持ち場を明らかにし、その分野の混乱をきびしく誡《いまし》めつつ、本願に相応して念仏する、純なる宗教の道を抉出《けっしゅつ》せられているようにうかがわれるのであります。

三　信仰の学問

してみると、念仏には学問は不要であるかと申しますと、往生の要《よう》には学問は不要であります。しかし、往生の要に迷える者には、学問の不要なる旨《むね》を知る要があります。学解《がくげ》を重んずる聖道門には学問は要でありましょう。浄土の教えにおいては、往生の要としては如来の本願がすでにあるのであります。

この本願の旨に迷い、如来の本意《ほんい》に徹《てっ》せざる者には、その本願の旨を知り、如来の本意を聞く要があります。ここに本願の開顕《かいけん》の「信仰の学問」が成立する根拠があります。「愚者にかえりて念仏する」学問不要の浄土の教えに、数多くの学問があり、これを学ぶ学者がありますことは、この本願開顕の「信仰の学問」の場があるからであります。そこで本鈔の作者は、浄土の学問の意味を明らかにして「学問せば、いよいよ如来の御本意をしり、悲願の広大の旨をも存知《ぞんじ》して、いやしからん身にて、往生はいかゞなんどあやぶまんひとにも、本願には善悪・浄穢《じょうえ》なきおもむきをも、とききかせられさふらはゞこそ、学生《がくしょう》のかひにてもさふらはめ」と、浄土の教えにおける学問の在り方とその使命を示しているのであります。

「本願には善悪・浄穢なき趣《おもむき》」とは「本願」の持てる超理性・超悟性・超感性の意味を示しているのでありましょう。したがって「信仰の学問」は、如来の本願海そのものの持てる素直な在り方を、そのままに示す学問でありましょう。またこれが「聖教《しょうぎょう》の本意」を心得《こころう》る道でありましょう。

かくて本章には、浄土真宗の学問の在り方と使命というものが示されています。「本願のむねをしる」（如来の御本意をしる）ことがその在り方であり、「本願の趣を説く」ことがその使命であります。したがって、名利《みょうり》の学問、諍論《じょうろん》のための学問に陥《おちい》ってはならぬのであります。そこで本鈔の作者はこれを誡《いまし》め、「学問して、名聞利養《みょうもんりよう》のおもひに住《じゅう》するひと、順次《じゅんじ》の往生、いかゞあらんずらん」と乗信房《じょうしんぼう》等へ申し送られた『御消息《ごしょうそく》』や「諍論のところにはもろもろの煩悩おこる、智者遠離《ちしゃおんり》すべし」という『七箇条の起請文《きしょうもん》』などの証文を掲げて、これを誡められたものとうかがえます。

第十七講　本願ぼこり

一　本文

一　弥陀の本願不思議におはしませばとて悪をおそれざるは、また本願ぼこりとて、往生かなふべからずといふこと、この条《じょう》、本願をうたがふ、善悪の宿業《しゅくごう》をこゝろえざるなり。よきこゝろのおこるも、宿善《しゅくぜん》のもよほす故なり。悪事《あくじ》のおもはれせらるゝも、悪業《あくごう》のはからふ故なり。故聖《こ》人の仰《おお》せには、卯毛《うもう》・羊毛《ようもう》のさきにゐるちりばかりもつくるつみの、宿業《しゅくごう》にあらずといふことなしとしるべしとさふらひき。またあるとき、「唯円房はわがいふことをば信ずるか」と仰《おお》せのさふらひしあひだ、「さんざふらふ」と申しさふらひしかば、「さらばいはんこと、たがふまじきか」と、かさねて仰せのさふらひしあひだ、つゝしんで領状《りょうじょう》まうしてさふらひしかば、「たとへばひとを千人ころしてんや、しからば往生は一定《いちじょう》すべし」と仰せのさふらひしとき、「仰せにてはさふらへども、一人《いちにん》もこの身《み》の器量《きりょう》にては、ころしつべしともおぼえず候《そうろう》」と、申してさふらひしかば、「さてはいかに親鸞がいふことを、たがふまじきとはいふぞ」と。「これにてしるべし、なにごとも、こゝろにまかせたることならば、往生のために千人ころせといはんに、すなはちころすべし。しかれども一人にてもかなひぬべき業縁《ごうえん》なきによりて害《がい》せざるなり。わがこゝろのよくてころさぬにはあらず。また害せじとおもふとも、百人・千人をころすこともあるべし」と、仰せのさふらひしは、われらがこゝろのよきをばよしとおもひ、あしきことをばあしとおもひて願《がん》の不思議にてたすけたまふといふことを、しらざることを仰せのさふらひしなり。そのかみ邪見《じゃけん》におちたるひとあつて、悪をつくりたるものをたすけんといふ願にてましませばとて、わざとこのみて悪をつくりて、往生の業《ごう》とすべきよしをいひて、やうやうにあしざまなることのきこえさふらひしとき、御消息《ごしょうそく》に、「くすりあればとて毒をこのむべからず」とあそばされて候は、かの邪執《じゃしゅう》をやめんがためなり。まつたく悪は往生のさはりたるべしとにはあらず。持戒《じかい》・持律《じりつ》にてのみ本願を信ずべくは、われらいかでか生死《しょうじ》をはなるべきやと。かゝるあさましき身も、本願にあひたてまつりてこそ、げにほこられさふらへ。さればとて身にそなへざらん悪業は、よもつくられさふらはじものを。また、「うみかわにあみをひき、つりをして、世をわたる者も、野山《のやま》にしゝをかり、とりをとりて、いのちをつぐともがらも、あきなひをもし、田畠《でんばく》をつくりてすぐるひとも、たゞおなじことなり」と。「さるべき業縁のもよほせば、いかなるふるまひもすべし」とこそ、聖人は仰せさふらひしに、当時は後世者《ごせしゃ》ぶりして、よからんものばかり念仏まうすべきやうに、あるひは道場《どうじょう》にはりぶみをして、なむなむのことしたらんものをば、道場へいるべからずなんどいふこと、ひとへに賢善精進《けんぜんしょうじん》の相をほかにしめして、うちには虚仮《こけ》をいだけるものか。願《がん》にほこりてつくらんつみも、宿業《しゅくごう》のもよほす故なり。されば、よきこともあしきことも、業報《ごうほう》にさしまかせて、ひとへに本願をたのみまゐらすればこそ、他力《たりき》にてはさふらへ。『唯信鈔《ゆいしんしょう》』にも、「弥陀いかばかりのちからましますとしりてか、罪業《ざいごう》の身なれば、すくはれがたしとおもふべき」と候《そうろう》ぞかし。本願にほこるこゝろのあらんにつけてこそ、他力をたのむ信心も決定《けつじょう》しぬべきことにてさふらへ。おほよそ悪業《あくごう》煩悩を断《だん》じつくしてのち本願を信ぜんのみぞ、願にほこるおもひもなくてよかるべきに、煩悩を断じなば、すなはち仏《ぶつ》になり、仏のためには、五劫思惟《ごこうしゆい》の願、その詮《せん》なくやましまさん。本願ぼこりといましめらるゝひとびとも、煩悩不浄具足《ふじょうぐそく》せられてこそ候げなれ。それは願にほこらるゝにあらずや。いかなる悪を本願ぼこりといふ、いかなる悪かほこらぬにて候べきぞや。かへりてこゝろをさなきことか。

二　本願ぼこりについて

『歎異鈔』第十三章は「弥陀の本願不思議におはしませばとて悪をおそれざるは、また本願ぼこりとて、往生かなふべからず」といふ主張に対して、「この条、本願を疑うものであり、善悪の宿業を心得ざるものである」と批判せられた一章であります。本章の内容に入る前に「本願ぼこり」について少し考えてみます。

「本願ぼこり」に対する訓誡《くんかい》は、鎮西派《ちんぜいは》の向阿《こうあ》上人の『三部仮名鈔《さんぶかなしょう》』にも「本願にほこりて、罪を心やす（易）く思はん人は、始めは、信心のあるに似たりとも後《のち》には助け給への心もなくなるべし、よくよく用意あるべき事をや」と述べて誡《いまし》められてあります。思うに「本願ぼこり」とは、本願にあまえること、本願につけ上がることで、念仏者《ねんぶつしゃ》のなかに、弥陀の本願は悪人正機《あくにんしょうき》であるからといって罪悪を軽く心得、「罪は障《さわ》りとはならず」として進んで罪悪を犯す者があったので、それを「本願ぼこり」の名のもとに誡められたもののようであります。法然上人も親鸞聖人もかかる造悪無碍《ぞうあくむげ》の謬解《びゅうげ》をしばしば誡められています。思うに当時における浄土念仏の教団にとっては、かかる謬解は重大な現実の問題であったようであります。法然上人も、『往生大要鈔《おうじょうだいようしょう》』に「かやう（本願）の事は、悪《あ》しく心得《こころう》れば、いづかたも僻事《ひがごと》になるなり。強く信ずる方《かた》を勧むれば邪見《じゃけん》をおこし、邪見をおこさじとこしらふ（誘ふ）れば、信心強《つよ》からずなるが術《すべ》なきことにて侍《はべ》るなり」と述懐《じゅっかい》しておられます。そこで念仏義《ねんぶつぎ》を示すにあたっても「罪は十悪《じゅうあく》・五逆《ごぎゃく》の者なほ生まると信じて小罪《しょうざい》をも犯さじと思ふべし」と述べて、信仰と倫理の両面にわたって、適切な教示をせられています。

そこで『七箇条制文《せいもん》』にも

「念仏門《ねんぶつもん》においては戒行《かいぎょう》なしと号《ごう》して専《もっぱ》ら淫酒食肉《いんしゅじきにく》を勧め、たまたま律儀《りつぎ》を守る者をば雑行《ぞうぎょう》の人と名づけ、弥陀の本願を憑《たの》む者は造悪《ぞうあく》を恐るゝことなかれと説くことを停止《ちょうじ》すべき事」

と謬解《びゅうげ》を提示して

「戒は仏法の大地《だいち》なり、衆行《しゅぎょう》まちまちなりといへども、同じくこれを専らにす。これをもつて善《ぜん》導和尚《どうかしょう》は目を挙げて女人《にょにん》を見ずと。この行状《ぎょうじょう》の趣《おもむき》、本律《ほんりつ》の制《せい》にすぎたり。浄業《じょうごう》の類《たぐい》（念仏をよろこぶ者）これに順《したが》はざるは、すべて如来の遺教《ゆいきょう》をわすれ、別して祖師の旧跡に背《そむ》く。かたがたよんどころなきものか」

と附言せられています。

まことに逆悪摂取《ぎゃくあくせっしゅ》・善悪平等の本願念仏の宗教と、止悪作善《しあくさぜん》・善悪差別《しゃべつ》の人倫道徳の訓《おしえ》との分際を混乱し、罪悪おそるべからずという造悪無碍の邪窟《じゃくつ》に陥《おちい》ることは古今東西を問わぬ宗教に対する謬見と言わねばなりません。

されば法然上人にしても、親鸞聖人にしても、罪悪摂取・善悪平等の本願海《ほんがんかい》の風光を提示するとともに、善悪差別の人倫道徳の軌道《きどう》を明示して謬《あやま》りなからしめられています。かの『末灯鈔《まっとうしょう》』に

「釈迦弥陀の御方便《ごほうべん》にもよほされて、いま弥陀のちかひをも聞き始めておはします身にて候なり。もとは無明《むみょう》の酒に酔《え》ひて、貪欲《とんよく》・瞋恚《しんに》・愚癡《ぐち》の三毒《さんどく》をのみ好みめしあうてさふらひつるに、仏《ぶつ》の誓

ひを聞きはじめしより、無明の酔《え》ひもやうやうすこしづつさめ、三毒をも少しづつ好まずして、阿弥陀仏の薬を常に好みめす身となりておはしましあうて候ぞかし。

しかるになほ、酔ひもさめやらぬに、重ねて酔ひをすゝめ、毒もきえやらぬに、なほ毒を勧められ候らんこそ、あさましくさふらへ。煩悩具足《ぐそく》の身《み》なればとて、心にまかせて、身にもすまじきことをも許し、口にも言ふまじきことをも許し、心にも思ふまじきことをも許して、いかにも心のまゝにてあるべしと申しあうて候《そうろう》らんこそ、かへすがへす不便《ふびん》におぼえさふらへ。酔ひもさめぬさきに、なほ酒をすゝめ、毒も消えやらぬに、いよいよ毒をすゝめんがごとし。薬あり、毒を好めと候らんことは、あるべくもさふらはず」云々《うんぬん》

とも言い、『御消息集《ごしょうそくしゅう》』には、

「弥陀の御《おん》ちかひは煩悩具足のひとのためなりと信ぜられ候は、めでたきやうなり。たゞし悪《あ》しき者のためなりとて、ことさらにひがことを心にも思ひ、身にも口にも申すべしとは、浄土宗に申すことならねば、人々にも語ることとさふらはず」

と誡告《かいこく》せられています。

思うに宗教と道徳との分際について、その分際を混乱することによって醸《かも》し出される、二つの大きな謬見《びゅうけん》があります。一つはデイズム（Deism）によって代表せらるる道徳を偏重して宗教の立場

を無視する立場で、宗教の内容は道徳であるとする考え方であり、他の一つはアンチノミアニズム（Antinomianism）反道徳主義で、これは前とは反対に宗教を偏重して道徳を無視する考え方であります。すなわちアンチノミアニズムとは、平等邪正一如《じゃしょういちにょ》であるから、善い事はするだけ損、悪いことはするだけ得であるという極めてずるい考え方であって、これを造悪無碍義といいます。以上、何《いず》れも宗教道徳の本質を理解しない、すなわち宗教道徳に対する謬見より来たる恐るべき蹉跌《さてつ》であって、道徳の方より見ても、宗教の方より見ても、打ち捨てておくことのできない大事な問題であります。

さて、デイズムとは十七、八世紀に英国を本場として欧州に栄えた考え方で、一切の迷信や不合理なものを宗教より払拭《ふっしょく》し、純粋無垢《むく》の宗教を打ち立てんとして出てきた思想であります。純粋無垢の宗教とは、教会とか聖書とか歴史とか伝説などから完全に独立して、宗教の真の内容は人倫道徳の法則にあるとするのであります。もちろんデイズムの考え方にも人により多少の相違はありますが、宗教と倫理を混同するにおいては大体においてその考え方を一にするものと言えます。ヘルバルトがこれを提唱して、ヴォルテールが追随し、更《さら》にカントに及んで宗教は道徳のためのものとして、その位置づけをするに至ったのであります。かかる考え方が何故《なにゆえ》に謬見であるかと言うと、宗教と道徳の面目を壊《こわ》すからであります。道徳はあくまで理想に向かって努力するものであり、宗教は努力放棄の世界、義なきを義とする、無規定の規定の上に立つものであります。したがって宗教・道徳の面目より言えばデイズムは、

と主張したならば、一つの行き過ぎが生まれます。本願ぼこりの者も信ずれば、往生はできるのでありまます。したがって、ここはむしろ「本願ぼこりとて人道《じんどう》に契《かな》わず」とか「本願ぼこりは仏の御心に叶わず」とか主張していたならば、『歎異鈔』の作者も「この条、本願を疑ふ、善悪の宿業を心得ざるなり」とその主張を批判せられるようなことはなかったであろうと思われます。

とにかく、「本願ぼこり」とは、本願にあまえ本願につけ上がる者を言うのであります。凡夫《ぼんぶ》としては、本願にあまえるほかに道はない。されば『歎異鈔』の作者も「本願ぼこりといいましめらる﹅、ひとびとも、煩悩不浄具足《ぐそく》せられてこそ候《そうろう》げなれ。それは願《がん》にほこらる﹅にあらずや」と、造悪不浄の凡夫にはただ本願にあまえる本願ぼこりのほかに道なき旨を示しています。しかしながら本願につけ上がって「悪おそるべからず」と罪をかえりみぬ身となれば、これぞ邪見の窟《あな》に陥《おち》いるものにて、仏の御心に叶わぬことになります。これ反道徳主義のアンチノミアンであります。逆悪摂取《ぎゃくあくせっしゅ》の本願を説き給える『無《む》量寿経《りょうじゅきょう》』にも、五善・五悪の訓誡が施説《せせつ》せられていることは、心して頂戴《ちょうだい》すべきものであると思います。

第十八講　善悪の宿業《しゅくごう》

一　行き過ぎを誡《いまし》む

前講において「本願ぼこり」の意味を明らかにしました。「本願ぼこり」とは「本願にあまえる」ことであります。悪業《あくごう》を持てる身《み》にとって、善悪ともにお救い下さる本願にあまえるほかに道はありませぬ。それは幼児の母にあまえる様《さま》にも似たる姿でありましょう。されば『歎異鈔』の作者も第十三章の結びの言葉に「いかなる悪を本願ぼこりといふ、いかなる悪か、ほこらぬにて候《そうろう》べきぞや」と言われてあります。まことに「悪業の数々を持てる」身にとって、また「いづれの行《ぎょう》も及びがたき」身にとって、本願のお救いにあまえるほかに救われる道はありません。

しかし、さればといって、この本願につけ上がって、悪《あ》しく心得て「悪さまたげなし」「悪なすも可なり」と罪を心やすく思う邪見《じゃけん》に陥《おちい》ってはならぬのであります。思うに「弥陀の本願不思議におはしませばとて悪をおそれざるは本願ぼこりにて往生かなふべからず」と非難せられたのも、理由のあることと思われます。しかし「本願ぼこり」と非難せられる人々においても、その非難が行き過ぎて、「悪はおそるべし、悪なすべからず、善をなすべし、善行の者こそ往生の資格者なのだ」と主張するにおいては、浄土真宗のご法義《ほうぎ》にかなわぬことになるのであります。

この「本願ぼこり」という非難が、以上のような行き過ぎの形式をとってきたので『歎異鈔』の作者は、この行き過ぎを正さんために、親鸞聖人の仰《おお》せである「善悪の宿業」という問題を提示して本願の旨《むね》を明らかにせられたものがこの一章であるとうかがわれます。そこで聖人の仰せである「善悪の宿業」について少しく解明したいと思います。

二　職業と宿業

さて「善悪の宿業」ということについて、本鈔の作者は最初に「よきこゝろのおこるも、宿善《しゅくぜん》のもよほす故なり、悪事のおもはれせらるゝも、悪業のはからふ故なり。故《こ》聖人の仰《おお》せには、卯毛《うもう》・羊毛《ようもう》のさきにゐるちりばかりもつくるつみの、宿業にあらずといふことなしとしるべしとさふらひき」と述べ、更《さら》に「身にそなへざらん悪業は、よもつくられさふらはじ」と断定し、「海・河《かわ》に網を引き、釣りをして世を渡るものも、野山にしゝを狩り、鳥をとりて命をつぐともがらも、あきなひをもし、田畠《でんばく》をつくりてすぐる人も、たゞおなじことなり。さるべき業縁《ごうえん》の催《もよお》せば、いかなるふるまひもすべし」と、生活のための各種の職業もまた宿業であると明らかにしています。これらの文《もん》を総合して考えられることは、善業につけ、悪業につけ、職業につけ、すべてこれ宿業であるとせられるのであります。

三　宿業の意義

さて、宿業とは「宿世《しゅくせ》の業因《ごういん》」ということで、前世における因種《いんしゅ》のあらわれであるということであります。仏教では業報《ごうほう》の因果《いんが》を説きます。業報の因果とは、惑業《わくごう》の因によって苦果《くか》を感ずるということであります。したがって現在の果体《かたい》はすべて、過去の因の報《むく》いと見るのであります。したがって、現在において「よき心のおこるも」「悪事の思はれせらるゝも」みな前世《ぜんせ》の宿業、悪業の催すところであります。しかし私どもは、この宿業を心得《こころう》るについて、異熟《いじゅく》宿業・業《ごう》宿業ということを心得ておかねばならないとともに宿命論《しゅくめいろん》・運命論との区別を知っておかねばなりません。

初めに異熟宿業とは、私どもの人間界に生まれたのは、前世において持った善因《ぜんいん》の果報《かほう》であるということであります。次に業宿業とは、人間の肉体を持つかぎり、人間的に思想し、感情し、行動することに約束づけられていることであります。しかし思想することの自由、感情することの自由、行動することとの自由を拒否しているのではありません。ここが宿命論・運命論と異なるところで、宿命論・運命論は、過去も未来もすべて決定されていると眺め、人間の思想意志の自由を認めないのであります。しかし仏教は、現在の果は前世の因によって決定せられていると眺めるのでありますが、未来の果は現在の意志し、思想し、行動することの自由によってこれを選択して、自らの欲するところを開拓しうることを認めているのであります。

しかし、いまこの第十三章には「よきこゝろのおこるも宿善の催し」「悪事の思はれせらるゝも悪業のはからひ」であると申されていることは、いかにも宿命論的で、宿作外道《しゅくさげどう》と言われる人々の考えに似たようであり、機械論的のようであります。しかし、それは異なるのでありまして、「よき心を起こす」「悪事を思う」意志の自由を否定しているのではありません。宗祖が意志の自由によって選ぶ「善き事」につけ「悪しき事」につけ、縁として催す宿善、悪業の働きの強きことを示されたのであります。すなわち、意志の自由を乗り越えてくる不可抗的な煩悩業《ごう》の強き力によって、自由意志によって選択した道が敗られる事実を内観せられたお言葉といただかれるのであります。その内観が「卯毛・羊毛のさきにゐるちりばかりも、つくるつみの宿業にあらずといふことなし」というお言葉となってあらわれたのでありましょう。

四　唯円房と聖人との対話

この第十三章には、その宿業のことについて、唯円房と聖人との対話が記述せられてあります。その対話は次のとおりであります。

聖人「唯円房はわが言ふことをば信ずるか」
唯円「さんざふらふ」
聖人「わが言はんことたがふまじきか」
唯円「つゝしんで領状《りょうじょう》まうして候《そうろう》」
聖人「たとへば人を千人殺してんや、しからば往生は一定《いちじょう》すべし」
唯円「仰せにてはさふらへども、一人もこの身の器量《きりょう》にては殺しつべしとも覚えず候」
聖人「さてはいかに親鸞がいふことを、たがふまじきとはいふぞ。これにてしるべし、なにごとも、こゝろにまかせたることならば、往生のために千人ころせといはんに、すなはちころすべし。しかれども一人にてもかなひぬべき業縁《ごうえん》なきによりて害せざるなり。わがこゝろのよくてころさぬにはあらず。また害せじとおもふとも、百人・千人をころすこともあるべし」

この対話においてあらわさんとせられたことは、「何事も心にまかせたることでない、業縁の催《もよお》しによるものである」ということでありましょう。意志の自由をもってすべて決定できるものではない。意志は不自由である。不可抗的な業縁によって操《あやつ》られてゆく哀れな存在である、ということをあらわしているのでありましょう。

かくのごとく、不可抗力の業縁に翻弄される身が、身の程をしらずして、善悪の選択は自由であるかのごとく思うて、心を清め、心を善くしてこそ救われるのであると沙汰《さた》して、「悪をおそれず本願の不思議を仰《あお》げる」人々を「本願ぼこり」「往生かなふべからず」と非難しているのであります。かく批判せる人々も「本願ぼこり」「本願にあまえる」ほかに救われる道なきものであることを知るべきであります。されば「善悪の宿業」ということを心得ず善悪を沙汰していることがやがて「本願を疑う」ことであることを知らしめて「本願ぼこり」と非難する人々の心得方の誤りを訂《ただ》さんとされたものが第十三章のお心とうかがわれるのであります。

五　貼《は》り文《ぶみ》への批判

最後に「薬あればとて、毒をこのむべからず」というお誡《いまし》めが述べられてあります。このご教誡は、悪人救済の本願であるといって造悪《ぞうあく》を易《やす》く心得、わざと悪をこのみ、悪妨げなしと色々に悪《あ》しざまに振《ふる》舞《ま》う人々の邪執《じゃしゅう》を止《とど》めんためのご教化《きょうけ》で、悪は往生の妨げとならぬと言って本願につけ上がる「本願ぼこり」を否定せられたものであります。

要するにこの第十三章は、すべて、善悪は宿業と心得、本願の信心には、善悪を沙汰せず、ひとえに善悪平等の救済たる本願を仰ぐほかなき旨《むね》を示されたるものであります。されば、「何々のことしたらん者は道場《どうじょう》に入《い》るべからず」という道場の貼り文についても、一応かかる貼り文は、道場の秩序を保つ上には必要なものでありましょうが、もしそれが「よからん者のみ念仏申す」のであるという考えであるならば、これまた賢善精進《けんぜんしょうじん》を誇るもので、本願の旨に沿わないものであります。

そこで作者は、「これひとへに、賢善精進の相をほかに示して内に虚仮《こけ》を抱けるものか」と批判して、「善きことも、悪しきことも宿業にさしまかせて、ひとへに本願をたのみまゐらすればこそ、他力にてさふらへ」と断定を下しているのであります。

浄土真宗の道は、本願不可思議の道であります。本願不可思議の道は、如来の建立《こんりゅう》の道であります。我らは善悪の沙汰に滞《とどこお》らず、ひとえに本願不可思議の道に直参《じきさん》すべきであります。

第十九講　報恩の念仏（その一）

一　本文

一念《いちねん》に八十億劫《おくこう》の重罪を滅《めっ》すと信ずべしといふこと。

この条《じょう》は、十悪《じゅうあく》・五逆《ごぎゃく》の罪人《ざいにん》、日ごろ念仏を申さずして、命終《みょうじゅう》のとき、はじめて善知識《ぜんじしき》のをしへにて、一念まうせば八十億劫のつみを滅し、十念まうせば、十《と》八十億劫《はちじゅうおっこう》の重罪を滅して往生すといへり。

これは、十悪・五逆の軽重《きょうじゅう》をしらせんがために、一念・十念といへるか。滅罪《めつざい》の利益《りやく》なり。いまだわれらが信ずるところにおよばず。その故は、弥陀の光明《こうみょう》にてらされまゐらする故に、一念発起《ほっき》するとき、金剛《こんごう》の信心をたまはりぬれば、すでに定聚《じょうじゅ》のくらゐにをさめしめたまひて、命終すれば、もろもろの煩悩・悪障《あくしょう》を転じて、無生忍《むしょうにん》をさとらしめたまふなり。この悲願ましまさずは、かゝるあさましき罪人、いかでか生死《しょうじ》を解脱《げだつ》すべきとおもひて、一生のあひだ申すところの念仏は、みなことごとく、如来大悲《にょらいだいひ》の恩を報《ほう》じ徳を謝《しゃ》すと思ふべきなり。

二　本文大意

右は『歎異鈔』第十四章前半の文《もん》であります。この一章は「念仏と滅罪」ということについて当時の人々が一声のお念仏に八十億劫の罪を滅ぼす力があるのだから一声よりは二声、二声よりは三声と、念仏の数を多く称《とな》えて、長い間つくりとつくる罪を滅ぼして、さとりをうる資格を自分で付けねばならぬ――すなわち、お念仏を滅罪のために称える――という考え方があったのに対して、本鈔の著者は、お念仏には、滅罪の利益《りやく》はある、あることはあるにしても、罪を滅ぼすためにお念仏を称えるべきでない。お念仏は、報恩の行であって、如来大悲の恩を報じ徳を謝する思いで称うべきものである。滅罪のための念仏でなくて、報恩としての念仏であると、念仏に対する心得方の誤りを訂《ただ》されたのがこの一章であります。

三　念仏滅罪の経文

「一念に八十億劫の罪を滅ぼす」ということは『観無量寿経《かんむりょうじゅきょう》』に説かれているのであります。すなわち『観経《かんぎょう》』の終りの方に、五逆十悪・具諸不善《ぐしょふぜん》の下々品《げげぼん》の愚人《ぐにん》が、命終のときにのぞんで、善知識からお念仏のみ教えを聞き、教えのままに十声《じっしょう》のお念仏を申すと、一念一念に八十億劫の生死の罪が除かれて、極楽世界に往生することができた旨《むね》が説かれているのであります。

この『観経』の「下々品の往生」については、古来いろいろと議論のあるところであります。すなわちいまだ一善も積んだことのない、ただ悪業のみ造ってきた下々品の悪人が、臨終のときに僅かに十声のお念仏を唱えただけで往生することは因果《いんが》の道理に合わない。これは別時意趣《べつじいしゅ》という釈尊の方便《ほうべん》の説き方で、十声のお念仏がご縁になって次第に修行の功《こう》を励《はげ》み、遂に往生の果をうるようになったことを直《ただ》ちに往生の益《やく》を得たかのごとく説かれたのものであろうと考えたのであります。その理由は、下々品のお念仏、南無阿弥陀仏・南無阿弥陀仏と十声唱えたことは、往生の願心《がんしん》を弥陀仏に表白《ひょうびゃく》したのみで、その願を成就する往生の行《ぎょう》が具《そな》わっていない（唯願無行《ゆいがんむぎょう》）。そこでこの愚人には往生の資格が調《ととの》わない。そこで往生の資格のない下々品の愚人が十声の称仏《しょうぶつ》で往生したと『観経』に説かれているのは方便説《ほうべんせつ》であって、別時意趣であると言うのであります。

この考え方に対して、すなわち「唯願無行、別時意趣」と見る主張に対して、その考え方は間違いである。『観経』の下々品の往生が説いてある経文《きょうもん》は、別時意趣でもなければ、方便説でもない。また下々品の十声の称仏は唯願無行でもない。立派な仏の真説で、十声の称名《しょうみょう》には願行具足《がんぎょうぐそく》している。だから往生の資格に欠くるところはない。このように『観経』の経意《きょうい》を鮮明にし、念仏の法義《ほうぎ》を開顕《かいけん》せられたのは善導《ぜんどう》大師であります。この功績をたたえて宗祖は「善導独《ひと》り仏《ぶつ》の正意《しょうい》を明らかにせり」と「正《しょう》信偈《しんげ》」に述べられてあります。

ともかく、『観経』には「一念に八十億劫の生死の罪を除く」とは、説かれています。すなわち念仏に滅罪の利益のあることが説かれているのであります。一念申せば八十億劫の罪を滅ぼし、十念申せば十《と》八十億劫《はちじゅうおっこう》の重罪を滅ぼすと説かれているのであります。

しかしこの滅罪の徳は、本来、お名号《みょうごう》に具《そな》わっている徳でありまして、その徳は信の一念のときに行者は頂戴《ちょうだい》するのであります。ですから、お念仏することによって滅罪の徳を自己に植えつけてゆくのでなくて、信の一念のところに身について下さるのであります。すなわち信一念《しんいちねん》に仏因《ぶついん》を全領《ぜんりょう》せしめて無《む》量《りょう》生死の罪を滅ぼして下さるのでありますが、十悪五逆の罪の重きほどをしらして一念一念に八十億劫づつの生死の罪が消されてゆくごとく説かれているのであります。その説意《せつい》は、十悪五逆みな洩《も》れず救い給う大悲《だいひ》の心をあらわすにほかならぬのであります。そこで

「これは、十悪・五逆の軽重《きょうじゅう》をしらせんがために一念十念といへるか」

と本鈔の作者は説明しているのであります。何《いず》れにしても、この経文は滅罪の利益《りやく》を述べているものとうかがえます。

四　念仏の意義

宗祖により明らかにせられた本願の念仏は、廻向法《えこうほう》であります。お念仏が廻向法であることについて、鎌倉時代の人々、なかんずく法然門下の人々にもなかなか領解《りょうげ》しがたかったように思われます。そこで法然上人によって教えられた人々も、お念仏を、自力作善《じりきさぜん》の行《ぎょう》に誤って受け取っておられます。親鸞聖人のご努力は、この誤りを訂《ただ》し、このお念仏の廻向法たることを開顕《かいけん》することに一生を捧げられたのであります。

純なる念仏、それは凡夫《ぼんぶ》の手垢のまったく付かない、如来よりたまわった念仏でありまして、それは本願の念仏でなくてはなりません。このたまわった念仏において、凡夫と仏とは一体になるのであります。凡夫の罪濁心《ざいじょくしん》を、まったく仏心《ぶっしん》の無漏清浄心《むろしょうじょうしん》と一つ物にして下さるのであります。仏心の無漏清浄心は、凡夫の無量劫《むりょうこう》の生死《しょうじ》の罪を滅ぼし給うて下さいます。

弥陀の摂取不捨《せっしゅふしゃ》の光明に摂《おさ》めとられる信一念のとき――すなわち、如来より金剛《こんごう》の信心をたまわるとき――私どもは地獄へも堕《お》ちずして極楽に参るべき身《み》と定まるのであります。参るべき身と仏の方より定め給うのであります。すなわち往生定まるとき信心定まる、信心定まるとき正定聚《しょうじょうじゅ》の位《くらい》に定まるのであります。命終《みょうじゅう》の後、煩悩悪業《あくごう》を転じて、無漏清浄の善にかえなして仏果菩提《ぶっかぼだい》をさとらしめ給うのであります。

この大悲《だいひ》の本願を信じ、称うる念仏は「如来大悲の恩を報じ徳を謝すと思ふべき」ものであって「一念に八十億劫の生死の重罪を滅ぼす」と見なして称うべきものではありません。

滅罪のための念仏でなく報恩のための念仏であります。

浄土真宗のみ法《のり》は「信心を正因《しょういん》とし称名《しょうみょう》を報恩とする」教えであります。この信心正因・称名報恩の宗義《しゅうぎ》を堂々と表示して、念仏の義を鮮明にせられたのがこの一章の肝要《かんよう》でもあります。これが、やがて覚如《かくにょ》上人に伝持《でんじ》せられて、真宗法義《ほうぎ》の確立となったのであります。このことはまことに注意すべき要点であると思われます。されぱお念仏は、如来の大悲に応《こた》えるものであり、同時に徳に報《むく》いて、仏化助《ぶっけじょ》成《じょう》に参加する営みであることを銘記せねばならぬと思います。

本章は、念仏を滅罪と結びつけて考えている人々に対して、念仏は如来よりたまわる廻向法であり、報恩の行である旨を述べて、念仏の実義《じつぎ》を明らかにせんとせられたものであるとうかがわれるのであります。

第二十講　報恩の念仏（その二）

一　本文

念仏まうさんごとに、つみをほろぼさんと信ぜんは、すでにわれと罪をけして、往生せんとはげむにてこそ候《そうろう》なれ。もししからば、一生のあひだ思ひと思ふこと、みな生死《しょうじ》のきづなにあらざることなければ、いのちつきんまで念仏退転《たいてん》せずして往生すべし。たゞし業報《ごうほう》かぎりあることなれば、いかなる不思議のことにもあひ、また病悩《びょうのう》・苦痛をせめて、正念《しょうねん》に住《じゅう》せずしてをはらん。念仏まうすことかたし。そのあひだの罪をば、いかゞして滅《めっ》すべきや。つみきえざれば、往生はかなふべからざるか。摂取不捨《せっしゅふしゃ》の願《がん》をたのみたてまつらば、いかなる不思議ありて、罪業《ざいごう》ををかし、念仏まうさずしてをはるとも、すみやかに往生をとぐべし。また、念仏のまうされんも、たゞいまさとりをひらかんずる期《ご》のちかづくにしたがひても、いよいよ弥陀をたのみ、御恩《ごおん》を報《ほう》じたてまつるにてこそさふらはめ。つみを滅せんとおもはんは、自力《じりき》のこゝろにして、臨終正念《りんじゅうしょうねん》といのるひとの本意《ほんい》なれば、他力《たりき》の信心なきにて候なり。

二　自力念仏の批判

右の本文《ほんもん》は『歎異鈔』第十四章の後半の文《もん》であります。この文意《もんい》は本文の初めに「念仏まうさんごとに罪をほろぼさんと信ぜんは、すでにわれと罪をけして往生せんとはげむにて候」とあり、また本文の終りに「罪を滅せんとおもはんは、自力のこゝろにして、臨終正念といのる人の本意なれば、他力の信心なきにて候なり」とあるように、臨終正念をいのる自力の念仏を批判せられたものであります。

称名《しょうみょう》念仏は「みなことごとく、如来大悲《にょらいだいひ》の恩を報《ほう》じ徳を謝《しゃ》すと思うべき」ものでありまして、一声《ひとこえ》よりは二声、二声よりは三声と、数多く唱えて、その一声、一声に、罪が滅ぼされてゆくお念仏ではないのであります。しかるに多くの人々は、一生のあいだ造りとつくる罪を消して往生するのであると考えて、その罪を滅ぼすために念々《ねんねん》に滅罪《めつざい》し、いよいよ臨終のとき、正念《しょうねん》に住《じゅう》して往生ができるのであると信じていました。つまり滅罪のために念仏に心をかけて、一生のあいだ念仏申していたのであります。

いったいお念仏は、如来よりたまわったもので如来廻向《えこう》の法であります。滅罪の徳は、称《とな》えあらわれて下されてあるお名号《みょうごう》に具《そな》わっているのでありまして、称えた努力によって勝ち取るものでないのであります。それを、称えた自力の努力によって得られるのであると心得誤って、「念仏申さんごとに罪をほろぼさん」と信じているのであります。つまりその心得誤りをよくよく尋ねてみると、それは「われと罪を消して往生せんとはげむ」自力心《じりきしん》にわざわいされているのであります。「われと罪を消して往生できない」凡夫の上に垂《た》れ給うてある他力のお念仏を「われと罪を消さんとする」心で受け取ったから誤ったのであります。そこで本鈔の作者は「罪を滅せんと思はんは、自力の心にして、臨終正念といのるひとの本意なれば、他力の信心なきにて候なり」と批判しているのであります。ご廻向のものがらを、自力の手をもって握《にぎ》ってはならぬのであります。

三　滅罪の心理

罪を造りて罪におののく心、これは人情の自然でありましょう。しかし罪を造りながら罪と知らないほど人間は罪に対して心がしびれているのも事実であります。仏道を求むる人々は、この罪におののく心に導かれつつ、罪を罪と知らない罪への自覚を深めて、この罪を仏道修行の手段によって滅ぼし、仏となる資格を自力の行業《ぎょうごう》によって成し遂げようと努力されたのであります。そこでその形式的な生活様式は出家発心《しゅっけほっしん》という形であります。親鸞聖人も、この形に従うて比叡《ひえい》の山で仏道を行《ぎょう》ぜられたのでありました。しかしその結果得られたものは、かえって自身の罪の深さでありました。「定水《じょうすい》をこらすといへども識浪《しきろう》しきりに動き、心月《しんがつ》を観《かん》ずといへども妄雲《もううん》なほおほふ」という有様でした。ここに聖人の到達せられた結果は「いづれの行もおよびがたき身《み》」ということであります。そこで仏とならんとする自力を捨てて、すでに生かさんとして廻向せられてある他力の法を領納《りょうのう》せられたのであります。

一般の念仏の行者《ぎょうじゃ》の心理を思うに、彼らは仏教に説く因果《いんが》に照して、自己の罪業《ざいごう》を知り、これを如何《いか》にせんかとその始末のために努力せられたことであります。このとき、あらゆる行業に超えすぐれた滅罪の徳ある弥陀の名号のあることを聞かれたとき「ここに道あり」と念仏に手をかけられたことであろうと思います。すなわち滅罪の徳ある名号に手をかけて、これによって罪障《ざいしょう》消滅の道を歩もうとせられたものと思います。そこで「念仏して、われと罪消して往生せん」ということになります。かくて滅罪生善《しょうぜん》の道としてひたすらに念仏し滅罪の果を往生浄土の彼岸《ひがん》に懸《か》け、臨終正念を期《き》しつつ日々を念仏策励《さくれい》のうちに送られたものと思われます。まことに「一息《いっそく》つがざれば千載《せんざい》にながく往《ゆ》く。なんぞ浮生の交衆《しょうきょうしゅ》を貪《むさぼ》りて、いたづらに仮名《けみょう》の修学《しゅがく》に疲《つか》れん。すべからく勢利《せいり》をなげうつて、直ちに出離《しゅつり》をねがふべし」（『嘆徳文《たんどくもん》』）という、まじめな出離の願《がん》に導かれつつなされた念仏でもあったでしょう。しかし悲しいかな、そこに一つのつまずきがあった。それは他力の念仏を自力の手で握るというつまずきでありました。親鸞聖人は、法然上人より他力念仏を他力念仏のままに領納して、その他力念仏を私どもに示して下されたのが浄土真宗であります。まことに「われと罪を滅せんと思う」心は「自力の心」であります。そこで「仏法には我《われ》といふことはあるまじく候」と教誡《きょうかい》せられてあります。しかし自力の執《しゅう》心《しん》は除きがたいものであります。この除きがたき自力の執心も、他力の法たる念仏に遇《あ》うことによってはじめて解消せられるのであります。つまり、自力の心は、他力の信心と同居を許されないのであります。他力の信心の前には、自力の心は去るのであります。この他力の信とは、自力の成しがたきを知ることであり、他力の法に帰《き》することであります。私どもは、滅罪念仏者の心理を省《かえり》みて、よくよく思いわくべきものがあると思います。

四　自力念仏の破綻《はたん》

「自力の成《じょう》じがたき」旨《むね》を知らさんとして、本文の上には「われと罪を消して往生せんと励《はげ》む念仏であれば、一生のあいだ、思いと思うこと、みな、煩悩妄念《もうねん》のほかない故、念々に滅罪のため、いのちつきる最後刹那《せつな》まで、念仏を退転《たいてん》してはならないことになる。しかし業報《ごうほう》は人々によりて差別があることである。いかなる病気を受くやもはかられぬ。その病苦にせめられて念仏申さずして終る人もあろう。その間に造った罪は消えないことになる。罪の消えない人は往生はできぬ。まことに滅罪念仏、臨終正念を期する人々はかかる破綻を受けねばならぬ」という旨を述べています。

思うに、この著者の意は自力念仏の破綻を示して、臨終正念の得不《とくふ》を論ぜない他力の旨を明らかにせんとせられるもののようであります。そこで次に、自力念仏に対比して他力念仏の旨を左《さ》のごとく言われています。

「摂取不捨《せっしゅふしゃ》の願《がん》をたのみたてまつらば、いかなる不思議ありて、罪業ををかし、念仏せずして終るとも、速《すみ》やかに往生を遂《と》ぐべし」と。

まことに、自力と他力とを対比して、その差別の鮮明なるものがあります。ここに「摂取不捨の願」とは「たのませてたすくる弥陀の本願」のことであります。されば如来の仏智《ぶっち》にすべてを打ちまかせたとき摂取不捨の利益《りやく》にあずけしめ給うのであります。

だから、他力念仏の心は、臨終の近づくにつれて「いよいよ弥陀をたのみ、ご恩を報じ奉《たてまつ》る」ことのほかはありません。

前講にも述べたとおり、まことに本願の旨は、信心を正因《しょういん》とし、称名《しょうみょう》を報恩《ほうおん》といただくほかはありません。覚如《かくにょ》上人が、親鸞聖人の教えを「平生業成《へいぜいごうじょう》」と言い、更《さら》に浄土真宗の教旨《きょうし》は「信心正因・称名報恩」であると、余他《よた》の浄土宗に対して示された、その基づくところは、まったくこの『歎異鈔』の第十四章にあると申さねばなりません。かくのごとく、この第十四章は、浄土真宗の教旨《きょうし》の確立の上において大切な一章であります。

第二十一講　浄土のさとり（その一）

一　本文

煩悩具足《ぼんのうぐそく》の身《み》をもつて、すでにさとりをひらくといふこと。

この条《じょう》、もつてのほかのことに候《そうろう》。即身成仏《そくしんじょうぶつ》は、真言秘教《しんごんひきょう》の本意《ほんい》、三密行業《さんみつぎょうごう》の証果《しょうか》なり。六《ろっ》根清浄《こんしょうじょう》はまた法華一乗《ほっけいちじょう》の所説《しょせつ》、四安楽《しあんらく》の行《ぎょう》の感徳《かんとく》なり。これみな難行上根《なんぎょうじょうこん》のつとめ、観念成《かんねんじょう》就《じゅ》のさとりなり。来生《らいしょう》の開覚《かいかく》は他力浄土の宗旨《しゅうし》、信心決定《けつじょう》の道なるが故なり。これまた易行下根《いぎょうげこん》のつとめ、不簡善悪《ふけんぜんまく》の法なり。

おほよそ、今生《こんじょう》においては、煩悩悪障《あくしょう》を断《だん》ぜんこときはめてありがたきあひだ、真言・法華を行ずる浄侶《じょうりょ》、なほもつて順次生《じゅんじしょう》のさとりをいのる。いかにいはんや、戒行《かいぎょう》・慧解《えげ》ともになしといへども、弥陀の願船《がんせん》に乗じて、生死《しょうじ》の苦海《くかい》をわたり、浄土の岸につきぬるものならば、煩悩の黒《こく》雲《うん》はやくはれ、法性《ほっしょう》の覚月《かくげつ》すみやかにあらはれて、尽十方《じんじっぽう》の無碍《むげ》の光明に一味《いちみ》にして、一切の衆《しゅ》生《じょう》を利益《りやく》せんときにこそ、さとりにてはさふらへ。

二　本章大意

これは『歎異鈔』第十五章前半の文《もん》であります。その内容は一読すれば領承《りょうしょう》できるように「煩悩具足《ぐそく》の身でありながら、如来の救済を信じたときさとりを開いたのである」という即身成仏の主張に対して、その然《しか》らざる旨《むね》を批判せられたものであります。

「浄土の教《きょう》」というものは「今生《こんじょう》にて本願を信じ（因）彼土《ひど》にしてさとりをば開く（果）」と教えるものであります。この浄土の教に対して聖道《しょうどう》の教というものがあります。

この聖道の教においては「我らはもとより仏である。されば凡夫《ぼんぶ》もさとれば仏である」と説くのです。しかし現在我らは仏ではない。心性《しんしょう》はもとより清いのであるが煩悩にけがされている。この煩悩のけがれを拭《ぬぐ》い去れば心性《しんしょう》がみがき出されるから仏となる。だから煩悩のけがれを払拭《ふっしょく》せよと教えるのが聖道の教であります。それに対して「浄土の教」は凡夫はもとより悪きものである。そこで凡夫はもとより悪性《あくしょう》のほかない。だから、いかに磨いても清い光の出る器《うつわ》ではない。そこで仏とならんとすれば、仏となる因をもろうて浄土において仏になると、教えるものであります。このように、両者の間には氷炭《ひょうたん》あい容《い》れざるものがあります。しかし何《いず》れもともに成仏の教えであり、何れもともに釈尊の流れを受け継いだものでありますから、この両者の間には思想的にも考え方の上にも、あい通ずるものがなくてはならぬのであります。しかしそこで聖道の教をもととして、浄土の教を理解しようという人々も出てまいりました。そういう人々のなかには、聖道の教が正しいのであって、浄土の教というものは方便《ほうべん》の教えであると考えた人もあります。また、聖道の教も浄土の教も、説き方は相違しても内容は一つのであると考えた人もあります。その結果、いつのまにか「聖道の教」と「浄土の教」とを混乱して、聖道の道理をもって浄土の道理を考え、浄土の教のなかへ聖道の理法《りほう》を混入することになりました。今章に「煩悩具足の身をもつてすでにさとりを開くといふこと」と掲げられている考え方にも、以上申したような「聖道の教」と「浄土の教」との混乱があるのであります。第十五章はそうした混乱を訂《ただ》して正しい「浄土の教」を示さんとせられたものであります。

三　現世開覚《かいかく》の異義

さて「煩悩具足の身をもつてすでにさとりを開く」という主張は如何《いか》なる主張であったかと申しますと、親鸞聖人の教えは「今生《こんじょう》にして本願を信じ、彼《か》の土《ど》にしてさとりをば開く」という「浄土の教」を示されたものにほかならぬのでありますが、その「今生にして本願を信ずる」という状態は如何なる状態であるかということについて詳細に示されたところに聖人の教えの特色があります。

その特色というのは「信の一念《いちねん》のとき往生定《さだ》まる。往生定まるとき正定聚《しょうじょうじゅ》に住《じゅう》す」。すなわち、信の一念のとき往因円満《おういんえんまん》し、当果《とうか》に決定《けつじょう》する。その往因円満・当果決定するとき正定聚に住《じゅう》する故に、その徳は弥勒仏《みろくぶつ》にひとしく、諸仏とひとしいのであると教えられたのであります。かくて臨終《りんじゅう》一念の夕べ、往生と同時に仏となる、大涅槃《だいねはん》をさとるという結果が出てくるのであります。以上の道理が親鸞聖人において初めて明らかにせられた「浄土の教」の特色であります。

ところが、この特色を誤解いたしますと、「信一念のとき如来とひとしくなる」とすれば、「信一念のとき如来のさとりを開いた」ことになる、だから信心の開けたということは「さとりの開けた」ということであると飛躍して考えるようになります。この一歩踏み越えた考え方の上に出てくる主張が「煩悩具足の身をもつてすでにさとりを開く」という主張であります。本章は、この踏み越えた考え方は浄土の教を誤解せるものである旨を示されたものであります。

近時、久松《ひさまつ》博士が禅の心をもって浄土真宗の教義を批判し、「この身においてさとりをひらく」とまで真宗の教義も発展しなくては「浄土の教」も完全なる教義でない。親鸞聖人は「信一念において正定聚に住し、彼の土《ど》にして滅度《めつど》のさとりを開く」と浄土の教を明らかにせられたが、これだけではまだ完全ではない。「信一念に正定聚に住す」ということは親鸞聖人の達見《たっけん》ではあるが、滅度のさとりを死後に語っているのは不十分である。「死後のさとり」などいうものは唐人《とうじん》の夢にしかすぎぬ、現在のすくいこそ大切である。その現在の救いとは「さとりを開く」ことである。「信一念に正定聚に住するのみでなく同時に滅度のさとりを開く」となってこそ「浄土の教」も完全となるのである。更《さら》に還相廻向《げんそうえこう》についても死後浄土のさとりを得て後にうるということきは、これまた不完全である。よろしく信後《しんご》の生活が還相廻向であると言わなくてはならぬというように批判せられた。その底意《そこい》は、禅宗に説く仏座仏《ぶつざぶつ》行《ぎょう》こそ大乗仏教の至極《しごく》であるということを主張せんためであったと思われるのでありますが、この主張も今の第十五章における「煩悩具足の身をもって、すでにさとりをば開く」という主張の一類と言えます。

親鸞聖人は「信一念」ということを非常に高調《こうちょう》せられ、涅槃の真因《しんいん》を信心一つに定め、信益同時《しんやくどうじ》を明らかにせられてあります。しかし涅槃・滅度のさとりは、どこまでも死後、彼の土において開くのであるという範疇《はんちゅう》はこわされていません。「今生に本願を信じ、彼の土にしてさとりを開く」という「浄土の教」の枠は固持せられています。このことは、注意深く味わうべき要点であります。何故《なにゆえ》に聖人は今生と来世《らいせ》とに一線を引いて、さとりを来世たる死後におかれたのであるかといいますと、言うまでもなく、如来の本願自体が「浄土のさとり」を約束されているからであります。第十八の本願には「若不《にゃくふ》生《しょうじゃ》者」と往生を誓うてあります。この本願の誓意《せいい》というものが、すでに「浄土での覚証《かくしょう》」である以上、本願に相応《そうおう》せんとせられた聖人がこの誓意を無視せられる道理はありません。しかしこの誓意に随順《ずいじゅん》するにしても、随順すべき信嘗《しんじょう》がまた、あらねばならぬ。この信嘗の一端を示されてあるものが聖人の宿《しゅく》業《ごう》思想であろうと思います。宿業思想とは、むしろ宿業感とも言うべきものであって、一言にして言えば「この身《み》はどうにもならぬ身である」ということであります。すなわち「宿業決定《けつじょう》の身」であるという認識であります。この宿業感は「人間は人間の約束以上に出られないものである」という極めて平凡な真理を言うのであって、人間に生まれたものは一生人間であって、天人《てんにん》にも畜生《ちくしょう》にもこの肉体はなりえないということであります。人間という五尺の身体《からだ》は、男女の別、美醜の別と生まれたままに一生を果たすべきもので、男が女にも、女が男にもなれない約束にあるということであります。更《さら》に人間という肉体を持つかぎり、精神生活においても人間の心理は人間心理以外に一歩も外に出ることのできない約束の上にあるということであります。これを、宿業と言うのであります。かくて宿業は決定業《けつじょうごう》であります。言うまでもなく仏教には決定業のほかに不決定業も教えられるのでありますが、宿業に関するかぎり決定業であります。この決定業に縛られている人間、それは煩悩具足の凡身《ぼんしん》であり、すなわち欲も多く、いかり、はらだち、そねみ、ねたむ心ひまなく、たえやらぬ身を持つものであります。この無《む》明《みょう》煩悩を転ずるもの、この凡身を解脱《げだつ》せしむるもの、それは凡身ならぬ他《た》のものに俟《ま》つほかはないのであります。それを凡身の内に求めたものが「聖道の教」であり、他に求めたものが「浄土の教」であります。この他なるものこそ、弥陀の本願でありました。この本願力《ほんがんりき》は、自然法爾《じねんほうに》の法としてあるものであります。「ある」といっても、それは分別知《ふんべっち》――人間理性――によって証明できる「ある」ではなく、「ある」とは信体験《しんたいけん》としてあるのであります。この法爾の道理によって、凡心《ぼんしん》は仏心《ぶっしん》と一つになります。人間の解脱の道は、このほかにないのです。しかもそれが如来の因果道《いんがどう》として約束づけられているのが他力の教えであります。

されば如来の本願力は、奇蹟を行ずるのでもなく、本願の因果自然《じねん》の理《り》として活動するのであります。宿業の約束にしばられている凡夫の因果と、これを解脱せしむる如来の因果とは同時存在として一つものに織りなされてゆくところに現生《げんしょう》における浄土の救いがあります。両者は、非連続とも言いうるでしょう。これが「今生に本願を信ずる」道として連結しているのであります。この本願の信知《しんち》において「有漏《うろ》の穢身《えしん》はかはらねど、心は浄土に住みあそぶ」という――穢身はここにあり、心は浄土にあるという――不可思議が実現するのであります。しかして穢身と言われるこの肉体は、やがて終りを告げます。その終りにおいて、本願力の因果必然《ひつねん》の理として「彼の土にしてさとりを開く」という覚証《かくしょう》の世界が実現するのであります。

いったい「この身にてさとりをば開く」という考え方は、人間的肉体の約束を無視する考え方であります。さとりとは、煩悩なき身となることであります。無明煩悩と縁の切れない肉体的存在においてさとりを得るとせば、それは人間の拒否ということになります。それは許されません。凡夫はもとより悪きものでありますが、この悪きものをそのままにおきて、すなわち身心を拒否せずして、仏となる因を完成する道が開かれているのが浄土の教であります。されば煩悩解脱の覚証《かくしょう》は、どこまでも死後の浄土に俟《ま》たねばなりません。ここにおいて現生には正定聚の益《やく》を得、彼の土にして滅度のさとりを開く教えこそは万人の是認せらるべき正道《しょうどう》と言わねばなりません。それを「この身にしてさとりを開く」というごときは、教証《きょうしょう》に違《い》するのみでなく、理証《りしょう》の上からも否定せらるべき考え方であると言わねばなりません。

第二十二講　浄土のさとり（その二）

聖道《しょうどう》の教《きょう》においては「この身《み》にてさとりを開く」と説くものもあります。真言密教《しんごんみっきょう》において、天台《てんだい》の止観《しかん》の教えにおいてこれを説いています。弘法大師《こうぼうだいし》には『即身成仏義《そくしんじょうぶつぎ》』という著述もあり、天台は「安楽行品《あんらくぎょうほん》」において六根清浄《ろっこんしょうじょう》を説いています。しかしこの場合における「成仏」といい「六根清浄」とは如何《いか》なる意味であるか、よくよく吟味せねばなりません。また「さとり」なる語についても、その意味するところを明らかにせねばなりません。もし「さとり」なるものが、一種の思想的転向あるいは一種の精神革命を意味するものであるならば、一応は是認せられますが、しかし大乗仏教にいう「さとり」とか「成仏」とか「六根清浄」とかいうことは、単なる精神革命を言うのではありません。有漏煩《うろぼん》悩《のう》の完全に否定された無漏《むろ》清浄《しょうじょう》の身《しん》をうることを「さとり」と言うのです。すなわち宿命通《しゅくみょうつう》、天眼通《てんげんつう》、天耳通《てんにつう》、他心通《たしんつう》、神足通《じんそくつう》、漏尽通《ろじんつう》というごとき六神通《ろくじんづう》を得て、自利利他円満《じりりたえんまん》せる虚無《こむ》の身《しん》、無極《むごく》の体《たい》をうることです。有漏の穢身《えしん》においては望むべくもないことであります。現在の人間という肉体のあるかぎり、空中を鳥のごとく飛ぶことも、魚のごとく水中を家とすることもできません。これは異熟《いじゅく》の果体《かたい》として約束づけられた宿業でありま す。この宿業《しゅくごう》のあるかぎり、今生《こんじょう》においてさとりの身となることは不可能であります。されば仏となる——さとりをうる——ことは、臨終一念《りんじゅういちねん》の夕べを俟《ま》たねばなりません。本願のお約束は、かかる地上的約束を無視せず、異熟の果体の終止符のついたときに覚証《かくしょう》の果を得しむべく、その因を信一念において成就せしめ給うのであります。宗祖親鸞聖人が「いづれの行《ぎょう》もおよびがたき身」と申されたのは、かかる人間的肉体の約束を、すなおに知覚せられた結果であって、ここに近代的ヒューマニズムとも相通ずる思想があると思います。

しかるにこのヒューマニズム的な宿業思想に裏づけられた本願の信知《しんち》を歪曲して、往生の因の満足するときを「この身にてさとりを開」けるものであると考えるごときは、まったく浄土の教《きょう》に契《かな》わぬものであります。

本鈔の作者が「即身成仏は難行上根《なんぎょうじょうこん》のつとめ」「……来生《らいしょう》の開覚《かいかく》は易行下根《いぎょうげこん》のつとめ」であると示して後に、「今生《こんじょう》においては、煩悩《ぼんのう》を断《だん》ぜんこと、きはめてありがたきあひだ、真言・法華《ほっけ》を行ずる浄侶《じょうりょ》、なほもつて順次生《じゅんじしょう》のさとりをいのる、いかにいはんや（下根の凡夫《ぼんぶ》においてをや）」と「浄土のさとり」を勧めています。この文《もん》を見ると、「きはめてありがたきあひだ」と、従容《しょうよう》たる表現をもって「即身成仏のつとめ」を否定せられていますが、この「きはめてありがたし」とは、単に「困難である」というよりは「不可能」を意味する語と受けとらねばならぬと思います。語を換えていえば「宿業の身にては不可能なるあいだ」「いづれの行もおよび難い」のであるということであります。この出発点をよくよく心得てこの一章に示すところの「来生の開覚」「浄土のさとり」の法門《ほうもん》を玩味《がんみ》せねばなりません。

真言に説く即身成仏義とは、三密加持《さんみつかじ》して、我らの身口意《しんくい》と大日《だいにち》如来の身口意とが相応《そうおう》する三密行《さんみつぎょう》の業《ごう》の証果《しょうか》として説くのでありますが、これは一種の精神革命を言うのであって、一種の心機転換にほかならぬのではないでしょうか。更《さら》に六根清浄を説く天台の教えにしても、安楽行品に説くところをもってすれば、これまた、一種の精神転換を意味すると考えられます。言うまでもなく身心は一如《いちにょ》のものであって、身《み》の能感《のうかん》は心の能感となり、心の能感は身の能感となるのであります。しかし身心に具足《ぐそく》せる宿業煩悩は、能感者となり、あるいは能観者となりましても、身心は離れられない約束にあります。この宿業煩悩を無視して、能感心を誇るときに、我らは人間的約束を超えた恍惚境《こうこつきょう》にしばしばたたずむことになるのであって、かかる恍惚の境地は決して正しい正覚《しょうがく》の道であるとは言われません。むしろ仏道は覚路《かくろ》・覚道《かくどう》であって、自覚となるものでなくてはなりません。真宗の信生活はかかる自覚に生まれるものであると思います。

さきに第九章において、唯円房が聖人に対して「念仏まうしさふらへども、踊躍歓喜《ゆやくかんぎ》のこゝろおろそかに候《そうろう》こと、またいそぎ浄土へまゐりたきこゝろのさふらはぬは、いかにと候べきことにて候やらんと、まうしいれてさふらひしかば、親鸞もこの不審《ふしん》あるつるに、唯円房おなじこゝろにてありけり」と言えるものは、念仏者が恍惚の信仰を持続しえない問題をひっさげて聖人に迫ったものであるとも思われます。これに対する聖人の答えは、歓喜の心おろそかなることも、更に心細《こころぼそ》く覚《おぼ》ゆることも、悉《ことごと》く煩悩の所為《しょい》である、「しかるに仏かねてしろしめして煩悩具足《ぐそく》の凡夫《ぼんぶ》と仰《おお》せられたることなれば他力の悲願はかくのごとき我らがためなりと知られていよいよたのもしく覚《おぼ》ゆるなり」と、如来の本願を自覚の信において確証《かくしょう》せられていることはよくよく味わうべき一段であろうと思います。

ここに「浄土のさとり」というものが一応は死後に遠く帰《き》せられつつ、現実的意味を持つことをよくよく味到《みとう》すべきであります。ここに人間的救済の道が浄土の教えの上に道破《どうは》せられていることがよくよく察知せられるのであります。

第二十三講　浄土のさとり（その三）

弥陀の願船《がんせん》に乗じて、生死《しょうじ》の苦海《くかい》をわたり、浄土の岸につきぬるものならば、煩悩の黒雲《こくうん》はやくはれ、法性《ほっしょう》の覚月《かくげつ》すみやかにあらはれて、尽十方《じんじっぽう》の無碍《むげ》の光明に一味《いちみ》にして、一切の衆生《しゅじょう》を利《り》益《やく》せんときにこそ、さとりにてはさふらへ。この身《み》をもつてさとりをひらくと候《そうろう》なるひとは、釈尊のごとく、種々《しゅじゅ》の応化《おうげ》の身《しん》をも現《げん》じ、三十二相《そう》・八十随形好《ずいぎょうこう》をも具足《ぐそく》して、説法利益《せっぽうりやく》さふらふにや。これをこそ今生《こんじょう》にさとりをひらく本《ほん》とは申しさふらへ。和讃《わさん》にいはく、「金剛堅固《こんごうけんご》の信心の、さだまるときをまちえてぞ、弥陀の心光摂護《しんこうしょうご》して、ながく生死《しょうじ》をへだてける」とはさふらへば、信心のさだまるときに、ひとたび摂取《せっしゅ》して捨てたまはざれば、六道《ろくどう》に輪廻《りんね》すべからず。しかればながく生死をばへだて候《そうろう》ぞかし。かくのごとくしるを、さとるとはいひまぎらかすべきや。あはれに候をや。「浄土真宗には、今生に本願を信じて、かの土にしてさとりをばひらくとならひ候ぞ」とこそ故《こ》聖人の仰《おお》せにはさふらひしか。

この第十五章後半は「浄土のさとり」ということを、ねんごろに示されてあります。

思うに浄土真宗の教え、特に親鸞聖人によって示されている思想信仰を受けとる場合に、浄土真宗も仏教の流れの一つであります。したがって親鸞聖人の思想も一般仏教のそれと異なるものでないと思い込んで理解しようとすると、いろいろの困難に出遇《であ》うのであります。そこで親鸞聖人の思想信仰を理解するためには、一応、一般仏教のそれと区別して考えてみる必要があると思います。たとえば、かの第十三章に示されてある、宿業《しゅくごう》ということでも、一般仏教に説く業《ごう》の思想と同じであると決めてかかると、いくつかの難問題に出遇うのであります。そこで、いまこの第十五章にあらわれている「さとり」ということについても、根本的には同一の点を持っているのでありますが、一応区別して考えてみるのがよいと思います。禅宗《ぜんしゅう》では、直指人心見性成仏《じきしにんしんけんしょうじょうぶつ》と申しまして「さとり」ということを今生《こんじょう》において談《だん》じています。「凡夫《ぼんぶ》もさとれば仏なり」「凡夫もとより仏なり、仏ももとは凡夫なり」というふうに、凡夫と仏とを同質の差と見ています。つまり、凡夫が仏となるのでなく、もとより仏であるものが仏となるのである。その仏となるのはこの身《み》にして仏となる〔さとる〕のであります。しかしこの場合の「さとり」という概念は、浄土真宗でいう「仏のさとり」というものとは一応区別して考えるべきであろうと思います。そこで禅宗等でいう「さとり」は「此《こ》の土《ど》のさとり」であり、真宗のさとりは「浄土のさとり」と一応言えると思うのであります。そこで禅宗等でいう「さとり」とは、その内容は、真宗でいう「信一念《しんいちねん》」の救済正定聚《しょうじょうじゅ》に相当する「さとり」であるようであります。

因《ちな》みに宿業のことでありますが、聖人は宿業のことを「卯毛《うもう》・羊毛《ようもう》のさきにゐる塵《ちり》ばかりも造る罪の宿業にあらずといふことなしと知るべし」とか「何ごとも心にまかせたることなし」（自由意志の否定）とか言われてあります。これは過去の業力《ごうりき》は絶対支配する必然的なるもの、意志の自由の許されざるものとして示されてあります。そこで、その形式の上では宿命論と変りがないようであります。

親鸞聖人の業思想が、宿命論や運命論と変りがないとなると困るので「宿業の必然と意志の自由」との問題についていろいろと学者が議論せられて、宿業の必然は過去の業による現在の果の上だけである。現在の業によって未来の果を招く、すなわち未来に対する現在の業作《ごうさ》は意志の自由選択によると解釈されているようであります。それは業思想の常識でもあるからであります。

しかし聖人の言葉を素直に受けとると、我々の考えること、すること、言うこと、何一つとして宿業のもよおしでないものはないということでありますから、自分の意志の自由によって、考えたり、感じたり、言うたりしているのでなく、宿業の必然によって考え、感じ、行為しているのだということであります。それは過去の業の必然が現在業の必然となり、現在業の必然が未来業の必然と相続《そうぞく》してゆくのであるということです。そこには人間の意志の自由が成立する余地がまったくないのです。すなわち人間は宿業の重荷を負うて永遠の旅をするものだという思想であります。その宿業には人間はまったくの無力であることを示されているようであります。この点では（聖人の）宿業の思想は、仏教の業思想とその趣《おもむき》を異にしているのであります。そこで舟橋一哉《ふなはしいっさい》氏も『業思想序説』のなかに「親鸞の宿業思想は一般仏教のそれと比べてはっきりと違う所がある」と言っておられます。上田義文《うえだよしふみ》氏も『業の思想』のなかにこの問題を取り扱うておられます。何《いず》れも達見であると思います。

しかし上田氏も述べておられるように、かかる「宿業思想」はその形式の上では宿命論と何ら変るところはないのでありますが、宿命論（あるいは宿作外道《しゅくさげどう》）とちがうところがただ一点あります。それは宿命論は独立して成立する思想であるが、宿業思想は他力信《たりきしん》の内容として成立しているということであります。換言しますと宿業の自覚は機《き》の深信《じんしん》と一枚であるということであります。したがって、業の思想は自由意志と両立するから、親鸞聖人の宿業思想は宿命論や運命論とちがうという考え方では、聖人の宿業思想を理解したものとは申されないのであります。そういう理解は宿業思想とは申されないのであると言わねばなりませぬ。宿業思想は自力が他力の信において無となったこと、自力の底がつき破られたことを示されたものとして理解すべきでありましょう。したがって仏教一般の業の思想が無分別智《むふんべっち》の上に成立するものとすれば、宿業思想は他力信の上に成立しているものと考えねばなりませぬ。信を離れて宿業を語ることは親鸞聖人の考えではないと申さねばなりません。

それと同じように「さとり」という概念にしましても仏教一般の「さとり」は「此《こ》の土《ど》のさとり」であり、聖人の「さとり」は「彼《か》の土のさとり」であって、もし聖道《しょうどう》でいう「此の土のさとり」というものを聖人の思想において位置づけるならば、信一念のとき正定聚《しょうじょうじゅ》の益《やく》をうるという、信一念に当たるものと理解すべきでありましょう。そこで聖人の仰《おお》せを聞ける人々が「煩悩具足《ぐそく》の身をもつて、すでにさとりをひらく」と主張したことにも一応肯《うなづ》ける点があるのであります。しかし信一念にうる益《やく》を高調《ちょう》して「さとりを開ける身」であると言うことは、「浄土のさとり」を否定する考え方となります。そこで「煩悩具足の身をもつて、すでにさとりをひらく」と主張することは、聖人の教えにおいては、もってのほかの沙汰《さた》であるということになります。この第十五章はそうした意味において浄土真宗に説く「さとり」というものが如何《いか》なる内容のものであるかということを示された大切な一章であるといただかねばなりません。

前にも一言したように、真言《しんごん》・天台《てんだい》に説く「即身成仏《そくしんじょうぶつ》」とは、現在の肉体のまま仏となることであります。真言で申せば、衆生《しゅじょう》は本来、法身《ほっしん》の三密《さんみつ》（身密《しんみつ》・語密《ごみつ》・意密《いみつ》）の徳を具《そな》えているが、煩悩に覆われているから、身に印《いん》を結び、口に真言を誦《じゅ》し、心に大日《だいにち》の本尊を観《かん》ずると、この衆生の三密は仏に加持《かじ》せられて仏の三密となり、さとりを開くというのであります。天台で申せば、衆生は眼《げん》・耳《に》・鼻《び》・舌《ぜつ》・身《しん》・意《い》の六根《ろっこん》の器官により、色《しき》・声《しょう》・香《こう》・味《み》・触《そく》・法《ほう》の六境《ろっきょう》を執《しゅう》じているが、この六根の罪障《ざいしょう》を除き、六境に対する執着を捨てて清浄《しょうじょう》になると、六根は無碍自在《むげじざい》の作用をするさとりを開く。その方法として四安楽《しあんらく》の行《ぎょう》（身《しん》・口《く》・意《い》の安楽行と誓願《せいがん》の安楽行）を修《しゅ》する。この修行によって、この身で六根清浄のさとりをうると説くのであります。

これに対して浄土の法門《ほうもん》は「今生において本願を信じ、彼の土にしてさとりをば開く」と説くのであります。

この場合「浄土のさとり」と「此の土のさとり」と、「さとり」という言葉は同一でありますが、その内容や意味するところがちがうのであります。法門の立て方によって「さとり」の用法の異なることを一応区別すべきであります。

そこで本章では「浄土のさとり」の内容を明らかにして、「弥陀の願船に乗じて、生死の苦海を渡り、報土の岸につき、煩悩の黒雲晴れ、法性の覚月あらわれ、尽十方の無碍光と一味となり、衆生利益する身となる」ことを「さとる」というのであると示しています。そこで、信心定《さだ》まるとき摂取不捨《せっしゅふしゃ》の益《やく》を蒙《こうむ》り、ながく生死を隔《へだ》つ身となることを「すくい」とは言うけれども「さとり」とは言わぬ。もしそれを「さとり」と言うのならば、それは浄土真宗の「さとり」ではない。浄土真宗のならい（伝統）は「今生に本願を信じ彼の土にしてさとりを開く」というをならわしとしているのである。この旨《むね》をよくよく心得《こころう》べきであると本章は指示しているのであります。

私どもが正しい浄土真宗の思想信仰を身につけてゆこうとするためには、浄土真宗そのものの規定している概念によって、これを把握せねばなりません。一つの固定した概念、よしそれが一般仏教の概念であろうと、そういうものを基《もと》として、その枠のなかに入れて浄土真宗の思想を理解してはならぬと思います。ありのままの姿を何らの予定概念を持たずにその述ぶるところを素直に聞くべきであります。「信一念のときながく生死をへだてられる」のであれば「信一念のとき仏となったのである」と言えるのだと主張するごときは、真宗の教相《きょうそう》を聖道の概念で乱すものであります。

親鸞聖人が、どこまでも成仏を彼岸《ひがん》の浄土において見てゆこうとせられたことは、浄土教という思想に育てられたからそうせられたのみでなくして、聖人の宿業思想というものが、「この身にしてさとりをばひらく」ということを許さないのであると思います。

自力聖道の教えというものは、理想を立てて、自己の努力によって、それを勝ち取るという立場であります。そこには意志の自由を是認しています。したがってそれは理想主義的な思想であります。親鸞聖人の信仰は努力の放棄に立っています。他力の思想であります。したがって自由意志を認める立場ではありません。意志の自由を認めると自由の軸はどこまでも自己にあるのであります。聖人においては意志の自由の軸は如来にあるのであって、自己にはないという絶対否定の立場に立っていられる。したがって自由の軸は、私《わたくし》にない。私は宿業という不自由の軸に立っている。宿業というどうにもならぬ必然の軸にくくりつけられている。この不自由、必然の繋縛《けばく》を解脱《げだつ》せしむるものはただ如来の本願力《ほんがんりき》のみであると、考えられます。

その本願力の軸と宿業の軸とが交叉している一点が聖人の信仰であるとも見られるのであります。そこで不自由にして自由、自由にして不自由、このままにしてこのままでない。これが聖人の信仰相であります。しかし、このままの凡身《ぼんしん》がこのままでない状態となりきるときはいつか。すなわち、身心ともに有漏《うろ》煩悩の繋縛から離れて無漏《むろ》の身心をうることは何時《いつ》の日であるかというと、それは臨終《りんじゅう》一念《いちねん》の夕べであります。すなわち彼土《ひど》に往生してからであります。これが聖人の思想信仰であるように思われます。「浄土のさとり」それは現実否定の上に立ちつつ現実界において是認さるべき正常な、また無理のない考え方であります。私どもは聖人の教えによって、現在の信一念に救われるのでありますが、しかしそれは「さとり」という名において語ることを許されていないことをよく心得ねばなりません。更《さら》に信一念において決定《けつじょう》した因がこの土でなく浄土の果として開くと示されていることは時間的前後があり、肉体的死を契機として説かれてあるところに、浄土教のもつ特色と人間性に対する鋭い批判とが宿っていることを如来の大悲《だいひ》に照して味得せねばならぬと思います。

第二十四講　廻《え》心《しん》ということ

一　本文

一　信心の行者《ぎょうじゃ》、自然《じねん》に、はらをもたてあしざまなることをもをかし、同朋《どうぼう》・同侶《どうりょ》にもあひて口論をもしては、かならず廻心すべしといふこと。この条《じょう》、断悪修善《だんあくしゅぜん》のこゝちか。一向専修《いっこうせんじゅ》のひとにおいては、廻心といふこと、たゞひとたびあるべし。その廻心は、日ごろ本願他力真宗《ほんがんたりきしんしゅう》をしらざるひと、弥陀の智慧《ちえ》をたまはりて、日ごろのこゝろにては、往生かなふべからずとおもひて、もとのこゝろをひきかへて本願をたのみまゐらするをこそ、廻心とは申しさふらへ。

（第十六章前半の文）

二「自然に」の意味

本文を拝読して、まず「自然に」という副詞は、どの動詞にかかっているのかということから考えてみたいと思います。すなわち「自然に」という副詞は「自然にはらをたて、あしざまなることをもをかし、口論をする」というように、次下《つぎしも》の「はらをたて」等の動詞にかかっているのか、あるいは「自然に……かならず廻心すべし」というように「廻心すべし」にかかっているのかという問題であります。

多屋頼俊《たやらいしゅん》氏の『歎異抄新註《しんちゅう》』には「自然に」の言葉を「ふとして」「偶然に」の意味に解釈して「弥陀の誓願を信じている人が、ふとして、腹を立てたり、悪いことをしたり、口論した場合には必ず廻心せよ」という意味にこの文を見ていられる。この場合の「自然に」という言葉は「もとめざるに」とか「おのずから」とかいう意味から転化したものと見るのでありましょう。

しかし『歎異鈔』の「自然」という言葉は右のようにのみ解釈すべきものでなかろうと思います。それは第六章には「自然のことわりにあいかなはゞ、仏恩《ぶっとん》をもしり、また師の恩をもしるべきなり」とあり、第十六章（本章）には「わろからんにつけても、いよいよ願力《がんりき》をあふぎまゐらせば、自然のことわりにて、柔和忍辱《にゅうわにんにく》のこゝろもいでくべし」と言い、また「わがはからはざるを自然とまうすなり」とも述べています。すなわち「自然」は願力の自然を指しています。そこで「願力自然によって腹を立てたり、あしざまなることをおかしたり、同朋・同侶と口論する」というようにこの文《もん》を解しては面白くありません。そこで「自然に」という言葉が「願力の自然によってしからしむること」を意味するものとすると「自然に」という言葉は「廻心すべし」にかかると見るのが穏当のようであります。そこで私《わたくし》はこの本文を「信心の行者はらをもたて、あしざまなることをもをかし、同朋・同侶にもあひて口論をもしては、かならず〔自然に〕廻心すべし」というふうに見るべきであろうと思います。副詞が先行して、その副詞にかかる動詞が文を隔てて後に出るという文章の構成は、いくらもあるからであります。

以上のようにこの文章を見ると異義者の主張が非常に明瞭になります。すなわち「信心の行者たるものは、腹を立て、悪行《あくぎょう》を冒《おか》し、口論した場合には、他力自然の徳として、きっと廻心ができるのである」という主張となります。したがって廻心のない者は信心の行者でないという主張になります。そこで、信の得不《とくふ》を「廻心の善根《ぜんごん》」によって定めんとする主張ともなります。こうした主張を批判しているのがこの第十六章であると思います。そうなればこそ作者はこの主張を批判して「この条、断悪修善のこゝちか」と断定しているのであろうと思います。

三　法　味

いったい『歎異鈔』という書物が一貫してあらわそうとしている一つの思想は親鸞聖人の宗教は超道徳なることを鮮明にするにあるようであります。換言すると、次元を異にする道徳的なるものをことごとく簡《えら》び捨て、本願の宗教は超道徳の道であることを顕《あらわ》すにあります。しかるに、その超道徳的なる意味を領解《りょうげ》せずして道徳的立場の眼を以て「本願の宗教」を見るところに、親鸞聖人の思想信仰を謬《あやま》ることになります。この欠点をえぐり出して批判したのがこの第十六章であります。すなわち廃悪修善《はいあくしゅぜん》の道徳的見方をもって「本願の宗教」を把握しようとした誤謬を訂《ただ》しているのが本章であります。

思うに、宗教と道徳とは次元を異にしているものであります。しかるに腹を立て、悪行を為し、口論をした場合、その度ごとに廻心することが信心であるとすると、道徳的反省を積むことが宗教であるという考え方になります。そこで本著の作者は、そうした道徳的反省を宗教と見ることは、転悪成善《てんまくじょうぜん》の宗教を廃悪修善の道徳の幕下《まくした》に置くことになるぞ。かくては純粋宗教の本質を研《みが》き上げられた親鸞聖人のご苦労も水の泡になるぞ。更《さら》に遡《さかのぼ》っては摂取不捨《せっしゅふしゃ》のご本願のご意趣《いしゅ》をむなしくすることになるぞ。悪人摂取の本願を善人摂取の本願に置き換えてしまうことになる。本願の一道《いちどう》は「わろからんにつけても、いよいよ願力を仰ぐ」宗教である。「よろづにつけて、賢《かしこ》き思ひを具《ぐ》せず、ただほれぼれと仏恩《ぶっとん》を思ふ」ことのほかに本願の宗教はない。これを自然《じねん》と名づけまた他力という。こうした旨《むね》を明らかにせられるのが本章の意趣とうかがえます。

四　廻　心

ここで本章に問題とせられている「廻心」ということを取り上げて考えてみたいと思います。

本章には「廻心」の定義を施《ほどこ》して「廻心は、日ごろ本願他力真宗をしらざるひと、弥陀の智慧をたまはりて、日ごろのこゝろにては往生かなふべからずとおもひて、もとのこゝろをひきかへて、本願をたのみまゐらするをこそ、廻心とは申しさふらへ」と述べています。これは一言にして言えば、自力の心（もとのこゝろ）をひるがえして（ひきかへて）他力に帰《き》する（本願をたのみまゐらする）ことを廻心というのであります。自力信《じりきしん》を廃して、他力信の上に立つ、自力より他力に転向したことを廻心というのであります。しかもその廻心は「弥陀の智慧を賜《たまわ》る」に由《よ》るものである旨を明かしています。このことは、親鸞聖人が「建仁辛《けんにんかのと》の酉《とり》の暦《れき》（二十九歳）、雑行《ぞうぎょう》をすて、本願に帰す」と、『教行信証《きょうぎょうしんしょう》』にご自身の入信を述べてあるのと軌《き》を一《いつ》にします。したがって「廻心」ということは、随犯随懺《ずいぼんずいさん》のような罪を犯しては悔い改むるというごときことを意味しません。したがって「廻心」は「転向」であり「入信」であるから一度であります。そこで作者は「廻心といふことたゞひとたびあるべし」と断定を下しています。これは動かすことのできぬ鉄則であります。

　しかるに近頃、この「廻心」という問題を中心として、親鸞聖人の「入信」は『教行信証』の後序《こうじょ》に「建仁辛の酉の暦、雑行をすて、本願に帰す」という自記によって二十九歳のときであることは明らかであるが、「化身土巻《けしんどかん》」に述べられた三願転入《さんがんてんにゅう》の讃仰《さんごう》や『恵信尼文書《えしんにもんじょ》』第五通に出ている寛喜《かんき》三年四月の病中（の反省、すなわち）衆生利益《しゅじょうりやく》のために三部経《さんぶきょう》読誦《どくじゅ》を思い立たれた十七、八年前の薫習《くんじゅう》が熱に浮かされて浮かび出てきたとき、これはよくないと考え直されて「人の執心《しゅうしん》・自力の心はよくよく思慮あるべし」と反省を求められたという記事を中心として、親鸞の信仰は二十九歳「入信」以後も年とともに、いくたびも「廻心」があった、という考え方をしている人もあるのであります。かくて、「廻心は一度である」という考え方と「廻心はいく度もあった」という考え方とが矛盾して存在しています。これはいかに考えたらよいかというに、『歎異鈔』のごとく「廻心といふことたゞひと度あるべし」ということが正しいのであります。したがって三願転入の讃仰や寛喜三年の反省は、「廻心は一度である」との考えと矛盾するものではありません。親鸞聖人の入信は二十九歳であり、そのとき雑行（自力）を捨てて本願（他力）に帰せられたのであります。したがって『教行信証』の入信の記録は、師匠法然上人が要門《ようもん》（雑行）と弘願《ぐがん》（本願）との区別を善導大師《ぜんどうだいし》より相承《そうじょう》されたごとくに弟子親鸞聖人に示され、それによって自力諸行《しょぎょう》を捨てて、他力本願に帰入《きにゅう》せられたことを具体的に記述せられたものとうかがえます。すなわち「善悪の計《はか》らいをすて、ただ念仏して弥陀にたすけられまいらすべし」という師の教えに随順《ずいじゅん》せられた事実を記述するものでありましょう。聖人の信仰は、このときに成立したものでありましょう。しかるに、その信仰を相続《そうぞく》せられた信仰生活において、本願海《ほんがんかい》には、第十八願のほかに第十九願、第二十願の誓いのあること、更にそれを開説《かいせつ》せられた『大無量寿経《だいむりょうじゅきょう》』『観無量寿経《かんむりょうじゅきょう》』『阿弥陀経《あみだきょう》』のあること。それらの意義を探られたときに、いよいよ本願の広大なる旨を領解《りょうげ》せられて、ここに三願の真仮《しんけ》を味わい、如来調熟《ちょうじゅく》の大悲《だいひ》に感泣《かんきゅう》し、聖人の過去における入信過程に対する反省が三願転入の讃仰となってあらわれたものとうかがえます。従来、三願転入の文《もん》を問題とするのは「然《しか》るに今特に方《ほう》便《べん》の真門《しんもん》（第二十願）を出《い》でて選択《せんじゃく》の願海《がんかい》（第十八願）に転入《てんにゅう》せり。速《すみや》かに難思《なんじ》往生の心（真門の益《やく》）を離れて難思議《なんしぎ》往生（第十八願の益）を遂《と》げん……爰《ここ》に久しく願海に入《い》りて深く仏恩《ぶっとん》を知れり」とある。「今特《こと》に」の「今」とは『教行信証』製作の年時（元仁《げんにん》元年五十二歳）を指すのであろう。したがって二十九歳の入信の年時とは区別すべきである。したがって二十九歳のときは「雑行をすてて正行《しょうぎょう》（念仏）に帰せられた」のみで、その正行の念仏には、自力と他力の別がある。したがって自力念仏より他力念仏への廻心はその後に見るべきである。それを裏書きするものが五十九歳の寛喜の反省で、聖人は自力の執心《しゅうしん》の脱皮については二十九歳以後もいく度も廻心せられたことをこの文は証明していると考えるのであります。

しかし、かかる考え方は、三願転入の讃仰における「今特に」とある「いま」ということも二十九歳の入信を含めた「今」であり、「久しく願海に入って」味わわれた「今」であって、五十二歳の年時をのみ指す今と解釈すべきでないことの考慮が足らぬと思います。更に寛喜三年の反省の記事も、これは衆生利益をせんとするために三部経千部読誦の念願を起こされた、すなわち「教化《きょうけ》」に対する問題についての反省で、衆生利益の千部読誦より「自ら信じ人を教へて信ぜしむる」ことが「真に仏恩を報ずることになる」ことに思いを寄せられて中止せられたことが、十七、八年も後になって病の床に臥し熱に浮かされて幻に出てきたことに対し「人の執心・自力の心、よくよく思慮すべき」旨を教えられたもので、入信の問題とは関係させるべきものではないと思います。したがって私どもは「廻心はただひと度なるべし」という鉄則は動かすべからざるものであり、聖人の廻心は二十九歳建仁元年の年であったといただくべきでありましょう。かくて真宗の廻心の本質は「弥陀の智慧を賜る」ことのほかなき旨もよくよく心得《こころう》べきでありましょう。

第二十五講　自然《じねん》のことわり

一　本文

一切の事《じ》に、あしたゆふべ（朝夕）に廻心《えしん》して、往生をとげ候《そうろう》べくは、ひとのいのちは、いづるいき、いるいきをまたずしてをはることなれば、廻心もせず、柔和忍辱《にゅうわにんにく》の思ひにも住《じゅう》せざらんさきにいのちつきば、摂取不捨《せっしゅふしゃ》の誓願《せいがん》は、むなしくならせおはしますべきにや。くちには「願力《がんりき》をたのみたてまつる」といひて、こゝろには「さこそ悪人をたすけんといふ願《がん》、不思議にましますといふとも、さすがよからん者をこそ、たすけたまはんずれ」と思ふほどに、願力をうたがひ、他力をたのみまゐらするこゝろかけて、辺地《へんじ》の生《しょう》をうけんこと、もっともなげき思ひたまふべきことなり。

信心さだまりなば、往生は弥陀にはからはれまゐらせてすることなれば、わがはからひなるべからず。わろからんにつけても、いよいよ願力を仰《あお》ぎまゐらせば、自然《じねん》のことわりにて、柔和忍辱のこゝろもいでくべし。すべてよろづのことにつけて、往生には、かしこき思ひを具《ぐ》せずして、たゞほれぼれと弥陀の御恩《ごおん》の深重《じんじゅう》なること、つねは思ひいだしまゐらすべし。しかれば念仏もまうされ候《そうろう》。これ自然《じねん》なり。わがはからはざるを自然と申すなり。これすなはち他力にてまします。しかるを自然といふことの、別にあるやうに、われものしりがほにいふひとの候よしうけたまはる、あさましく候なり。

二　大　意

右は『歎異鈔』第十六章後半の文《もん》であります。

いったいこの第十六章は、廻心（改心）を往生の条件とする者を批判せられた一章であって、腹を立て、悪行《あくぎょう》をもした場合には、悪心をひるがえして善心に向かうよう改心すべきで、それが往生の条件である。かように改心をしなければ往生はできない。それが本願を信ずる者の自然の姿であると主張する者に対して、他力信仰はそういうものでないと明らかにせられたものであります。

それで真宗でいう「廻心」という言葉は、世間でいう「改心」「懺悔《ざんげ》」を意味するものではありません。真宗の用語においては、「自力をすてて他力に帰する」ことを「廻心」というのであります。そこで『唯信鈔文意《ゆいしんしょうもんい》』にも「廻心といふは自力のこゝろをひるがへしすつるをいふなり」と親鸞聖人は明示せられています。したがって「念仏往生の願を一向《いっこう》に信じて二心《ふたごころ》なき一向専修《いっこうせんじゅ》」の人においては「廻心」は一度と限られているのであります。しかるに、その「廻心」の語を、一般的な「改心」と同義語として「廻心」はいくたびもあるように主張することは浄土真宗の教えに背《そむ》くことになるのであります。更《さら》にまた、その「改心」をもって往生のしるしとし、善き心を、わが心の上に仕立て上げて、それをもって往生のしのぎをつけようとするごとき考え方は、まったく「断悪修善《だんあくしゅぜん》」の自力の心で、他力の信とは氷炭《ひょうたん》あい容《い》れざる考え方であります。

三　文　意

さてこの第十六章後半の文意《もんい》は、腹をも立て、あしざまなることをもおかした場合に、その度ごとに改心（廻心）して、往生の因《いん》を仕上げて行こうとすることになると、それはなかなか困難なことになります。「自然のことわりに従ひなば、柔和忍辱のこころも出《い》でくべし」とある聖人のお言葉を曲解して、柔和忍辱の心ができあがったときに往生定まるのであると考えることになると、柔和忍辱のすがたがあらわれぬさきに、無常の風に誘われて命が終るという場合もありうるということを考えると、「柔和の心」が成就しなかった次第だから、したがって往生もできぬという結果となります。いったい柔和忍辱の心というものは、信心の徳として、信後起行上《しんごきぎょうじょう》にあらわれるものでありましょう。したがって起行の「柔和」の問題を、安心《あんじん》の上に持ち来ってとやかく言うことになると、信の一念《いちねん》に摂取不捨の利益《りやく》にあずけしめ給うという本願のお約束は、そらごとになってしまいます。こういうことは、安心位《あんじんい》と起《き》行位《ぎょうい》とを混雑せしめた誤った考え方であります。

表面は悪人救済の願力《がんりき》を信ずるのであると言いながら、心のなかでは、悪を知りその悪を改めた善人のみ救われるのであると思うているから、その心持ちというものは悪を自覚し、その悪を改むることのできる善人のみ救われるのであるという考え方となります。したがって善悪を差別《しゃべつ》するから、善悪平等の救済を疑うことになるのであります。これは老少善悪を簡《えら》び給わぬ本願の上に、信罪信福《しんざいしんふく》の心をさしはさんで、自力作善《さぜん》の人のみ往生できるのであるという考え方となるから、聖人の教えの上からいただけば、辺地《へんじ》・懈慢《けまん》という方便化土《ほうべんけど》に往生する結果となります。このことはまことに歎かわしい次第であります。

そもそも善悪平等の救済は、弥陀の御《おん》約束であって、善悪ともに一様に信心定まるとき、往生は定められるのであります。わろきにつけても悪人救済の本願を仰ぎ、煩悩心の起こるにつけても凡夫救済の大悲を憶《おも》う。喜びにつけ、悲しみにつけ本願にかえることが、浄土真宗の道であります。その相続憶念《そうぞくおくねん》の心に触光柔軟《そっこうにゅうなん》の願益《がんやく》もあらわれるのであります。よろずにつけて、かしこき思いをなさずして、法のお手元《てもと》を仰ぐほかないのであります。これ他力自然《じねん》の道であります。これ凡夫往生の大道《だいどう》であります。自然《じねん》のほかに、まだ特別なる自然の道があるかのように言うことは、まことにあきれはてた次第であるというのが本文《ほんもん》の大意であります。

四　法　味

右の文意《もんい》によって、私どもが特に領解《りょうげ》しなくてはならぬことは、「安心《あんじん》」と「起行《きぎょう》」とを混同してはならぬということであります。「安心」の乱れるのは「起行位《い》」の問題を「安心位」に混入するからであります。「安心」とは、法が私《わたくし》の上に到れるものであり、「起行」とは、安心の相続相《そうぞくそう》で、私どもの三《さん》業《ごん》の上にあらわれたすがたであります。したがって「安心」の「もと」が定まって「起行」の「すえ」は出てくるのであります。相続憶念の上において、よきことの思われせらるるも、あしきことの思いとどまるも、みな他力の催促によるものであります。しかしそのあらわれ方は人々によって異なるのであります。弥陀法《みだほう》は人を抱《いだ》いて人(機《き》)にあらわれるものであります。人(機)を離れた弥陀法というものはないのであります。したがって法を仰ぐところ機が洩《も》らされていることはないのであります。法をさしおいて機の信・不信を論ずべきではありません。法をさしおいて機の沙汰《さた》をとやかくいたしますと、いよいよ機は法と隔離して、他力信《たりきしん》とはますます遠ざかるのであります。真宗の教法《きょうぼう》は、機の仕上げにかかる教えでなくして、仕上げの法をいただく教えであります。いただくとは、如来の御計《おんはか》らいに同心《どうしん》し、如来の大悲に応答することであります。

五　自然の法

親鸞聖人の、八十六歳のとき示された『自然法爾章《じねんほうにしょう》』というご法語《ほうご》があります。そのお言葉に「自然といふは、もとよりしからしむるといふ言葉なり。弥陀仏《みだぶつ》の御《おん》ちかひの、もとより行者《ぎょうじゃ》のはからひにあらずして、南無《なも》阿弥陀仏とたのませ給ひて、迎へんとはからはせ給ひたるによりて、行者のよからんともあしからんとも思はぬを自然とは申すぞと聞きて候」とあります。この文《もん》で知られるように、聖人においては「自然」とは願力《がんりき》を示すものであって、本願自然の徳としてあらわれるが「たのませて迎へ給ふ」救済であり、それが「ただ念仏して弥陀にたすけられる」内容である旨を示されたものであります。

更に『唯信鈔文意』にも「自然といふはしからしむといふ。しからしむといふは、行者のはじめてともかくもはからはざるに、過去・今生《こんじょう》・未来の一切の罪を転《てん》ず。転ずといふは、善とかへなすをいふなり。もとめざるに、一切の功徳善根《くどくぜんごん》を、仏《ぶつ》のちかひを信ずる人にえしむるが故に、しからしむといふ。はじめてはからはざれば自然といふなり。誓願真実《せいがんしんじつ》の信心をえたる人は、摂取不捨の御《おん》ちかひに摂《おさ》め取りて、まもらせ給ふによりて、行人《ぎょうにん》のはからひにあらず。金剛《こんごう》の信心をうる故に憶念《おくねん》自然《じねん》なるなり。この信心のおこることも、釈迦の慈父《じぶ》、弥陀の悲母《ひも》の方便《ほうべん》によりておこるなり。これ自然の利益《りやく》なりと知るべしとなり」と示されてあります。これによっても「自然」とは願力《がんりき》自然をあらわすものであることが知られます。したがって「自然の法」とは「願力の道」でありますから、まったく行者の「はからい」ではないのであります。まったくこれ如来の御《おん》「はからい」であります。信心も自然であり、憶念も自然であります。安心《あんじん》も自然であり、相続の起行も自然であります。まったく行者のはからいではありませぬ。浄土真宗とは「自然」の道、「自然」の法を明らかにせられたものであることがひしひしと思われる次第であります。まことに聖人の信念は自然法爾に始まり自然法爾に終る、終始一貫《いっかん》「自然の法」のほかなきものであります。しかしそれは、単なる法則でなく、機によく顕《あらわ》れもてゆく生ける法則であることをよくよく味得《みとく》すべきであります。

第二十八講

辺地堕獄《へんじだごく》の妄説

一　本文の分科

(イ)　辺地の往生をとぐるひと、つひには地獄におつべしといふこと。

(ロ)　この条《じょう》、いづれの証文《しょうもん》にみえ候《そうろう》ぞや。学生《がくしょう》たつるひとのなかにいひいださる、ことにて候なることそあさましくさふらへ。経論《きょうろん》・正教《しょうぎょう》をば、いかやうにみなされて候らん。

(ハ)　信心かけたる行者《ぎょうじゃ》は、本願をうたがふによりて辺地に生じて、うたがひのつみをつぐのひてのち、報土《ほうど》のさとりをひらくとこそ、うけたまはりさふらへ。

(ニ)　信心の行者すくなき故に、化土《けど》におほくすゝめいれられ候を、つひにむなしくなるべしと候なるこそ如来に虚妄《こもう》を申しつけまゐらせられ候なれ。

二　本章の綱要

右は本鈔第十七章の文《もん》であります。本文の初め(イ)にあるように「辺地の往生を遂ぐる人、遂には地獄におつる」という主張を批判せられた一章であります。そこで古来、本章を辺地堕獄章《へんじだごくしょう》とも名づけられています。

思うに「辺地堕獄」の主張は「学生たつる人のなかに言い出した」ものであることは言うまでもありません。「学生たつる人」とは学者ぶる、学者らしき人で、当時のインテリ層の一種でありましょう。いつの時代でもインテリ層の一角にかような人種がいて、種々なる謬《あやま》りを醸《かも》し出す傾向のあることは、まことになげかわしいことであります。

本鈔の作者は「学生たつる人」のなかに言い出された、辺地堕獄という浄土の法門《ほうもん》を誤らしむる主張に対して批判を下し、「経論・正教をば、いかやうに見なされて候らん」と大胆に言い切っています。『大無量寿経《だいむりょうじゅきょう》』には「善本《ぜんぽん》・徳本《とくほん》を修《しゅ》する善人が、仏の本願の智慧を疑うとき辺地に生まれて五百歳《さい》、自らの罪を悔《く》い、その罪をぬぐうて後に真実報土《ほうど》に往生す」と示されてあります。作者はかかる『大《だい》経《きょう》』の指南《しなん》をすでに承《うけたまわ》っていたことでしょう。そこでこうした伝承を論拠として、化土《けど》に生まれる者は遂に地獄におつるなどの主張はまったく経論釈《きょうろんしゃく》に相違する主張であると申されたのであります。経論釈に示されてないことを、言い出すことは、まったく釈迦如来に虚妄《こもう》を申しつけるものとなると、鋭く批判しているのが本章の綱要です。

三　辺地往生の指南

辺地の往生についての経論釈の指南はどこにあるかというと、前に述べたごとく、『無量寿経』にあります。『経』には、「仏智疑惑《ぶっちぎわく》の心をもって、諸《もろもろ》の功徳《くどく》を修《しゅ》し、弥陀の浄土に往生せんと願う者は、罪《ざい》福《ふく》を信ずる心をもって、善本《ぜんぽん》を修習《しゅじゅう》する者なるゆえに浄土の辺地に胎生《たいしょう》して五百歳のあいだ、三宝《さんぼう》を見《み》奉《たてまつ》らざる咎《とが》を受く」とあります。この咎を受けたる者は深く悔責《けしゃく》することによって始めて真実報土に化生《けしょう》するのであります。

したがって辺地の往生をとげる人は、辺地から転落して結局は地獄に堕ちるであろうと主張するごときは、まったく根拠のない妄説となります。

かの源信和尚《げんしんかしょう》は『往生要集《おうじょうようしゅう》』下の末に、懐感禅師《えかんぜんじ》の『群疑論《ぐんぎろん》』によって、西方《さいほう》弥陀の往生人《おうじょうにん》が多く懈慢国《けまんごく》に止《とど》まって、西方浄土に進む者がはなはだ少ない所以《ゆえん》を述べ、懈慢国は化《け》の浄土である。ここに止まる所以は、雑修《ざっしゅ》（諸行）を行じて執心《しゅうしん》（信心）牢固《ろうこ》ならざる（未決定《みけつじょう》）からである。これに対して、極楽報土《ごくらくほうど》に生まれる所以は専修《せんじゅ》（ただ念仏）にして執心（信心）牢固（決定）なる故である。しかるに、雑修の人は多く、専修の人は少ない。だから化土《けど》に止まる者は多く、報土に至る者は少ないと述べて、専雑二修《せんぞうにしゅ》の得失《とくしつ》を往生の果《か》の優劣で示されています。このことを親鸞聖人は『和讃《わさん》』に、「源信僧都のをしへには、報化二土《ほうけにど》ををしへてぞ、専雑《せんぞう》の得失《とくしつ》さだめたる」と讃《ほ》め、『正信偈《しょうしんげ》』には、「専雑《せんぞう》執心判浅深《しゅうしんはんせんじん》　報化二土正弁立《ほうけにどしょうべんりゅう》」と言われてあります。また『尊号真像銘文《そんごうしんぞうめいもん》』にも、易往而無人《いおうにむにん》（往《ゆ》きやすくして人なし）の経文《きょうもん》を釈して「真実信心の人はありがたき故に、実報土《じっぽうど》に生まる、人まれなりとなり。しかれば源信和尚は、報土に生まる、人は多からず、化土に生まる、人は少なからずとのたまへり」と明かし、『源信讃《げんしんさん》』には「報土の浄土の往生は、おほからずとぞあらはせり、化土にむまる、衆生《しゅじょう》をば、すくなからずと教へたり」と讃《さん》じ、『正像末和讃《しょうぞうまつわさん》』にはこの旨《むね》を承《う》けて「報土の信者《しんじゃ》は多からず、化土の行者《ぎょうじゃ》は数多し、自力の菩提《ぼだい》かなはねば、久遠劫《くおんごう》より流転《るてん》せり」と示されてあります。

隆寛律師《りゅうかんりっし》の『自力他力事《じりきたりきのこと》』に辺地の往生を明《あ》かして「自力念仏の人は弥陀の本願をつやつやと知らざる咎《とが》のあるなり。されば、いみじくしえて往生する人も、まさしき本願の極楽には参らず、わづかに、そのほとりへまゐりて、その所にて、本願にそむきたる罪をつぐのひて後《のち》に、まさしき極楽には生《しょう》ずるなり」と述べておられます。

こうした指南を見ると、辺地の往生をとぐる人はすべて自力修善《しゅぜん》の人々であります。その上、辺地の往生人は、化土において本願にそむきたる罪（疑惑の心）をつぐのうて報土に往生するのであります。

そこで親鸞聖人は『末灯鈔《まっとうしょう》』に「仏恩《ぶっとん》の深きことは、懈慢辺地《けまんへんじ》に往生し、疑城胎宮《ぎじょうたいぐ》に往生するだにも、弥陀の御《おん》ちかひのなかに、第十九、第二十の願《がん》の御《おん》あはれみにてこそ、不可思議のたのしみにあふことにてさふらへ。仏恩の深きこと、そのきはもなし」と讃嘆《さんだん》しておられます。辺地の往生人は遂に地獄に堕《お》つるというごとき証文はどこにも見いだせないのであります。辺地の往生人は、仏智疑惑《ぶっちぎわく》・自力修善の往生人であります。

四　辺地堕獄説の検討

経釈の指南によれば辺地堕獄《だごく》というごとき論証《ろんしょう》は見いだせないのであります。しかるに、当時の「学生たつる人々」のなかに「辺地の往生をとぐるひと、ついに地獄におつ」と主張したのはいったい如何《いか》なる論拠によって主張したものでありましょうか。

思うに、法然上人の『選択集《せんじゃくしゅう》』の「三心章《さんしんしょう》」には信疑《しんぎ》によって迷悟が決判《けっぱん》せられてあります。その決判の文《もん》とは「生死《しょうじ》の家には疑ひをもつて所止《しょし》となし、涅槃《ねはん》の城《みやこ》には信をもつて能入《のうにゅう》となす」とあります。疑えば生死に止《とど》まり、信ずれば涅槃にいたるという意味であります。

かの辺地の往生を説く経文は、仏智疑惑のつみによって自力修善の人が化土に往生するのであります。そこでこの両者を一緒に考えると、疑惑の善人は一応は化土に生ずるのであるが、信疑による迷悟決判の文によると、仏智を疑惑しているから遂には生死に止《とど》まる結果となると、考えねばならぬ。法然上人が「疑うによって生死に止まる」とあるのはもとより、罪濁《ざいじょく》の凡夫《ぼんぶ》の上において談《だん》ぜられたもので、罪濁の凡夫は疑えば生死に止まり信ずれば涅槃に到ると示されたのであるが、その文を曲解して「疑」が生死の因《いん》（たね）であると解釈し、生死の因たる「疑《ぎ》」がある限り辺地に往生しても遂には生死に止まる。生死に止まるところ遂に地獄に堕つるのであると「学生たつる」人々によって主張せられたものと思われるのであります。

かかる主張は、経釈の理解において欠くるところがあるのであります。法然上人の「疑えば生死に止まる」というのは、罪濁の凡夫にして本願を信知《しんち》せずば地獄に堕《だ》していつまでも生死海《しょうじかい》を出ることのできない旨《むね》を明《あ》かされたものであります。『無量寿経』等に「疑へば化土（辺地）に生まる」とあるのは、自力修善の往生人は十九・二十の本願力《ほんがんりき》により往生するのですが、疑惑の罪によって化土（辺地）の咎《とが》を受くる旨を示されたものであります。

経釈の指南は、心していただくべきであります。一文《いちもん》を固執《こしゅう》し疑いを生死の因とする自見《じけん》の覚語《かくご》を入れて、自我の執見《しゅうけん》にとらえられるところに、自らを誤り、また他をして誤らしめる結果を招来《しょうらい》するのであります。「学生めきたる人」「学生たつる人」の世を誤り、人を謬《あやま》らしむる咎は何時《いつ》の時代にもあるのであります。その謬りは単に真宗の法義《ほうぎ》の上のみでなく世間人倫の思想の上にもあるのであります。私《わたくし》どもは常に聖典の正しき指南を信奉《しんぽう》して、いたずらに「学生たつる人々のいひいださるる」謬解《びゅうげ》に丸められぬよう、心がけが大切であると思われます。

五　「すすめいれられる」という語義

この本文㈡のなかに「信心の行者すくなき故に化土におほくすゝめいれられ候」とある文句は如何《いか》に領納《りょうのう》したらよいでしょうか。「信心の行者が少ないから化土に往生せよと勧められている」という意味なのでしょうか。それとも「信心の行者少ないゆえ、化土往生人の過失について多くの聖教《しょうぎょう》のご指示がある」という意味でしょうか。思うに、この文句は次のようにいただきたいと思います。「化土におほくすゝめいれられ候」とあるのは「化土の行者は数多しと疑惑の咎を知らしめ報土に勧め入れられた」という文意であろうと思います。この意味でこの文を読むと「化土におほく（往生すと）すゝめいれられ候」と「おほく」の下に「往生すと」の句のある程の意味でないかと愚考しているのであります。この点については皆様方のご指示をいただきたいのであります。

六　結び

思うに、この一章などは「学生たつる人」の言い出した一つの謬解《びゅうげ》である「辺地往生の者ついに堕獄《だごく》す」という主張を批判せられたものであります。かかる謬解はやがて本章の「序」に「自見の覚語をもつて他力の宗旨《しゅうし》を乱す」と示された一類と言うことができます。胸臆《きょうおく》の説をもって他力の宗旨を乱すという咎をおかさざるよう、心がくべきでありましょう。

第二十七講　施量別報《せりょうべっぽう》の異義

一　本文の分科

(イ)　仏法のかたに施入物《せにゅうもつ》の多少にしたがひて大小仏《だいしょうぶつ》になるべしといふこと。
この条《じょう》、不可説《ふかせつ》なり。不可説なり。比興《ひきょう》のことなり。

(ロ)　まづ仏《ぶつ》に大小の分量をさだめんことあるべからず候《そうろう》や。かの安養浄土《あんにょうじょうど》の教主《きょうしゅ》の御身量《ごしんりょう》を説かれて候も、それは方便報身《ほうべんほうじん》のかたちなり。法性《ほっしょう》のさとりをひらいて、長短方円《ちょうたんほうえん》のかたちにもあらず。青黄赤白黒《しょうおうしゃくびゃくこく》のいろをもはなれなば、なにをもつてか大小をさだむべきや。

(ハ)　念仏まうすに化仏《けぶつ》をみたてまつるといふことの候なるこそ、「大念《だいねん》には大仏をみ、小念には小仏をみる」といへるか。もしこのことわりなんどにばし、ひきかけられ候やらん。

(ニ)　かつはまた檀波羅蜜《だんばらみつ》の行《ぎょう》ともいひつべし。いかにたからものを仏前《ぶつぜん》にもなげ、師匠にもほどこすとも、信心かけなば、その詮《せん》なし。一紙半銭《いっしはんせん》も仏法のかたにいれずとも、他力にこゝろをなげて、信心ふかくは、それこそ願《がん》の本意《ほんい》にてさふらはめ。

一(ホ) すべて仏法にことをよせて、世間の欲心《よくしん》もある故に、同朋《どうぼう》をいひおどさる、にや。

二　本章の大意

右は第十八章の文《もん》であります。古来「施量別報章《せりょうべっぽうしょう》」とも名づけられてあるごとく、「今生《こんじょう》の施量の多少によって未来の果報《かほう》の上に大小仏となる差別《しゃべつ》が出てくる」という主張を批判せられたものであります。初め(イ)の一段は所《しょ》批判の主張を「仏法の方《かた》に施入物の多少にしたがひて大小仏になるべしといふこと」と掲げて、次にそれに対する能《のう》批判の言葉を示して「不可説なり。不可説なり。比興のことなり」と示されたのであります。ここに「不可説なり」とは「言語道断の沙汰《さた》である」という意味であります。「比興のことなり」とある「比興」は、あて字でありまして、「非拠《ひきょ》」の転訛《てんか》であるとも言われています。つまり「拠《よ》り所のない、不都合、不合理な話」であるという意味であります。したがって「滑稽なことである」という意味にも使われています。

かの『古今著聞集《ここんちょもんじゅう》』に、近江《おうみ》の法印《ほういん》が、力者《りきしゃ》二人に輿《こし》をかかせて御室《おむろ》の仁和寺《にんなじ》に行ったとき、力者法《りきしゃほう》師《し》が疲れて、堪《た》え難《がた》くなったのを見て、法印が輿のなかから「替われ替われ」と声をかけた。力者は二人しかいないので「他に替わるべき人もおりません」と腹を立てて言うと「前の者は後ろへ、後ろの者は前へ行けば替われる」と言ったのを、「さることやあるべき。比興のことなり」と言っています。この場合の「比興」とは「不合理のことだ、滑稽なことだ」という意味であります。

思うに「施量の多少によって果報の上に大小仏の差がある」というごとき主張は、不都合千万、不合理な話でありましょう。かかることを言うのは㈱の一段にもあるごとく「仏法にことよせて世間の欲心もある」上からの主張でもありましょう。今日の世相から言えば「神仏に名を借りて世間の欲心を満たさんとする一類《いちるい》」を言うのでありましょう。本当に近時の新興宗教と言わず、神社宗教中にも、神仏に名を借《か》って世間の欲心を構成しているものも見受けられます。

『歎異鈔』十八章のなかにおいて、この一章ほど宗教の俗化を悲しまれた文章はありません。それだけに歎異の涙は義憤にまで転じているのでないでしょうか。この作者の涙を涙でもって受け取っていわゆる宗教家・教役者《きょうやくしゃ》と言われる者は、猛反省すべきであると思うのであります。虚誑《こおう》の言辞《ごんじ》を弄《ろう》して愚《ぐ》直《ちょく》なる民衆をかたる悪徳漢はいつの時代にもあることが反省せられます。

三　異義の論拠

「施量の多少に従って大小仏となる」という主張は何を根拠として出てきたものでありましょうか。本鈔の作者は「念仏を申すに化仏を見たてまつるといふことの候なるこそ、大念には大仏を見、小念には小仏を見るといへるか、もしこのことわりなんどにばし（「ばし」とは語を強める助詞）ひきかけ

（付会《ふかい》）られ候やらん」と述べています。すなわち作者は『大集月蔵経《だいじゅうがつぞうきょう》』に「大念には大仏を見、小念には小仏を見る」とある文《もん》に結びつけての主張であろうと言っているのであります。まことにそうでありましょう。と言うのは、この経文《きょうもん》は、すでに法然上人によって『選択集《せんじゃくしゅう》』に引用せられているからであります。

思うに、この『大集月蔵経』の経文を懐感禅師《えかんぜんじ》が註釈を施《ほどこ》して「大念（大声の念仏）には大（化《け》）仏《ぶつ》を見る、小念（小声の念仏）には小（化）仏を見る」意を示すものであると釈されてあります。懐感すでに「念」の字を「声」の意に見られてあるから、第十八願に「念仏往生」（乃至十念若不生者《ないしじゅうねんにゃくふしょうじゃ》）と誓われている念仏は、声の意である。すなわち「乃至十念」の「念」は「声」と同意である。かくのごとく法然が重要視されたこの『大集月蔵経』の文にひきかけて（付会）、「念仏」の二字を「施入物」の三字に置き換えて「施入物（施量）の多少にしたがって大小仏になる」と主張したものでありましょう。しかるに『月蔵経』の文は「施量の大小にしたがって大小仏になる」ということを示されたものではありません。

しかるに異義者達は「念仏の大小により大小仏を見る」とは「施量の多少にしたがって大小仏になる」ことを言うたものであるかのごとく根拠のない所に根拠を付けて、あたかも経釈の上にその指南でもあるかのごとく言いふらして素純《そじゅん》な同行《どうぎょう》・同朋《どうぼう》を言い惑《まど》わしたものであろうかと察せられるのであります。いつの時代でも、もっともらしい論理を未見《みけん》の古典に求めて、作り言葉をもって民衆を迷惑せしめるものは後を絶たないようであります。これが高じてまいりますと、法律の網をくぐって神仏に対する寄付行為であったという名においてせられる詐欺行為が天下にはびこるのであります。それは思想信仰の不健全を招くのみでなく、その不健全な思想信仰を助長せしむる結果となっています。まことに正《しょう》法《ぼう》の行われることを念ぜずにおれない次第であります。

四　布施《ふせ》について

「施入物《せにゅうもつ》」とは「施すところの財宝」を意味します。「施入」とは「施すこと」であり「物」とは「財物《ざいもつ》」であります。広く言えば寄付行為一般を意味します。釈尊はこれを「檀那波羅蜜《だんなはらみつ》」と言われています。これを布施行《ふせぎょう》と言います。六波羅蜜《ろっぱらみつ》（六度《ろくど》）の行《ぎょう》の最初に掲げられている仏道実践の初門《しょもん》でもあります。布施はかくてよく貪《とん》の煩悩を退治《たいぢ》するものであるから仏教の初門に置かれています。

思うに布施の行が「帰依三宝《きえさんぼう》」の自然の情として行われるとき、あるいは仏道実践のために行わるるときは、聖なる行法《ぎょうほう》であります。「施《せ》」にも「財施《ざいせ》」「法施《ほうせ》」「無畏施《むいせ》」の三種がありますが、いまは「施入物」という「財施」の行われるについての過誤を指摘しているのであります。財施においても、それが正しく行われるには能施者《のうせしゃ》と所施者《しょせしゃ》と施物《せもつ》とが正しい智慧に導かれていないとそれは仏道の実践とはならず、かえって邪道となることもあります。浄土真宗においては信心の智慧に基づくものであるべきを教えているのであります。そこで信心の智慧に基づく一切行を報恩行《ほうおんぎょう》と名づけています。したがって仏の前に、あるいは師匠や善知識《ぜんじしき》に財物をいかほど施すとも、信心の智慧なくば成仏という果はえられぬと教えられるのであります。したがって一般仏教にいう布施の行法も浄土真宗においては報恩行として行われるのであります。よし財なくして施《ほどこ》すものなしとするも、他力の信心を獲《う》れば仏の本意に契《かな》うものとせられるのであります。そこで本鈔の作者は㈡の一段に「かつは（一般仏教における）檀波羅蜜の行とも言ひつべし。（しかれども）いかに宝物《たからもの》（財）を仏前にも投げ、師匠にも施すとも、信心かけなばその詮なし。一紙半銭も、仏法の方《かた》に入れずとも、他力に心を投げて信心ふかくは、それこそ願の本意にてさふらはめ」と申されているのであります。信の獲不《ぎゃくふ》こそ浄土真宗の眼目《がんもく》であります。

五　「大小仏になる」ということ

次に「大小仏になる」という考え方について㈺の一段に「仏に大小の分量を定むることあるべからず」と批判せられています。

思うに仏に大小の分量を定むることは、方便化土《ほうべんけど》の往生人《おうじょうにん》については、しばらく言いうることでありましょう。何となれば方便化土の往生人の修《しゅ》する因は、千差万別でありますから方便化土の果報《かほう》、また千差となります。「まことに仮《け》の仏土《ぶつど》の業因千差《ごういんせんじゃ》なれば土《ど》もまた千差なるべし」とは「真仏土巻《しんぶつどかん》」に示された言葉であります。しかし真実報土《しんじつほうど》の往生人は他力廻向《えこう》の信心の一因《いちいん》にて得《う》るところの果報《かほう》でありますからそれは平等の一果《いっか》であります。平等一味《いちみ》、大乗一味の果であります。その内容は弥陀同体のさとり、法性真如《ほっしょうしんにょ》の証《さと》りをうるのであります。

言うまでもなく阿弥陀仏は報身《ほうじん》・応身《おうじん》・化身《けしん》等、種々《しゅじゅ》の身《しん》を示現《じげん》して衆生《しゅじょう》を教化《きょうけ》せられるのでありますから、浄土真実のさとりを得たる人は本仏《ほんぶつ》と同じく、還相行《げんそうぎょう》としては報応化《ほうおうけ》、種々の身《しん》を示現して衆生を利益《りやく》するのであります。しかし浄土のさとりは法性真如のさとりであります。今ここに「大小仏になるべし」という主張は、かくのごとき還相行として浄土のさとりを得て後に「大小仏と示現して衆生を教化する益《やく》あり」ということを意味しているのではありません。浄土のさとりに大小仏の差別《しゃべつ》を立てているのであります。そこで本鈔の作者は、「かの安養浄土の教主（阿弥陀仏）の御身量を（『観無量《かんむりょう》寿経《じゅきょう》』等に）説かれて候もそれは方便報身のかたちなり（限量を示されてあっても無限量であるという意）。法性法身のさとりを開いて、長短方円の形にもあらず（形の限定がない）青黄赤白黒の色をもはなれなば、何をもつてか大小を定むべきや」と説き、したがって弥陀浄土の往生人は弥陀同体の証果《しょうか》を開くのであるから「大小仏になる」ということは「あるべからず」と断定しているのであります。法性法身のさとりは「いろもなく、かたちもましまさず、しかれば心も及ばず、言葉もたえたる」ものであります。信心の行者《ぎょうじゃ》は、かくして法性法身のさとりを開いて無上仏《むじょうぶつ》になるのであります。「浄土のさとり」に大小の差別を立つるごときは真宗の正義《しょうぎ》ではありません。

六「世間欲心」への警策

本章の最後㋭「すべて仏法にことよせて世間の欲心もある故に同朋を言ひおどさるるにや」の言葉は、まことに寸鉄肺腑《すんてつはいふ》を衝《つ》くの感があります。厳しい警策《けいさく》であります。この一節の「仏法」という二字を「宗教」あるいは「神仏」という文字に置き換えていただくと、いよいよ鮮やかになります。まことに神仏に名を借《か》って世間の欲心を満たさんとするいわゆる宗教屋なるものがいかに多きことか。世間の欲心に憑《つ》かれて「施入物の大小」を云々《うんぬん》せる人々のいかに多きことか。本鈔の作者は人間のかかるあさましい行為を衝いて、それが「仏法にことよせて」行われることに歎異の涙をそそいでいられるのであります。思想の混濁《こんだく》も、正義・平等・平和の名においてせられる悪徳も、みな世間の欲心と我執《がしゅう》にその病根があるのであります。『沙石集《しゃせきしゅう》』であったか「みな人に、欲をすてよとすてさせて、後から拾ふ寺の坊さん」という句があったかと思います。聖なる行法も、世間の欲心がその基底に潜むとき、仏の仮面を被《かぶ》る悪魔となります。神の名をもつサタンとなります。まことに神仏に奉仕する者、常に自らの行《ぎょう》業《ごう》に対して猛反省を促し、仏の使者が悪魔の使徒《しと》とならざるよう、神の使徒がサタンの奴隷とならぬよう警戒すべきであります。それは七百年前の仏法者の陥《おちい》れる過誤でなく、今日のわれらの上に与えられた頂門《ちょうもん》の一針《いっしん》であります。さればこの警策は、仏法者のみでなく、一般宗教家の上にも、あるいは名を神仏に奉仕する者として銘を打たれている人々も同様に受くべき警策であるように思われるのであります。

第二十八講　信心一異《いちい》の判定と証権《しょうけん》

一　本文の分科

(イ)　右条々《みぎじょうじょう》は、みなもつて信心の異なるより、ことおこり候《そうろう》か。

(ロ)　故聖人の御《おん》ものがたりに、法然聖人の御《おん》とき、御弟子《おんでし》そのかずおほかりけるなかに、おなじく御信心《ごしんじん》のひともすくなくおはしけるにこそ、親鸞、御同朋《おんどうぼう》の御《おん》なかにして、御相論《ごそうろん》のことさふらひけり。その故は、「善信《ぜんしん》が信心も聖人の御信心もひとつなり」と、仰《おお》せのさふらひければ、勢観房《せいかんぼう》・念仏房《ねんぶつぼう》なんどまうす御同朋達《おんどうぼうたち》、もつてのほかにあらそひたまひて、「いかでか聖人の御信心に善信房の信心ひとつにはあるべきぞ」とさふらひければ、「聖人の御智慧才覚《おんちえさいかく》ひろくおはしますにひとつならんと申さばこそ、ひがことならめ。往生の信心においては、まつたく異なることなし、たゞひとつなり」と、御返答《ごへんとう》ありけれども、なほ、「いかでかその義《ぎ》あらん」といふ疑難《ぎなん》ありければ、詮《せん》ずるところ、聖人の御《おん》まへにて自他の是非をさだむべきにて、この子細《しさい》を申しあげければ、法然聖人の仰せには、「源空《げんくう》が信心も如来よりたまはりたる信心なり。善信房の信心も、如来よりたまはらせたまひたる信心なり。されば、たゞひとつなり。別の信心にておはしまさんひとは、源空がまゐらんずる浄土へは、よもまゐらせたまひさふらはじ」と、仰せさふらひしかば、当時の一向専修《いっこうせんじゅ》のひとびとのなかにも、親鸞の御信心にひとつならぬ御《おん》ことも候らんとおぼえ候。

(ハ) いづれもいづれも、くりことにてさふらへども、かきつけ候なり。露命《ろめい》わづかに、枯草《こそう》の身《み》にかゝりて候ほどにこそ、あひともなはしめたまふひとびと御不審《ごふしん》をもうけたまはり、聖人の仰せのさふらひしおもむきをも申しきかせまゐらせさふらへども、閉眼《へいがん》ののちは、さこそしどけなきことどもにてさふらはんずらめとなげき存じさふらひて、

(ニ) かくのごとくの義ども、仰せられあひ候ひとびとにも、いひまよはされなんどせらるゝことのさふらはんときは、故聖人の御《おん》こゝろにあひかなひて御《おん》もちゐる候御聖教《おんしょうぎょう》どもを、よくよく御《ご》らん候べし。おほよそ聖教には、真実・権仮《ごんけ》ともにあひまじはり候なり。権《ごん》をすて、実《じつ》をとり、仮《け》をさしおきて真《しん》をもちゐるこそ、聖人の御本意《ごほんい》にてさふらへ。かまへてかまへて聖教を、見みだらせたまふまじく候。

二　本文の科段

右は本鈔後序《こうじょ》の前半の文《もん》であります。この後序の文を第十九章として見ている人もありますが、私《わたくし》は『歎異鈔』の全体を、その形式の上から

一　前序《ぜんじょ》
二　師訓《しくん》　十章
三　別序《べつじょ》
四　異義批判《いぎひはん》八章
五　後序《こうじょ》

というふうに見てゆきたいと思いますから、これからの一段を「後序」あるいは「後述《こうじゅつ》」の一段と見たいのであります。

さて、その後序の一段の内容は更《さら》に三節に分別《ふんべつ》していただいてみます。㈠挙㆓事例㆒誡（事例をあげて誡《いまし》む）㈡挙㆓証文㆒示（証文《しょうもん》をあげて示す）㈢悲㆓虚言㆒結（虚言を悲しみて結ぶ）の三節であります。すなわち初めには、信心一異の諍論《じょうろん》のあったことを掲げて、法然門下の人々のなかにすでに親鸞の信心に一ならぬ人のあったことを述べ、聖人ご依用《えよう》の聖教《しょうぎょう》を指南《しなん》とすべきことを勧め、第二には証文として聖人のご持言を二個あげて『歎異鈔』を見る眼を示し、第三には諍論して自己の正統を証明するために「仰《おお》せ」でもなきことを「仰せ」であったと虚言を申す人のあることを悲しんで、これを誡《いまし》め、本鈔製

作の趣意《しゅい》、まったく一室《いっしつ》の行者《ぎょうじゃ》の同心《どうしん》を求むるほかなきものなることを（述べて）結ばれてあります。

故に私《わたくし》は、この後序の文を㈠信心の一異《いちい》の判定と証権《しょうけん》、㈡『歎異鈔』を貫く精神、㈢『歎異鈔』のむすび、と仮に題してうかがいたいと思います。今回は㈠の「信心一異の判定と証権」の一節について趣旨をうかがいたいと思います。

三　本文の内容

本文の文段を更に㈠㈺㈧㈡と項を分けておきましたように、㈠は上掲《じょうけい》の異義批判の八章の結びの言葉であります。「右の条々は」とは上掲の八ヶ条（八章）を意味するもので、「信心の異なるよりこと起こり候か」とは「聖人の真信《しんしん》に異なる立場から、以上の異義・異安心《いあんじん》が出てきたものであろう」と結ばれた文であります。

異安心問題はすでに聖人の頃よりあった問題であることを注意したいのであります。その異安心者とは誰か。私どもは徒《いたづら》に他にこれを見る眼を転じて「聖人の真信に異なる者、それは誰か」それは「私自身」であることを反省すべきであろうと思います。

㈺の一段は、法然門下の人々のなかに親鸞のご信心と異なる人々のありし事例を掲げられた一段であります。古来「信心一異の諍論」と申しているものであります。この論諍《ろんそう》を覚如《かくにょ》上人は『御伝鈔《ごでんしょう》』の上巻第七段に依用《えよう》せられて真宗安心《あんじん》の一味《いちみ》であることを示されてあります。聖人が法然門下となられ、吉水《よしみず》教団にて修学《しゅがく》しておられた時代のできごとであります。すなわち親鸞聖人は三十余歳、勢観房は二十余歳、念仏房は四十数歳の頃かと思われます。勢観房は、法然上人の高弟で百万遍知恩寺《ひゃくまんべんちおんじ》等の開山《かいさん》で、かの有名な『一枚起請文《いちまいきしょうもん》』はこの人の請《こ》いによって法然上人が病中に書かれたのだと伝えられています。師教《しきょう》に随順《ずいじゅん》する素直なお弟子であったとうかがえます。また念仏房は同じく法然上人の高弟で、嵯《さ》峨《が》の往生院《おうじょういん》の開基《かいき》であって、もと天台宗《てんだいしゅう》の僧であったのが法然上人に帰依《きえ》して名利《みょうり》をすて、ひとえに西方願生《さいほうがんしょう》せられた方であって、まじめな求道者《ぐどうしゃ》であられたようであります。こうした高弟達の集まりのなかにおいて、親鸞聖人がはからずも「善信（親鸞）の信心も、聖人（法然）の御信心も一つなり」と主張せられたのであります。これに対して他の人々は「一ならず」と主張せられ、ここに信心の一異の問題についてあらそいが起こったのであります。そのあらそいに対して「源空が信心も如来よりたまはりたる信心なり。善信房の信心も、如来よりたまはらせたまゐたる信心なり、さればたゞ一つなり」と法然上人が、自他の是非を定められたことがあったという古い事例を掲げ、法然門下において、すでに親鸞聖人と信心が異なっていた人々があったのだから、いつも同一の安心に住《じゅう》するよう聞法《もんぽう》を大切にすべきことを述べ、異信《いしん》の人々をいましめられた一段であります。

(ハ)(ニ)の一段は、その異安心を訂《ただ》す証権は今日では「聖人の仰せ」であり、「聖人ご依用《えよう》の聖教《しょうぎょう》」である旨《むね》をのべた一段であります。しかして、その聖教依用についても「権《ごん》をすてて実《じつ》をとり、仮《け》をさしおいて真を用いる」という聖人のご本意のままに用いるべきもので、聖教を用いるといっても、無批判に用いてはならない。無批判に用いるときは聖教を見誤ることになる。この点については、特に注意せられてあります。

四　法　味

この一段を拝読して、「一異の判定」ということと「是非の証権」ということについて少しく法味《ほうみ》を述べたいと存じます。

(イ)　一異の判定

この『歎異鈔』に「法然上人の信心と善信（親鸞）の信心と一つなり」という主張に対して「いかでか一つにてはあるべきぞ」という勢観房・念仏房等の反論を載《の》せて、更に自他の是非を定め給いし法然上人の言葉を「源空が信心も如来よりたまはりたる信心なり。善信房の信心も、如来よりたまはらせたまひたる信心なり。さればたゞ一つなり」と述べてあります。ここに示された信心一異の是非の判定の基準は「他力よりたまはる」ということであることが知られます。他力とは「如来の本願力《ほんがんりき》」であります。如来は真実であり、真実は如来であります。故に信心は真実の信心であります。また、如来よりたまわる信なる故「如来廻向《にょらいえこう》の信心」であります。凡聖《ぼんしょう》・善悪の差別《しゃべつ》なく如来よりたまわるもの故に廻向の信は一であります。信に差別あることは自心建立《じしんこんりゅう》の信であるからであります。真実が真実のまま衆《しゅ》生心《じょうしん》に顕《あらわ》れる信でありますから「たまわる信」は一であります。まことに善悪差別《しゃべつ》して、善し悪しを云々《うんぬん》している世界とはその本質を異にする世界であります。本質を異にする次元の異なるものを人間世界の次元に引き下ろして沙汰《さた》するところに、異解《いげ》・異安心が出てくるのであります。浄土真宗・第十八願《がん》のみ教えは超歴史界の法でありつつ、歴史世界にあらわれもてゆく法であるからでありましょう。超歴史と歴史との交差点に信が成立しているともうかがえます。信ずる心となり、称《とな》うる念仏となり、拝む手となってゆくところに本願の現実性があります。しかし現実性に幻惑せられて、そのよって顕れてゆく本源を見失うてはならぬのであります。その本源を「如来」の名において示されているのが本鈔であります。如来界は自然法爾《じねんほうに》の世界であって、凡夫《ぼんぶ》のはかろうべき世界ではありません。されば我らの「如来」に対する態度は「義《ぎ》なきを義とす」（はからいなきを儀軌《ぎき》とす）るものでなくてはなりません。「如来」とは「如来の本願力」「他力」を示すものであります。

信心一異の決定《けってい》は、この信を廻向し給う「如来」を一にする故に廻向の信もまた「一なり」であります。まことに快刀乱麻《かいとうらんま》を断つ風情《ふぜい》であります。

(ロ) 是非の証権

「いづれもいづれもくりことにてさふらへども書きつけ候なり……閉眼《へいがん》ののちは、さこそ（さぞかし）しどけなきこと（乱雑でしまりのないこと）にてさふらはんずらめと、なげき存じさふらひて」という一段の文章は「なげき存じさふらひて」の下に「書きつけ候なり」の文章が省かれているのであります。「露命《ろめい》わづかに枯草《こそう》の身にかゝりて候」とあるように、唯円房も老衰に及んで、はかないいのちを抱えている身である。いのちのある間は申し聞かすこともできるが、閉眼の後は聞かすべき途《みち》もない。そのときにあたって法門《ほうもん》の乱れを何によって維持すべきかは唯円房に課《か》せられた問題でありました。ここに『歎異鈔』を作り、特に「聖人のおほせ」の条々《じょうじょう》を書きつらねて、後に来る者への証権とせられたのであります。ここに厳護法城《ごんごほうじょう》の尊い唯円房の精神が読みとれるのであります。まことに「法門の異なることなからんために泣く泣く筆を染め」られた唯円房の念願を汲み取ることこそ『歎異鈔』拝読の我らの心すべき要点であると思われます。

しかし「聖人のおほせ」も、聞持《もんじ》の人々によってはあるいは同聴《どうちょう》異聞《いもん》の人もあるでありましょう。かかる人々によって、正統なる人もあるいは「言ひ惑《まど》はさるること」もできてくるでしょう。唯円房はここに思いを致して「言ひまよはされなんどせらるゝ」ときは「故聖人（親鸞）の御《おん》心にあひかなひて御《おん》もちひ候御聖教《おんしょうぎょう》どもをよくよく御覧候べし」と附言せずにおられなかったのであろうと思われます。実に行き届いた指示であります。その上に聖教依用の態度についても「権実真仮ともにあひまじは」っているから、聖人のごとく廃立《はいりゅう》を明徴《めいちょう》にして、「権をすてて実をとり、仮をさしおいて真を取れ」と示し、聖教を見誤ることなきよう注意しています。一文《いちもん》をかすめとって自解《じげ》の証権として法門を乱すことのあることは、かの三業惑乱《さんごうわくらん》という歴史が物語っています。「聖教は句面《くめん》のごとく」心得《こころう》べきであるが聖人の指南によってこれを拝読すべきことを忘れてはなりません。

近時『歎異鈔』は多くの人々に読まれ、各自の見るところによって、その見解が発表せられています。しかし、その上に論述せられている思想信仰が、親鸞の名において語られてあるけれども、まったく宗祖親鸞聖人の仰せにあらざる旨が論述せられています。自見の覚語をもって当流の法義がしどけなきすがたになっています。二三の例を申すならば、谷口雅春《たにぐちまさはる》氏の『親鸞の本心』にしても林田茂雄《はやしだしげお》氏の『親鸞をけがす歎異鈔』にしても、服部之聰《はっとりしそう》氏の『親鸞ノート』にしても宗教的偉人としての親鸞聖人が、あるいは社会革命家の聖人となったり、単なる思想家となったり、仏教への反逆児となったりしていることは、まことに悲しむべきことであります。

親鸞聖人の弟子唯円房の、「閉眼ののちは、さこそしどけなきことどもにてさふらはんずらめと歎き存じさふらひて」とある言葉は、七百年前の唯円房一人の歎きでなく、今日の我らが上に三思三省《さんしさんせい》せしむべき大いなる「歎き」でなくてはならぬと思います。

第二十九講　歎異鈔を貫く精神

一　本文の分科

(イ)　大切の証文《しょうもん》ども、少々《しょうしょう》ぬきいでまゐらせさふらひて、目安《めやす》にして、この書にそへまゐらせて候《そうろう》なり。

(ロ)　聖人のつねの仰せには、「弥陀の五劫思惟《ごこうしゆい》の願《がん》をよくよく案《あん》ずれば、ひとへに親鸞一人《いちにん》がためなりけり。されぱそくばく（そこばく）の業《ごう》をもちける身《み》にてありけるを、たすけんとおぼしめしたちける本願のかたじけなさよ」と御述懐《ごじゅっかい》さふらひしことを、いままた案ずるに、善導《ぜんどう》の「自身はこれ現に罪悪生死《ざいあくしょうじ》の凡夫《ぼんぶ》、曠劫《こうごう》よりこのかた、つねにしづみつねに流転《るてん》して、出離《しゅつり》の縁あることなき身としれ」といふ金言《きんげん》に、少しもたがはせおはしまさず。されば、かたじけなく、わが御身《おんみ》にひきかけて、われらが身の罪悪のふかきことをもしらず、如来の御恩《ごおん》のたかきことをもしらずしてまよへるを、思ひしらせんがためにてさふらひけり。まことに如来の御恩といふことをば沙汰《さた》なくして、われもひとも、よしあしといふことをのみ申しあへり。

(ハ)　聖人の仰《おお》せには、「善悪のふたつ総《そう》じてもつて存知《ぞんじ》せざるなり。その故は、如来の御《おん》こゝろによしとおぼしめすほどにしりとほしたらばこそ、よきをしりたるにてもあらめ。如来のあしとおぼしめすほどにしりとほしたらばこそあしさをしりたるにてもあらめど、煩悩具足《ぐそく》の凡夫、火宅無常《かたくむじょう》の世界は、よろづのこと、みなもつてそらごとたはごと、まこと（実）あることなきに、たゞ念仏のみぞまことにておはします」とこそ仰せられさふらひしか。

二　本文の内容

右は、後述《こうじゅつ》（後序《こうじょ》）の第二節の文《もん》であります。本文をうかがう都合上(イ)(ロ)(ハ)と、この一節を三段に分けました。(イ)の一段は「大切の証文」を「目安」（箇条書き。目標）として、本鈔に添える旨《むね》を示されたものであり、(ロ)(ハ)の二段は、その「目安」として添えられた「大切の証文」二箇条であります。

従来この「目安」として添えられた「大切の証文」について、三つの見方があります。第一の見方は「大切の証文」とは初めに掲げられてある第一章より第十章にいたる箇条書きにされた「師訓《しくん》」十章だと見る見方であります。すなわち『歎異鈔』の本文は、異義批判された第十一章に始まる後半の八章だと見るときは、前半の「師訓」十章は「目安」として添えられた「大切の証文」だと見えるのであります。

第二の見方は「大切の証文」とはこの『歎異鈔』とは別に書き添えられたもので、その添えられた

「大切の証文」は、今日では散逸《さんいつ》して伝わっていないのだという見方であります。

第三の見方は「目安にして」添えた「大切の証文」とは次下《つぎしも》に掲げた「聖人のつねの仰せ」および「聖人の仰せ」の二箇条であるという見方であります。私《わたくし》は、この三説のなか、第三の説に従いたいと思います。

なぜ第三の説に従うかと申しますと、第一説の難点は『歎異鈔』は名のごとく異義批判の書でありましょう。したがって、第十一章より第十八章までがまさしく異義批判の本文であり、したがって前半の「師訓」(聖人の仰せ)十箇条は「大切の証文」として書き添えられたものとも見られもし、また考えられもしましょう。しかし、この見方を許しますと、これより以下に掲げられてある「聖人の仰せ」二箇条の処置に困るという難点があります。第二説の難点は、本鈔に添えられた「大切の証文」が散逸したのだという独断を許さなくてはなりません。かかる独断は差し控えるべきであります。こうした証拠のない独断の上に、更《さら》に第一説におけるごとく、次下に書かれている「師訓」(聖人の仰せ)二箇条が適当に処理されていない憾《うら》みが残るのであります。以上によりまして私は第三説に従っているのでありますす。

かくて、初めに掲げた後序の第二節の一段は『歎異鈔』の「目安」として本鈔に添えられた「大切の証文」二箇条を出されたものとうかがうのであります。したがって、ここに出されてある「大切の証文」二箇条は『歎異鈔』を貫く大精神を示すものであり、『歎異鈔』を見る「目安」を示すものでありま す。したがって、ここに出されている「聖人の仰せ」は、宗祖聖人の「真信《しんしん》」(大精神)を伝えたものであり、やがてこの「真信」は『歎異鈔』一巻を貫く大精神そのものであると見えるのであります。「聖人の仰せ」二箇条のなか、第一条は罪悪救済の信念を示すものであり、後者は善悪超過《ちょうか》の念仏の真実義を明らかにされたものであります。

三　法　味

まず罪悪救済の信念を表白《ひょうびゃく》された聖人の常の仰せを拝読しますと、この表白はまったく二種の深信《じんしん》のほかなきことがうかがえるのであります。すなわち文面に見える「弥陀の五劫思惟《ごこうしゆい》の願をよくよく案ずれば」とは「法《ほう》の深信」であり、「ひとへに親鸞一人《いちにん》がためなりけり」とは「機《き》の深信」であります。更《さら》に「そくばくの業をもちける身《み》にてありけるを」とは「機の深信」であり「たすけんとおぼしめしたちける本願のかたじけなさよ」とは「法の深信」であります。そこで『歎異鈔』の作者は、善導大師《ぜんどうだいし》の二種深信の文《もん》にこの言葉を会合《えごう》して「今また案ずるに、善導の「自身はこれ現に罪悪生死の凡夫、曠劫《こうごう》よりこのかた、つねにしづみつねに流転して、出離の縁あることなき身としれ」といふ金言に、すこしもたがはせおはしまさず」と述べています。わが身の罪悪の深きほどを信知《しんち》し、如来のご恩の高きことを信知するほかに真宗の信仰はありません。まことに『歎異鈔』の「目安」として二種深信を点出《てんしゅつ》せられたことは意義深いものがあります。まことに第一章に「弥陀の本願には老少善悪の人を簡《えら》ばれず、たゞ信心を要《よう》とすと知るべし」とある文と呼応するものであります。かくてこの二種深信は、如来よりたまわる如来廻向《えこう》の信心であります。しかるに、我も人も、その如来のご恩ということをばさしおいて、人間世界の善し悪しの判断下に引き下ろして本願を沙汰《さた》しているところに機の躓《つまず》きがあるのであります。

四　善悪の問題

仏教は内観《ないかん》の道であります。仏教以外の教えを外道《げどう》と言います。外道の思想は、神も、天国も、地獄も、幸福も、災禍《さいか》をも、その支配者を外に見てゆく考え方です。仏教では神が人間を作ったとは見ません。業《ごう》の所感《しょかん》と教えます。地獄も私が作ったもので、他の造ったものと言いません。私があって如来の五劫《ごこう》の思惟《しゆい》も始まったのであります。だから問題は、結果の苦楽にあるのでなく、地獄を造るか極楽を作るかの原因の善悪業にあります。人生の問題は善悪の問題であります。孟子《もうし》は人の性《しょう》は善なりと言い、荀子《じゅんし》は人の性は悪なりと言いました。老子《ろうし》は人の性は不善不悪の無記《むき》であるとも述べています。仏教には『涅槃経《ねはんぎょう》』のごとく「一切衆生悉有仏性《いっさいしゅじょうしつうぶっしょう》」と説く性善説《せいぜんせつ》もあれば、親鸞聖人のごとく「凡夫《ぼんぶ》はもとよりあしきものと思ふべし」という性悪説《せいあくせつ》もあります。ともかくも、善悪にとらわれて悩むところに人間苦があるようであります。本能と理性、義理と人情、身《み》と心、その板挟《いたばさ》みとなって悩むのが人間でありましょうか。自殺ということが人間だけにあって犬畜生《ちくしょう》にない所以《ゆえん》は、彼らには理性がないからであります。したがって、人間のような苦悩もありません。家のジョン猫と隣のメリー猫とが相思相愛であったが添い遂げられぬと言って心中したという話は聞いたことがありません。しかし人間の世界にはこれがあります。しかし宗祖は「善悪の二つ総じてもつて存知《ぞんじ》せざるなり」と申される。これはどういう意味でありましょうか。宗祖とても善悪の沙汰はせられたでありましょう。して見ると「総じてもつて存知せざるなり」と申されたことは、善悪の沙汰はしないということでなくして、善悪の沙汰はしても、その善悪に確定性がないということでありましょう。善悪の沙汰を常にしているが、その善悪は各自の心身の状態でその判断は不確定である。照る日と曇る日とで善悪の判断は一定しない。気まぐれである。かかる気まぐれの判断をもって本願海《ほんがんかい》を沙汰してはならぬということでありましょう。本願海は不確定なものでない。確定した金剛不壊《こんごうふえ》の世界である。その確定性を知らずして不確定な人間世界の善悪判断をもってこれを論ずることは本来なすべからざることをなしているのである。なすべからざることをなしてはならない。これが宗祖の立場と思われます。「善悪の二つ総じてもつて存知せざるなり」とは人間世上《せじょう》に沙汰する善悪はともに不確定であることを示されたのでありましょう。不確定なるものは、虚《こ》仮不実《けふじつ》であります。このことを「そらごと、たはごとまことあることなし」と道破《どうは》せられたものと思われます。

如来界の因果《いんが》は人間理性を超えたものであります。人間と如来とは本来次元が異なるものであります。次元の異なるものなる故に、人間の理性判断の善悪は、如来界の上には及ばないのであります。「まことに如来の御恩ということをば沙汰せずして我も人もよしあしといふことのみ申しあへ」ることは誤りであります。この誤りを示して「如来の御恩」如来のしろしめす世界に引入《いんにゅう》せしめんとし給うのが聖人の慈念《じねん》であります。「善悪の二つ総じてもつて存知せざるなり」とは我らの沙汰している善悪の不確定性とその虚仮不実性とを示すものです。しかるに、我も人もよしあしということのみ沙汰して「そらごと」をのみ申し合《お》うているのであります。まことに火宅無常《かたくむじょう》の世界に煩悩具足《ぐそく》の凡夫は、そらごとたわごとまことあることなき虚仮不実のほかなきものであります。この虚仮不実の「愚《ぐ》」の自覚、「愚」と知らしめられるところに「念仏のみぞまことにておはします」という真実なる本願に遇《あ》いまつるのであります。

虚仮不実なる善悪差別《しゃべつ》の世界と清浄《しょうじょう》真実なる善悪平等の世界との交差点において、清浄の信心が恵まれるのであります。そこにあらわれるものが「あさましあさまし」という「愚」の自覚でありましょう。聖道《しょうどう》の道は「智《ち》をみがいて仏となる」のです。浄土の教えは「愚にかえりて本願を仰《あお》ぐ」のです。この「愚」にかえるところに浄土教の本領《ほんりょう》があります。「そくばくの業をもちける身《み》にてありける」という「罪」の信知《しんち》は、同時に「愚」の信知と表裏をなすものであります。

　ゆくさきを　おのが心に　とはずして
　　まづみ仏に　たづねまつれよ

とは、足利義山和上《あしかがぎざんわじょう》のお歌と聞き及んでいますが「おのが心に問ふ」かぎり、善悪差別の世界において解決を求めんとする誤りを冒《おか》すのであります。「おのが心に問はぬ」身となって初めて「愚」の自覚があらわれます。「愚」と知らしめられます。かくて、知らしむるものは如来の智慧海《ちえかい》であります。「愚」の自覚とは世間で言う「愚者」とはちがうのであります。「八万の法蔵《ほうぞう》を知るといふとも、後世《ごせ》を知らざる人を愚者とす。たとひ一文不知《いちもんふち》の尼入道《あまにゅうどう》なりといふとも、後世を知るを智者《ちしゃ》とす」。世間知はあっても後世をあきらむる智なき者を「愚者」と言われるのであります。この「愚」の自覚において「後世」を知らしめられたものが「智者」であり、それは如来智《にょらいち》のなし給うところであります。後世を知るは、如来智の恵まれたことをあらわしています。如来智の恵まれるとき、一文不知の尼入道が智者と転ずるのであります。

「総じてもつて存知せざるなり」という表現は、『歎異鈔』では二ヶ所出ております。何《いず》れも聖人のお言葉として点出《てんしゅつ》せられているのであります。

一つは本鈔第二章に出ている「念仏はまことに浄土に生まるゝたねにてやはんべらん、また地獄におつべき業にてやはんべるらん、総じてもつて存知せざるなり」の句であり、他の一つは今の「善悪の二つ総じてもつて存知せざるなり」の句であります。

両者ともに重要なる所に出ています。しかしともに聖人が「愚禿親鸞《ぐとくしんらん》」と自《みずか》らのたまいし「愚禿のこころ」をあらわすのであります。まったく『執持鈔《しゅうじしょう》』にあるごとく「ワレトシテ　浄土ヘマイルベシトモ　マタ地獄ヘユクベシトモ　サダムベカラズ」「善悪ノ生所《しょうしょ》　ワタクシノ定ムルトコロニアラズ」という旨《むね》を示すもので、如来の定めましましたる大地《だいち》に心を樹《た》て給いし聖人が、愚にかえって法を仰がれているその信境《しんきょう》を、浮き彫りのごとく点出せられている表現であります。

また「親鸞一人《いちにん》がため」という「一人」は、量的な衆生中の一人でなく、一切衆生の業苦《ごうく》を代表する質的な「一人」であります。したがって親鸞聖人の救いは、一切衆生の救いであります。しかもそれが「そくばくの業をもちける身」と申されるところに「罪業繋縛《ざいごうけばく》の身《み》」を感ぜしめるものがあります。「身」という字は「肉体」を思わしめられます。この肉体に具《そな》えている必然的な約束、食欲・色欲・財欲・名欲《みょうよく》・睡眠欲は肉体の果つる日まで消滅《しょうげん》せぬ約束にくくられています。この消滅せぬ約束下にあるものが、この煩悩を断《だん》ぜずして涅槃を得しむる如来の約束下にあったことを知らしめられた聖人の喜びが、「そくばくの業をもちける身にてありけるを、たすけんとおぼしめしたちける本願のかたじけなさよ」と表されたものでありましょう。

宗教は多く「心の問題」と言われています。しかし「身《み》」を離れて「心」はなく、「心」に伴う「身」の救いでなくては真実の宗教とは言われません。「そくばくの業をもちける身」の唯一の救済法として本願の道を歩んでゆかれたところに親鸞聖人の道があります。されば著者唯円房は「わが御身にひきかけて、われらが身の罪悪の深きことをも知らず、如来の御恩の高きことをも知らずして迷へるを、思ひ知らせんが為《ため》にてさふらひけり」と述べているのであります。まず「身のほどを知」りて「如来の御恩を仰《あお》ぐ」こと、ここに本願の一道《いちどう》があります。この旨を示し給うたものが、「大切の証文」として掲げられた師の仰せの二箇条でありましょう。

思えば「身」という文字が『歎異鈔』にはたびたび出ていることが知られます。一、二を摘《ひろ》うて見ますと

(イ) いづれの行《ぎょう》もおよびがたき身。
(ロ) 愚身の信心。
(ハ) この身の器量《きりょう》。
(ニ) かゝるあさましき身。
(ホ) 身にそなへざらん悪業。
(ヘ) 罪業の身。

(ト) 煩悩具足の身
(チ) この身をもつてさとりひらくと候なる人
(リ) そくばくの業をもちける身
(ヌ) 出離《しゅつり》の縁なき身と知れ
(ル) わが御身にひきかけて
(ヲ) われらが身の

等と、我らは「あさましき罪業の身」であり「いづれの行もおよびがたき身」であり「出離の縁なき身」であること、この身は宿業《しゅくごう》の鉄鎖《てっさ》にくくられていること、したがって意志の自由など望むべくもないこと、菩提《ぼだい》とは反対の煩悩のみ具足せる凡夫《ぼんぶ》の身であること、かかる身が問題として取り上げられてあります。その煩悩具足の身において、煩悩を肯定して善悪を沙汰していることは愚の骨頂《こっちょう》であります。その「愚」を敢えてなしているところに人間の錯誤があります。しかし、その錯誤が人間の肉体そのものであり、その肉体の場において、たすけんとおぼし召《め》し立ちける本願を感知せられたのが宗祖の真信であったのであります。それが愚禿親鸞の信仰でありました。いわゆる「愚身《ぐしん》の信心」であったのです。「総じてもつて存知せざる」立場において領受《りょうじゅ》せられた信仰でありました。こうしたことがこの末尾に記された「師の仰《おお》せ」二箇条において特に示されてあるようにうかがえるのであります。

第三十講　歎異鈔の結び

一　本文の分科

(イ)　まことに、われもひとも、そらごとをのみ申しあひ候《そうろう》なかに、ひとついたましきことの候なり。その故は念仏まうすについて、信心のおもむきをもたがひに問答《もんどう》し、ひとにもいひきかするとき、ひとのくちをふさぎ、相論《そうろん》をたゝんがために、まつたく仰《おお》せにてなきことをも仰せとのみ申すこと、あさましく、なげき存じ候なり。このむねをよくよく思《おも》ひとき、こゝろえらるべきことにて候なり。

(ロ)　これさらにわたくしのことばにあらずといへども、経釈《きょうしゃく》のゆくぢ（行く路）もしらず、法文《ほうもん》の浅深《せんじん》をこゝろえわけたることもさふらはねば、さだめてをかしきことにてこそさふらはめども、古《こ》（故）親鸞の仰せごとさふらひしおもむき、百分が一《ひとつ》、かたはしばかりをも、思ひいでまゐらせて、かきつけ候なり。

(ハ)　かなしきかなや、さいはひに念仏しながら、直《ただち》に報土《ほうど》にむ（生）まれずして、辺地《へんじ》にやどをとらんこと。一室《いっしつ》の行者《ぎょうじゃ》のなかに、信心異なることなからんために、なくなく筆をそめてこれをしるす。なづけて『歎異鈔』といふべし。外見《がいけん》あるべからず。

二　本文大意

以上の一段は『歎異鈔』後述《こうじゅつ》（後序《こうじょ》）の第三節の文《もん》で、いわゆる「結びの言葉」とも言うべき文《もん》であります。著者唯円房は本文《ほんもん》に師訓《しくん》を十箇条、歎異八箇条を書きつらね、後述（後序）において㈠「信心一異《いちい》の判定とその証権《しょうけん》」を示し㈡更《さら》に「大切の証文《しょうもん》」として、親鸞聖人の仰せ「二箇条」を書き添えて、いまや本鈔を、いよいよ㈢結び上げることになったのであります。右に掲げた本文はその結文《けつもん》の一段であります。

この結文の一段をしばらく本文に示したごとく(イ)(ロ)(ハ)の三節に分けて、その趣意《しゅい》をうかがうことにいたします。

(イ)の一節は問答のときに争論にとどめを刺さんとして、更に勝他《しょうた》の心にひかれて聖人の仰《おお》せにないことを聖人はかく仰せられたと虚言を申すことによって聖人の真意が誤られてゆくことを注意し、これは情けないことであると示された一節であります。

(ロ)の一節は『歎異鈔』に書きつけた各条文は、まったく私心《ししん》のないもので、また根拠のない勝手な言葉でなく、聖人の仰せであることを証明せられた一節であります。

(ハ)の一節は、本鈔述作《じゅっさく》の動機は一室の行者の上に信心において相違なかれよかしという一念にもとづくもので他意あるものでない。されば本鈔を『歎異鈔』と名づける。これは人に見せずに各々の用心《ようじん》としてほしい(外見あるべからす)と結ばれた一節であります。

三　述作の意趣

以上の三節の内容を、(一)妄語《もうご》の警策《けいさく》、(二)更に私《わたくし》なし、(三)歎異の意旨《いし》、と題して著者の心を明らかにしたいと思います。

(一)　妄語の警策

著者は本鈔の末尾において「まことに、われもひとも、そらごとをのみ申しあひ候なかに、ひとついたましきことの候なり」と書き出して「念仏まうすについて、信心のおもむきをもたがひに問答し、ひとにもいひきかするとき、ひとのくちをふさぎ相論をたゝんがために、まつたく仰せにてなきことをも、仰せとのみ申すこと、あさましく、なげき存じ候なり」と、聖人の仰せにもなきことを「聖人の仰せ」と虚妄《こもう》を申し立つることはいたましいことである、情けないことである、悲しいことである、嘆かわしいことである、と悲歎しているのであります。この点をよくよく反省し、考えていただきたいと注意を与えているのであります。

本願の心を知らしていただく上に、そら言《ごと》であり徒言《いたずらごと》である善し悪しの沙汰《さた》をしている。かかるそら言、むだ言のまちがいであることは言うまでもないことであるが、どう思うても情けない嘆かわしいことは、虚妄を申すことである。これが信心の異義の出てくる大きな根元ともなっている。私どもは不実の世界におるのであるから時によると不簡善悪《ふけんぜんまく》の法を善悪差別《しゃべつ》の尺度で割り切ろうとして、むだな努力をすることもある。それは時にはやむを得ないこととも言いうるかも知れぬが、時に念仏の信心について互いに法義《ほうぎ》の沙汰をし、自然に議論にもなる場合に、人の口を塞《ふさ》いで争論をなくしようと、聖人の言われぬことを聖人がこう言われたと虚妄を申し立つることはよくよく思い分け、反省してほしい悲しいことである。なげかわしいことである、と申されるのであります。

真実に生きようという強い要求を持つ者こそ、いよいよ不真実なわが身《み》、わが心、わが世界が感ぜられてきます。こういう真実を求むる人々が、どうせこの世はそらごと、たわごと、まことあることがないのだと捨て鉢《ばち》になってはなりません。真実を慕《した》う者は、この世はそらごとたわごとまことあることなきを知らされるにつけて、いよいよ真実を求むべきであります。ごまかす人は真実を愛する人ではありません。その真実を求むる上についで異論が生まれる。そのときに「聖人の仰せにてなきことをも仰せ」であると主張する人々はときには勝他《しょうた》の心にひかれて虚妄を申し立つるのでしょう。あるときには自分は不正を言っているのであると意識せずして「仰せ」にあらざることを「仰せ」と言うている場合もありましょう。しかしその主張のなかには、多分に自分勝手な解釈が入り込んでいることに気づかない。それが情けない、嘆かわしいことであると唯円は言うのであります。その点をよくよく思い解《と》き、心得てほしいというのであります。ここに「聖人の仰せ」つまり聖人のお言葉というものが非常に大切に取り扱われていることを注意しなくてはならぬと思います。つまり、行為の正不《せいふ》ということを言葉の正不によって代表しているという点であります。何故《なにゆえ》にそれほどまで言葉を問題にせられたのでありましょうか。

世間では「言うは易《やす》く行うは難《かた》し」と言われて、言葉より行動が重んぜられています。そこで「不言《ふげん》実行《じっこう》」ということが大切であるように言われます。しかし本当の意味では「行うは易く言うは難し」なのでないでしょうか。「まことの言葉」を言う、本当の言葉を見出すことは難中の難であると思うのであります。言葉は心の通《かよ》う路《みち》と申されています。百の実行より、まことの愛の言葉一つで心は充たされるのであります。唯円房が「聖人の仰せ」と言っている聖人の言葉は、そのまま大慈悲の言葉であったからでしょう。さればこそ「聖人の仰せ」はそのまま「弥陀の金言《きんげん》」としての権威を感じたのであろうと思います。「形を見れば法然、言葉をきけば弥陀の直説《じきせつ》」と法然上人を慕《した》われた風格はそのまま親鸞聖人のすがたであったと思われます。

「不言実行」も一面の真理であるけれども、他の一面においては言葉は行動以上に重んぜらるべきでしょう。殴《なぐ》りあいの喧嘩《けんか》の起こる場合でも初めから殴りあいは起こりません。ああ言った、こう言ったの末に起こるのであります。行動は末の末であります。行動の持つ根元が口の利《き》きようにあるのであります。足を踏んだ場合に「やいこら」と言われても「すみません」と言えば喧嘩にはなりません。「まあそう怒るな、混雑中だ、お互いじゃないか」と言うとおさまらなくなる。「病は口より入《い》り、禍《わざわい》は口より出《い》ず」と言われていますが、大抵《たいてい》のことは口の利きようであります。腹が立っても口で言わなかったら何時《いつ》か和解のときもあります。一度口に出したら言うた本人はスッとするかも知れませんが、言われた相手の腹のなかでは生涯忘れられない。ここに釈尊が無財《むざい》の七施《しちせ》のなかにも和顔愛語《わげんあいご》を説かれていることは意味深いことであります。

仲良く暮らす秘訣《ひけつ》を「腹の立つとき、口を開く前に一つ二つとゆっくり十遍数えてものを言え」と教えられて、その効果をあらわした人があります。腹の立ったとき、すぐものを言えば相手も不快になる。十遍数えている間には、分別《ふんべつ》ができて、同じ言葉でもおだやかになる。すると相手も反省する。とういう仲良く暮らすようになったということであります。数を数えても効《き》き目があるのです。いわんやお念仏を申せば更に効き目があるでしょう。それは言葉は心を伝える有力な道具であるからであります。心の真実が言葉となってあらわれて行動ともなるのであります。浄土真宗を、このような点からいただくと言葉の宗教といただけます。南無《なも》阿弥陀仏という言葉の宗教であります。法蔵《ほうぞう》菩薩は「やすくとなへたもちやすき」名号《みょうごう》を案《あん》じ出《い》だして下さったのであります。それは言葉によって如来の心をあらわして下されたとうかがえます。

仏教のなかにも行動を主とする宗教もありますが、わが浄土の教えは言葉を主とする宗教であります。そこで念仏の信心についても、誓願《せいがん》と名号《みょうごう》とを別々にしたり、念仏を行動の規定と見たり、念仏のほかに仏を求めたりすることを『歎異鈔』ではきらっているのであります。念仏する人々が、接触する人々の間に和《なご》やかな空気を作ってゆくことが念仏申しあう人々に与えられた実践でありましょう。これがやがて世界の平和運動の推進に参加することともなるのであります。

(二) 更に私なし

次に、本鈔の作者は「これさらにわたくしのことばにあらずといへども、経釈のゆくぢもしらず、法《ほう》文《もん》の浅深《せんじん》をこゝろえわけたることもさふらはねば、さだめてをかしきことにてこそさふらはめども、古親鸞の仰せごとさふらひしおもむき、百分が一《ひとつ》、かたはしばかりをも、思ひいでまゐらせて、かきつけ候なり」と編輯《へんしゅう》の意趣《いしゅ》を述べています。

まず「これ更に私《わたくし》の言葉にあらず」とは、個人的の意見を申したのでないということであります。私唯円は、別に経釈の義理《ぎり》をわきまえてもおらず、法門《ほうもん》の深き道理を心得てもいないのであるから、つじつまの合わぬおかしい所もあるにちがいないけれども、まったく自見《じけん》の覚語《かくご》をもって書いたものでなく、師の聖人より承《うけたまわ》った「仰せ」のほんの一部分の思い出を書き綴《つづ》ったものであるから、どうかこれを聞き流すことなく、証権《しょうけん》として用いていただきたい、と断《ことわ》り書きをせられた一節であります。

思うに今日七百年を隔てて直接に聖人の仰せ言《ごと》を聞きうることは、まったく『歎異鈔』のお蔭《かげ》であります。聖人の著述や消息《しょうそく》は数多く残されているのでありますが、聖人の対人間《たいじんかん》における他力の本願の意趣《いしゅ》を語られた「おほせごと」を伝えているものは『歎異鈔』だけであります。ご著述に顕《あらわ》れた聖人の思想信仰が「おほせ」として伝えられているところに、最も具体的に聖人の思想信仰を味読《みどく》しうるのは、まったく『歎異鈔』のお蔭《かげ》であります。『教行信証《きょうぎょうしんしょう》』に「慶《よろこ》ばしいかな愚禿釈《ぐとくしゃく》の親鸞、心を弘誓《ぐぜい》の仏地《ぶつじ》に樹《た》て、念《ねん》を難思《なんじ》の法海《ほうかい》に流す云々《うんぬん》」とあるお言葉も「そくばくの業《ごう》をもちける身《み》にてありけるをたすけんと思《おぼ》し召《め》し立ちける本願のかたじけなさよ」とある言葉を通して味わわせていただくとき、法界《ほっかい》に遊び給う聖人が現実の聖人となって私に示して下さるお言葉として頂戴《ちょうだい》しうることなどはその一例であります。ただひとえに聖人の「おほせ」に導かれ、更にその「おほせ」を今日に伝えられた『歎異鈔』は、聖人の思想信仰を直接的に知らせて下さる不易《ふえき》の名著であります。

それは万人の心の糧《かて》として永遠に念仏者の指針となることであろうと思います。著者唯円が「これさらに私のことばにあらず」まったく聖人の仰せ言を綴れるものと「編輯《へんしゅう》の意趣」を明らかにせられているところは、著者のゆかしい道念《どうねん》と無私なる師教随順《しきょうずいじゅん》の風格をあらわしてあまりあるものがあります。そこには師弟一味《いちみ》の本願道《ほんがんどう》が躍如《やくじょ》として輝いているのであります。

(三) 歎異の意旨

最後の一節は「歎異の意旨」を述べられたのであります。それは一面歎異の意味を述べられたものと申されます。本文を見ますと「さいはひに念仏しながら直《ただち》に報土《ほうど》に生まれずして辺地《へんじ》に宿をとらんこと」悲しきことである。一室の行者のなかで「信心異なることなき」よう、そのために泣く泣く筆をそめたのである。だから本鈔を『歎異鈔』と名づけましょう。「外見《がいけん》あるべからず」、人に見せずに自らの用心としてほしいと結んでいるのであります。

この結文を見るときに、唯円房の悲嘆の涙がとめどもなく流れていることを感じます。全章に、一字一涙《いちるい》の文字がちりばめられているのであります。全篇を貫く歎異の涙は、遠く願心海《がんしんかい》より流されているようでもあります。

「さいはひに念仏しながら」とか「一室の行者のなかに」とか言われている言葉は、念仏停止《ちょうじ》の鞭《むち》を受けつつも伝持《でんじ》せられた尊い他力の念仏の法、そのお念仏に遇《あ》えることはまことに「さいわい」であることを示しています。その「さいわい」を享受した「一室の行者」である者は、専修《せんじゅ》念仏の同志でもあります。その同志のなかにおいてなおお自力の執心《しゅうしん》に滞《とどこお》って「辺地の往生」すなわち浄土によし往生しえても、なお浄土のたのしみを全面的に享受できない結果を招来するようではまったく大利《だいり》を失うものでありましょう。更《さら》に形は念仏者のすがたをとりつつも、念仏の信心において異なる信心に住《じゅう》するとせば、まことに悲しいことであります。念仏の仲間に這入《はい》らない人々においては、さほどには感じない。キリスト教の人々や天理教や新興宗教の人々が同一の信仰に立たないことは、しばらく恕《じょ》するとしても、仏教者の仲間入りをさしていただいたにもかかわらず、一直線（直《ただち》に）真実の心の親里《おやざと》へ参らせていただかないで、頂《いただ》き心《ごころ》に自力心《じりきしん》（自己流）が混入して辺地という方便《ほうべん》の浄土に、一時的にもせよ留まらねばならぬということは堪《た》えがたい悲しみであります。同じく聖人の弟子であり、または孫弟子である者が、聖人の一流《いちりゅう》を汲んでゆく上に膝をまじえて聴聞《ちょうもん》し、口を揃《そろ》えて念仏する者が、信心の頂きようが別々であるために行く先がちがうということは情けないことであります。

「泣く泣く筆をそめてこれをしるす」

ここに唯円房は悲嘆の涙を落とされたのであります。一室の行者の上にかくまでの涙をなぜ落とされたのであるかと申しますと、求道《ぐどう》の生活においては、「浮生《ふしょう》の交衆《きょうしゅ》」すなわち、単なる浮世《うきよ》の交りというものは意味のないものとなります。かくて一度念仏の道に進める者は、念仏申す人がなつかしいのであります。

うつせみの　身のしたしみも　ことさらに
ほとけの道の　友にしあれば

と、ある道人《どうじん》が詠《よ》んでいるように、また孔子《こうし》が

「朋《とも》あり遠方より来《きた》る、また楽しからずや」

と言っているように、何とも言えぬ心のつながりを感ずるのであります。志《こころざし》を一《いつ》にしない者は、薄紙《うすがみ》を一枚隔《へだ》ててのお世辞の交際しかできません。念仏者の同志は、ある共感の世界に遊べるもののようであります。心と心とがある点で通ずるのであります。「一室の行者」には、そうした独特の香り、響きというものがあるはずであります。しかるにその反面「信心異なる」ということになれば、その共感は求むべくもありません。このように念仏の同志における嘆きは無宗教の人、異宗教の人に対して感ずることのできない深い歎きであります。せめてもこの仲間の人々なりとも一つの道に結ばれたいという悲願があります。ここに唯円房の「泣く泣く筆をそめ」られた所以《ゆえん》があるようであります。念仏の法を聞く仲間は、どうか、ほんとうの道に一緒に進みたいものであるという願い、唯円房の歎きはここにあるようであります。それは今日の真宗教団に対する念仏者の歎きでもありましょう。

「なづけて歎異鈔といふべし。外見あるべからず」と筆をとめています。ここに唯円房は、本鈔を『歎異鈔』と名づくべき旨《むね》と、この本は人に見せずに念仏者の用心としてほしい気持ちを「外見あるべからず」と結ばれたように味わわれます。

以上で本鈔の本文は一段落ついたのでありますが、最後に本鈔には承元《じょうげん》の法難《ほうなん》の記録が附録の形でつけられています。現存の古写本のなかで最も古いとせられている蓮如上人親筆本《しんぴつぼん》や永正本《えいしょうぼん》（端坊《はしのぼう》旧蔵）には、この附録の文は載せられていますが、龍谷大学図書館の室町末期書写本や大谷大学蔵室町末期の写本、専精寺《せんしょうじ》蔵本等にはこの附録の文は載せられていないのであります。

そこである学者は本文の一部分と見ないで、本文は「外見あるべからず」で終っていると考えていられます。穏当な考え方であると思います。そこで「承元の法難」の記事は附録（後人の附記）として扱うことにします。しかしこれは、香月院深励《こうがついんじんれい》師の説のように何ら本文に関係のないものであるとは断定できないと思います。古来、書中の人物の伝記・系譜等を巻子本《かんすぼん》の裡《うち》や、冊子《さっし》の奥などに備忘《びぼう》的に書きしるす風習は珍しくないのであります。この附記（附録）については、次にその所見を述べたいと思います。

第三十一講　承元《じょうげん》の法難《ほうなん》

本文

後鳥羽院《ごとばいん》の御宇《ぎょう》、法然聖人他力本願念仏宗《たりきほんがんねんぶつしゅう》を興行《こうぎょう》す。時に興福寺僧侶《こうぶくじのそうりょ》、敵奏《てきそう》の上、御弟子《おんでし》のうち狼藉子細《ろうぜきしさい》あるよし無実の風聞《ふうぶん》によりて罪科《ざいか》に処《しょ》せらる、人数《にんじゅ》の事。

一　法然聖人ならびに御弟子《おんでし》七人流罪《るざい》。また御弟子四人死罪におこなはる、なり。

聖人は土佐国《とさのくに》幡多《はた》といふ所へ流罪。罪名藤井元彦《ざいめいふじいもとひこ》男《おのこ》云々《うんぬん》。生年《しょうねん》七十六歳なり。

親鸞は越後国《えちごのくに》、罪名藤井善信《ふじいよしざね》云々。生年三十五歳なり。

浄聞房《じょうもんぼう》、備後国《びんごのくに》。澄西禅光房《ちょうさいぜんこうぼう》、伯耆国《ほうきのくに》。好覚房《こうかくぼう》、伊豆国《いずのくに》。行空法本房《ぎょうくうほうほんぼう》、佐渡国《さどのくに》。幸西成覚房《こうさいじょうかくぼう》・善慧房《ぜんねぼう》二人、同遠流《どうおんる》にさだまる。しかるに無動寺《むどうじ》の善題大僧正《ぜんだいだいそうじょう》これを申しあづかると云々。

遠流《おんる》の人々已上《いじょう》八人なりと云々。

死罪に行はる、人々。

一番、西意善綽房《さいいぜんしゃくぼう》。

二番、性願房《しょうがんぼう》。

三番、住蓮房《じゅうれんぼう》。

四番、安楽房《あんらくぼう》。

二位法印尊長《にいのほういんそんちょう》の沙汰《さた》なり。

親鸞、僧儀《そうぎ》を改めて俗名《ぞくみょう》を賜《たま》ふ。よって僧に非ず俗に非ず。しかる間《あいだ》、禿《とく》の字を以て姓《しょう》と為《な》して奏聞《そうもん》を経《へ》られ了《おわ》んぬ。かの御申《おんもう》し状《じょう》、今に外記庁《げきのちょう》に納まると云々。流罪以後愚禿《ぐとく》親鸞と書かしめたまふなり。


右この聖教《しょうぎょう》は、当流大事《とうりゅうだいじ》の聖教となすなり。無宿善《むしゅくぜん》の機《き》に於《お》いては左右《さう》なくこれを許すべからざるものなり。

釈《しゃく》蓮如　御判《ごはん》

この文は『歎異鈔』の附録（附記）と見るべきものであります。この文《もん》の最後の二行の文は蓮如上人の奥書《おくがき》であります。蓮如上人が六十五歳の頃、親筆《しんぴつ》をもって書写せられたとき、この奥書を施《ほどこ》されたのであります。『歎異鈔』の講義のなかにはまったくこの附録および奥書を省《はぶ》いたものもあります。それは町版《まちはん》の『歎異鈔』のなかにはこの附録奥書を省いてあるからであります。思うにこの附録の文は、本

文述作後《じゅっさく》に、親鸞聖人の伝記に関する重要なる記事として書きつけられたものかと想像せられます。

何故《なにゆえ》にこの附録の文《もん》を載《の》せられたかについては、にわかに断定できませんが、従来、師資《しし》（師匠と弟子）の相承《そうじょう》の一轍《いってつ》なることを明らかにするためであろうと申されています。

今日多くの人々は法然上人は浄土宗を開き、親鸞聖人は浄土真宗を開いたと思い、一般の歴史にもさように書かれてもいます。しかし、親鸞聖人という方は立教開宗《りっきょうかいしゅう》の意図を持たれなかったのであります。

智慧光《ちえこう》のちからより　本師源空《ほんじげんくう》あらはれて
浄土真宗をひらきつゝ　選択《せんじゃく》本願のべたまふ

とあるように、浄土真宗を開いた方は法然上人である。私《わたくし》親鸞は、ただその浄土真宗を信じているのみである。というのが聖人の態度でありました。しかるに、本願寺三代目の覚如《かくにょ》上人が「当流《とうりゅう》（親鸞）聖人の一義《いちぎ》には教行信証《きょうぎょうしんしょう》といへる一段《いちだん》の名目《みょうもく》をたて、一宗《いっしゅう》の規模《きぼ》としてこの宗（浄土真宗）をば開かれたるところなり」と親鸞聖人を開山《かいさん》の祖師であると強く打ち出され、外には聖道《しょうどう》諸宗に対し、内には他の浄土の諸宗に対して、一宗の名のりをあげられたときから聖人を「御開山《ごかいさん》」というようになったのであります。そこで真宗の門徒の人々は親鸞聖人を開祖とするのでありますが、親鸞聖人自身は法然上人を開祖とせられているのであります。

そこで覚如上人以来真宗教団が盛んとなるにつれて、浄土宗の方からは親鸞という方は架空の人物であるとか、あるいは法然の教えに叛《そむ》いた者であるとか申して、聖人を抹殺《まっさつ》せんとせられたのであります。しかし近代、実証的歴史学の発達によって、かかる説は通用しなくなったのであります。そこで法然上人の「念仏為本《ねんぶついほん》」のみ教えと親鸞聖人の「信心為本《しんじんいほん》」のみ教えとは相違するものでなくして両者の間には同一念仏の信心が貫いていることがいよいよ明瞭となりました。真宗において法然上人を元祖と仰ぎ、親鸞聖人を高祖《こうそ》（開祖）と仰ぐのも師資一轍《ししいってつ》とうかがうからであります。

教義の上から申しますと、法然上人の教義と親鸞聖人の教義には左右《さゆう》がありますが、それは相違するものでなくて、開顕《かいけん》の左右なのであります。たとえば現生正定聚《げんしょうしょうじょうじゅ》であるとか、往生即成仏《おうじょうそくじょうぶつ》であるとかいうことは法然上人は申されなかった。しかし法然上人の念仏往生の本願の意《こころ》を開顕すると親鸞聖人のごとくなるのであります。これは教理の自然《じねん》の展開にすぎません。ここに聖人は、法然の開宗した浄土真宗の帰依者《きえしゃ》であり、讃仰者《さんごうしゃ》でましまます理由があるのであります。

南都《なんと》の念仏停止《ちょうじ》の奏上《そうじょう》によって法然上人がご流罪の身となられた。すなわち、当時の治安維持法に専修《せんじゅ》念仏の教団は問われ処刑せられたのであります。その処刑においては教団の柱石《ちゅうせき》であった弟子達も処刑せられたのであります。この附録の記事は、その処刑の事実を伝えたものであります。したがって、そこに載せられている人々は師匠と弟子と一轍であることを示すものであります。

いったいこの承元《じょうげん》の法難《ほうなん》のできた由来を尋《たず》ねると、かの法然上人が叡山黒谷《えいざんくろだに》を出て、洛東吉水《らくとうよしみず》に草庵《そうあん》を占めて専修念仏の教えのスタートを切られたのは承安《しょうあん》四年で、上人四十三歳のときであります。その頃は、さして教界《きょうかい》の注目を呼ばなかったのであろうと思います。ところが、時機《じき》に投《とう》じた専修《せんじゅ》念仏の法《ほう》門《もん》は風に草のなびくがごとく、十数年を出《い》でずして洛中・洛外、貴賤《きせん》・男女《なんにょ》を問わずこの法になびいたのであります。かくて目を上げて吉水の方を見直したときには、動かすことのできぬ一大勢力となっていたのであります。しかも上人のするどい選択《せんじゃく》の批判は諸行《しょぎょう》を選捨《せんしゃ》して念仏一行《いちぎょう》を取り、現世《げんぜ》のいのりを事《こと》とする読誦《どくじゅ》の行業《ぎょうごう》も雑行《ぞうぎょう》・雑修《ざっしゅ》と否定して、当時の南都北嶺《なんとほくれい》の諸宗派は思想的に否定せられるに至ったのであります。以上のように念仏一行にのみ一切を含むという考え方になりますと、聖道門《しょうどうもん》の人々から異論が百出《ひゃくしゅつ》するのは当然のことであります。かくて念仏の行者は社会の秩序までも破壊する不穏な者であると誤解せられるに至りました。かくて叡山三塔《さんとう》の僉議《せんぎ》ともなり、元久《げんきゅう》元年十一月七日には法然上人は起請文《きしょうもん》を山門《さんもん》（叡山）に送っていられるのであります。

「住持《じゅうじ》の三宝《さんぼう》、護法《ごほう》の善神《ぜんじん》の前に、誓って法然は諸宗を破謗《ひぼう》し、社会を不安に陥《おとしい》れるような行動をとるものではありません」という誓詞《せいし》を作って、弟子達に連署《れんしょ》せしめた七箇条の誓約を送っているのであります。

しかし一面、九条兼実《くじょうかねざね》公の要請によって念仏の要文《ようもん》を集められた『選択本願念仏集《せんじゃくほんがんねんぶつしゅう》』が部外の人達に洩《も》れ読まれるに至って、猛然たる批判が上人の上に集まったのであります。それは諸行否定の専修念仏があまりにも高調《こうちょう》されていたからであります。そのなかでも、明恵《みょうえ》上人の『選択集中摧邪輪《せんじゃくしゅうちゅうざいじゃりん》』三巻『荘厳記《しょうごんき》』一巻は痛烈を極めたのであります。すなわち法然上人が諸行念仏の廃立《はいりゅう》を明らかにするために菩提心《ぼだいしん》までも廃すべしとせられた点を痛烈に批判せられたのであります。この『摧邪輪』が出ましてからは、次から次へと論駁《ろんばく》の書が公にせられ、法然門下においてもその弁護の書も出ましたが、念仏停止の非難は教界にみちみつる有様でありました。

法然の没後に、かの親鸞聖人が『教行信証《きょうぎょうしんしょう》』を著《あらわ》し、菩提心について綿密な釈義《しゃくぎ》を施《ほどこ》して、金剛《こんごう》の信心こそ横超他力《おうちょうたりき》の菩提心で、浄土門は菩提心を否定するものでないと断定せられたごときは、この『摧邪輪』に対する答案であるとも思われます。

ともかく、当時の門内・門外の動揺は非常なものであったと思われます。

このように比叡山の衆徒《しゅうと》は権力をもって、明恵上人等は教理の論理をもって、専修念仏に対して攻撃の矢を向けられたのであります。かくして承元元年二月に南都の学徒は『念仏停止上奏文《ねんぶつちょうじじょうそうもん》』を奉《たてまつ》って朝廷に迫ったのであります。上奏文の起草者は解脱《げだつ》上人（貞慶《じょうけい》）でありました。吉水の教団は三方より包囲せられた形となりました。このときに、運も悪く鹿ヶ谷《ししがだに》の騒動が起きたのであります。

当時洛東大文字山《だいもんじやま》の麓《ふもと》にあった法勝寺《ほっしょうじ》跡に法然上人の弟子住蓮・安楽の二人が居住して念仏勧進《かんじん》を

やっていたのであります。土御門《つちみかど》天皇の建永《けんえい》元年七月十五日の頃、法然上人をこの草庵に招いて、別時《べつじ》念仏会《ねんぶつえ》を修《しゅ》しました。そのとき、後鳥羽上皇の寵妃《ろうひ》であった鈴虫《すずむし》・松虫《まつむし》という若い局《つぼね》が参詣《さんけい》し、上人の説法に感激し、建永《けんえい》元年十二月二十六日、上皇の熊野行幸《くまののぎょうこう》の留守中に、仙洞御所《せんとうごしょ》を脱出して、法勝寺を訪ねて、無謀にも出家を願《ねご》うたのであります。住蓮・安楽は当惑したのでありますが、自害をもしかねまじい二人を哀れんで、秘《ひそ》かに得度《とくど》せしめて熊野に落としてやったのであります。この事が発露《はつろ》して洛中は騒然となり、法然上人にも禍《わざわい》が及ばんとすることを聞いて、近江《おうみ》の馬淵《まぶち》に難を避けていた住蓮は京都に上って西八条《にしはちじょう》の評定所《ひょうじょうしょ》に自首したのであります。安楽坊は鹿ヶ谷に居て、この風聞を聞き、我も同罪であると自首の途中、陽明門《ようめいもん》の前において念仏停止《ちょうじ》の札《ふだ》を見て、思わず高唱《こうしょう》念仏した廉《かど》によって遂にとらわれの身となったのであります。

建永《けんえい》二年二月九日、住蓮・安楽両人は死罪と定まり、三月十一日住蓮は馬淵で、安楽坊は京都六条《ろくじょう》河原《がわら》で誅《ちゅう》せられたのであります。

建永二年二月二十八日、法然上人流罪の宣告が下され、弟子のうち流罪八人、死罪四人となりました。それはこの附録に載せられているとおりであります。

親鸞聖人も死罪となったのであるが、六角中《ろっかくちゅう》納言親経《なごんちかつね》の弁訴《べんそ》によって罪一等を減ぜられ流罪となったと伝えられています。

「法然聖人ならびに御弟子七人流罪、また御弟子四人死罪におこなはる、なり。聖人は土佐国幡《は》多《た》といふ所へ流罪。罪名藤井元彦男《おのこ》云々。生年七十六歳なり。親鸞は越後国、罪名藤井善信云々。生年三十五歳なり」

と、この附録には法然と親鸞と両人の事を記しています。その次に門弟達六名と配所《はいしょ》を記して別に扱うているのは、記事記載の記者が上人と聖人との間柄の格別であったことを示そうとする意図に出ているものと思われます。後の方に

「親鸞僧儀を改めて俗名を賜ふ。よつて僧に非ず俗に非ず。しかる間、禿《とく》の字を以て姓と為して奏聞《そうもん》を経られ了《おわ》んぬ」

等とありますのは、五年の後に流罪赦免《しゃめん》を奏聞のときに、聖人が俗名を賜った故に僧にあらず、いまだ流罪中の身なる故に俗にあらず、故に「禿」の字をもって奏聞せられたことを示すものであります。愚《ぐ》禿《とく》親鸞の名のりは流罪以後であることがこれで知られるのであります。『血脈文集《けちみゃくもんじゅう》』には「中納言範光卿《のりみつきょう》をもつて勅免《ちょくめん》をかぶらんと、奏聞を経《ふ》るに、範光の卿をはじめとして、諸卿みな、愚禿の字にあらためかきて奏聞をふること、めでたく申したりとてありき」と当時の模様を記しています。この記事は『御伝鈔《ごでんしょう》』の「陛下叡感《へいかえいかん》を下《くだ》し侍臣《じしん》おほきに褒美《ほうび》す」の記事と一致するものであります。この聖人の「愚禿」の名のりは、これ在家仏教の標示《ひょうじ》でもあります。

なお、この附録には浄聞房等四人の名を列《つら》ねて

「幸西成覚房・善慧房二人、同じく遠流《おんる》にさだまる。しかるに無動寺の善題大僧正これを申しあづかると云々」

とあります。この二人は、ともに一念義《いちねんぎ》を主張して法然上人から破門《はもん》せられた人達であります。したがって法然上人とはその宗義《しゅうぎ》を異にせられたようであります。純なる念仏の伝持者《でんじしゃ》でなくて妥協的な歩みをされた方のようであります。特に善慧房は、遠流の直前に一向《いっこう》に念仏を勧められている師法然上人に対して「かくのごときの御儀然《おんぎしか》るべからず」とご忠告申しておられます。これに対して法然は「我たとひ死罪に行はるゝともこの儀ばかりは変《へん》ずべからず」と森厳《しんげん》な態度を示されて、聞く人々を感動せしめたと伝えています。死罪流罪を厭《いと》いたまわぬ上人と世間に気兼ねをする善慧房との間には風格の相違が認められます。

身は流罪になりながら「これなほ師教《しきょう》の恩致《おんち》なり」と喜ばれた親鸞聖人の態度は、法然上人を継ぐものとして讃仰《さんごう》すべきであろうと思います。

かくて『歎異鈔』の第二章における「たとい法然上人にすかされまゐらせて地獄におちたりとも更《さら》に後悔すべからず候《そうろう》」という師教随順《しきょうずいじゅん》の態度とこの附録の流罪の記事と対照して師資一轍《ししいってつ》の信心海《しんじんかい》の風光を一段と清鮮《せいせん》ならしめているように拝察するのであります。かくてこの附録が、本鈔において重要な

役割をなしているとうかがいます。

最後に蓮師《れんし》（蓮如）の奥書にある

「右この聖教《しょうぎょう》は、当流大事の聖教となすなり。無宿善《むしゅくぜん》の機《き》に於いては左右《さう》なくこれを許すべからざるものなり」

とある意趣《いしゅ》をうかがいたいと思います。ここに「無宿善の機」とは極端に言えば謗る者《そし》でありましょう。ゆるやかに言えば求道心《ぐどうしん》なき人々でありましょう。「かかる者に見せるな」（外見《がいけん》あるべからず）ということは法を惜《お》しむのでなくして、法を大切にせよと知らせられたものであります。法を知らせる時機《じき》をわきまえよというご注意と頂戴《ちょうだい》するのであります。次に「当流大事の聖教」とは聖人一流の法門《ほうもん》の骨髄《こつずい》を示す大切な聖教と指示せられたのであります。思うに『歎異鈔』は初めにも申したように歎異の心は単なる批判ではありませぬ。それは興法利生《こうぼうりしょう》の心に裏づけられた同心行者《どうしんぎょうじゃ》の「不審《ふしん》を散《さん》ぜん」ための聖教であります。蓮師《れんし》の真宗再興の原理もまた、ここに求められたのでないでしょうか。まことに聖人を知れるものは蓮師であり、蓮師に真宗再興の原理を与えたものは『歎異鈔』であったように思われるのであります。まことに当流のためには「大事の聖教」であります。宿善なくしては、まったくこの聖教の真意には接しえないのであります。

南無阿弥陀仏

附録

親鸞の信の在り方

東京へ赴任いたしまして、初めてこの会で御縁をむすびます。そこで親鸞教学に関して、近時《きんじ》自分の耳に聞こえてくるいろいろな親鸞聖人の信《しん》に対する理解の仕方について、自分自身にもいろいろと考えさせられる一、二の問題がありますので、そのことを本日はお話申し上げて、ご批判を頂きたいと思うております。

親鸞聖人の信仰というものは非常に単純なもので、その代表的なお言葉は『歎異鈔』の第二章に出ている「親鸞におきてはたゞ念仏して弥陀にたすけられまゐらすべしとよき人の仰《おお》せをかぶりて信ずるほかに別の子細《しさい》なきなり」というものであります。この言葉は親鸞聖人が関東からはるばる尋《たず》ねて来られた人々に対し、率直《そっちょく》に自己の信仰を示された言葉であります。ところがその言葉の理解について、この親鸞聖人の信仰というものは、簡単に言えば法然上人の念仏往生の教えを信じた信心であるが、その信の状態というものは、一つの賭けごとのような信仰である。あるいはまた富籤《とみくじ》を引くような信仰であるというようにこれを受け取っている人があるのであります。

というわけは、だいたい知性的に考えて、浄土というものの存在を証明する、そういうことは自分らにはできない。したがって信ぜられない。そういう信ぜられない浄土を親鸞聖人は信じている。更に、その信ぜられない浄土に往生することを信じている。しかもその浄土往生の方法としての念仏というものを信じている。すなわち、ただ南無阿弥陀仏と称《とな》えることによって往生ができると信じている。かようなことは、少なくとも知性のある人間であったならばどうしても信じ切れないのが普通であります。念仏というものはどういう意味を持っているかということはしばらく置き、念仏とは称名《しょうみょう》念仏でありますが、その称名念仏、すなわちただ南無阿弥陀仏と称えることで往生浄土ができる。その称名念仏は、外形的には、一つの筋肉運動に過ぎないとも考えられるのであります。そうした筋肉運動によって、浄土に往生する。こうした南無阿弥陀仏と称える筋肉運動が、往生浄土のさとりを得《う》る種になる。かようなことは、誰にも信じられないことである。それを親鸞は信じている。

いったい親鸞というお方は、ごまかすことができなかった人であったから、いかに法然上人の仰せであろうとも、信じ切れないものは信じ切れなかったにちがいない。割り切れないものは、割り切れなかったと思います。そういうはっきりした一つの自覚の上に立たれたにちがいない。しかも法然上人から念仏によって救われるというみ教えを聞き、その割り切れないという自分の心を率直に認めて、そうしたその割り切れないと割り切った自覚の上に立って、さらに自己反省といいますか、罪悪感といいますか、あるいは宿業《しゅくごう》煩悩といいますか、自分を省《かえり》みると、どうしても、そこにある自分の日々の生活というものは地獄の業《ごう》を造っている。したがって地獄行きは避けることができない。自分は因果《いんが》の必然に照らして地獄行きである。その地獄行きであるという一つの事実、これは動かすべからざる一つの事実であることを是認《ぜにん》せられていたようである。そういう事実是認の上に、割り切れない浄土とか念仏を割り切れないものであると自分において割り切ってしまった親鸞聖人は、仕方がないから、わからないけれども、そういうものの上に、自分のさとりの願《がん》というものを賭けてみよう。念仏に自己の救いを賭けて、そうしてそれを一筋に信じてゆこうとされた。こういう信仰、それが親鸞の信仰である。こういうふうに理解している一類《いちるい》の人々があるのであります。

もう一つの親鸞聖人の信仰の理解の仕方に、親鸞の信仰は恍惚《こうこつ》の信であったという理解の仕方があります。すなわち親鸞の信仰というものは、往生浄土の道として念仏というものをいただかれたのであるが、その念仏というものは、とにかく一つの不可思議・神秘の心境というものの上に自分がなってゆくものである。すなわち自分の宿業の自覚というものを忘れて、念仏というものにとけ込んでゆく。言い換えますれば恍惚状態になる。その恍惚状態というものが、一つの親鸞聖人の信仰の状態であった。こういうようなことを考えている人々があります。

それで、まことに大雑把《おおざっぱ》な言葉づかいになりますけれども、前者の方をしばらく「賭けごと信仰」、後者の方を「恍惚の信仰」と名づけてみたいと思います。かくて親鸞聖人の信仰というものは、はたして「富籤を引くような信仰」か、あるいは「恍惚の信仰」かどうかということについて、しばらく聖人のお言葉、並びに聖人の信仰の原理となっているところの本願に照らして、皆さまとともに考えてみたいと思うのであります。

親鸞聖人が弥陀仏《みだぶつ》よりたまわらせられたる一つの信仰、その信経験《しんけいけん》を書きしるされた聞信録《もんしんろく》が『教《きょう》行信証《ぎょうしんしょう》』一部六巻の聖教《しょうぎょう》であると申すことができましょう。一般には『教行信証』のなかの「信の巻《しんのまき》」だけが浄土真宗の信仰、具体的に言えば親鸞聖人の信仰というものを明らかにせられたものであると考えられていますが、それは一面の考え方でありまして、深く探ってみますと、やはり「化身土の巻《けしんどのまき》」というものが特に書かれておることは意味があるのでありまして、「化身土の巻」にあらわすところの「信」というものと、「信の巻」にあらわす「信」というものと、両方を照し合せて初めて親鸞聖人の信仰というものが具体的にあらわれるのでありますから、両方ともに見ていかなければならないと思うのであります。そこでしばらく、それによって知らされた親鸞聖人の「信」というものを、皆さんがよく聞いておられる聖人の言葉で表現いたしますと、「他力廻向の信《たりきえこう》」と言うことができます。他力廻向ですから、この信は決して凡夫《ぼんぶ》である我々が起こすところの信ではない。凡夫の上に行われてゆく信であるが、凡夫の起こす信ではない。他力よりたまわる信である。その他力廻向の信というものが、どうして我々の上に開発《かいほつ》するかというと、そこはやはり如来の善巧《ぜんぎょう》の方便《ほうべん》によるのでありまして、名号《みょうごう》を聞くところに信心が開発せられる。その名号とは結局、南無阿弥陀仏の六字であります。六字を聞くということは、六字のいわれ（義《ぎ》）を聞くことである。これを「名義《みょうぎ》」と言う。「名義」とは仏願《ぶつがん》の生起本《しょうきほん》末《まつ》である。そこで親鸞聖人は「信の巻」に「仏願の生起本末を聞きて疑心《ぎしん》あることなし。これを聞《もん》といふ」と言われている。このように「み名を聞く」という言葉を規定しておられるのであります。でありますから、まずその聖人の「仏願の生起本末」と言われた内容はどういうことを意味しているか、この点をひとつ味わわねばならぬと思います。

仏願と言えば阿弥陀仏の本願でありますが、阿弥陀仏の本願というものは、『大無量寿経《だいむりょうじゅきょう》』という経典に説かれている本願、その四十八の願《がん》のなか、特に我々の上に交渉を持っておられる生因《しょういん》を誓われた願は結局十八願と十九願・二十願であります。さらに三願のなか、第十八願は、如来の真実をそのままに打ち出された願である。他の十九、二十願というものは、方便の願であって、真実でない。こういうふうに親鸞聖人はその本願の心というものを頂戴《ちょうだい》していかれたのであります。そこで話をできるだけ簡《かん》約《やく》にするために、その方便の願はしばらく置きまして、その真実の願、十八願をうかがいます。その十八の願の内容というものはどういうものであるかというと、まず初めに「十方《じっぽう》の衆生《しゅじょう》よ」と仏が衆生に呼びかけられまして、次に「至心《ししん》に信楽《しんぎょう》してわが国に生まれんと欲《おも》い乃至十念《ないしじゅうねん》せん。もし生まれずば正覚《しょうがく》を取らじ」と誓っておられます。すなわち我々衆生に対し、仏は「至心に信楽してわが国に生まれんと欲《おも》え」と、かように大悲《だいひ》の呼び声をかけ給うてある。そして更に「乃至十念せん」と呼喚《こかん》し給う。「乃至十念」ということは、お念仏することであります。「至心に信楽してわが国に生まれんと欲え」という仏の呼びかけ給うお言葉、そのお言葉を通じて「仏願の起こり」というものを聞いていかれたのが親鸞聖人であります。その「聞かれた」ところを記述されたものが「信の巻」であります。親鸞聖人が「至心に信楽してわが国に生まれんと欲え」という仏の呼び声を聞いて、その仏意《ぶつい》を開顕《かいけん》せられたのが「信の巻」で、その「信の巻」では「至心」というのは「まことの心」であって、つまり「至心」とは仏が我々に対し浄土に生まれんとするならば、「汝らまさにまことの心であれ」と命ぜられた言葉と受け取られている。しかしながら、よくよく考えてみますと、我々の上に仏の願い給うような真実、至心というものは、全然、凡夫衆生の上にはない。本来ありえないものの上に仏が「至心なれ」と要求せられたことはどういうことであるかというと、それは結局、仏の大悲は「(真実)なき身」をしろしめして、浄土の因《いん》は真実でなくてはならぬゆえ、そのためには「わが真実を用いよ」という大悲の思し召《おぼしめ》しをあらわしているのである。というように「信の巻」に述べられている。

次に「信楽」については、「信楽」という文字は非常に内容の豊かな文字であります。「楽」という字は好楽《こうぎょう》とか愛楽《あいぎょう》とかという意味を持っておるのでありまして、「信」という字はいろいろ読まれるが、結局二心《ふたごころ》のない心をあらわしている。積極的には、往生の決定心《けつじょうしん》であります。そういう決定心というものが本来私どもの上にあるかというと、それはもとよりないのであります。真実の信仰にしましても、他の宗教の信仰にしましても、真実の意味における「信心」というものは、もとより我々凡夫の上にはないのであると思います。ただありうるものは、煩悩のみでしょう。したがって本当に我らをして仏とならしめる、そういう決定心は、ただ仏においてのみこれがありうる。そこで親鸞聖人は、本願の「信楽」とあるは仏の決定心をあらわす。仏の決定心が凡夫に宿ったとき衆生の信心となる。こういうふうに「信の巻」に説かれているのであります。

次に「欲生我国《よくしょうがこく》」でありますが、それも仏が我らの上に呼びかけられている言葉であります。「わが国に生まれんと欲え」、こうおっしゃるのであります。「彼《か》の国に生まれんと欲《おも》う心」、これは仏教の上から申しますというと、偉大なる大慈悲でありまして、「彼の国に生まれる」ということは、自分だけ生まれればよいということでなく、大乗菩薩道《ぼさつどう》の成就でありまして、自利《じり》・利他《りた》、すなわち自分のさとりを成就《じょうじゅ》するとともに一切衆生もさとらしていく、この自利・利他が完全円満に成就している。そういうような願いというもの、それに似たような慈悲心というものは持っておりますが、真実の意味における欲生心というものは、もとより我々凡夫にないのであります。もしそういうものがありうる世界があるとすれば、それはただ仏心《ぶっしん》の世界である。かように親鸞聖人は領解《りょうげ》せられて「至心に信楽してわが国に生まれんと欲え」とまず呼びかけたまう大悲の心は、此方《こちら》になきゆえ、彼方《かなた》にととのえて廻施《えせ》したまうことに他《ほか》ならぬものであるといただかれて、この旨《むね》を「信の巻」に本願の三心釈《さんしんしゃく》として示されているのであります。かくして「至心に信楽してわが国に生まれんと欲え」と我々を呼びたまう声は、そのまま仏心でありまして、その仏の御心《みこころ》に私どもが応答してゆく、そこに仏は私と一つになる。それを他力廻向の信というのです。かくて三心はそのまま仏の御心である、またそれがそのまま仏の呼び声である。それがこのまま仏の大慈悲である、真実心《しんじつしん》である。こういうふうに親鸞聖人は本願のこころを読んでゆかれて、そうしてそこに結論づけて出てきたものは何かというと、これは仏のしろしめす一つの世界ということであります。それは我らのあげつろうてゆく世界ではない。まことにそれは仏智《ぶっち》不思議の世界であります。我らの分別《ふんべつ》、我々のはかろう世界ではない。しかしながら、静かにこの仏の願、仏のお言葉を聞いていますと、かの『大無量寿経』に説かれているところの法蔵《ほうぞう》菩薩が五劫《ごこう》の間《あいだ》これを思惟《しゆい》し、永劫《ようごう》の間これを修行して、この南無阿弥陀仏の正覚《しょうがく》を調《ととの》えられたという意味が領受《りょうじゅ》せられます。この領受の世界のなかに、そこに親鸞聖人がおられるのであります。かくてこの仏の呼び声に、仏のしろしめす世界がある。どういうしろしめす世界があるかというと、そのしろしめす世界が凡夫の煩悩界に通っている。その煩悩界の穢《けが》れは、仏の立場から眺《なが》めると無始《むし》以来より未来際《みらいさい》に至る汚れである。したがって、凡夫はもとより悪きものであるということになる。したがって浄らかさがない。したがってまことがない。そういう私どもの存在は闇なのであります。凡夫の世界というものは「外儀《げぎ》のすがたは人ごとに、賢善《けんぜん》・精進現《しょうじんげん》ぜしむ」でありまして、いかにも善人の面《つら》をして、いかにもかしこぶって、いかにも仕事師《しごとし》であるかのように振る舞うている。よしさように思わなくとも、怠け者ではない、悪人でもない、愚か者でもないと思うているのですけれども、しかし本当は一皮をむいてみますと、よいことをしていても、そこに汚れがある。どういう汚れがあるかというと、自分さえよければいいという我執《がしゅう》・我愛《があい》の汚れがある。いかにも精進《しょうじん》努力して、仕事師・勉強家のようであっても怠けている。仏教で言う「精進」とは、何も「魚を食わぬ」という意味ではありません。仏教の「精進」というのは、一歩一歩精《せい》を出して仏の境界《きょうがい》に進んでゆくことであります。菩提《ぼだい》に対して進んでゆくのが精進です。そういう精進は、私どもは決して一日もしておらん。精進どころか、地獄の方へ退《しりぞ》いている。怠け者である。すなわち煩悩の心にほだされて、滅びゆくこの肉体の仕合《しあ》わせ、そういうことだけを考えて、そういうことにのみ真剣に努力している。ですから、うわべは「賢善、精進」の相を現じておりますけれども、内を見ると「愚悪《ぐあく》、懈怠《けだい》」の日々に心身ともに汚れている。真実など毛頭《もうとう》ない。これが凡夫なんです。それが仏にみそなわされた現実人間界の相《すがた》であります。しかしながら仏の大慈悲は、そういう汚れたものを仏心のなかに抱《いだ》き取り、一念一刹那《いっせつな》も私どもと離れたまわず、そうして、いつの日にかこの真実の信心を私《わたくし》に届けようとしていて下さる。真実信心なくば、結局地獄行きのほかないのでありますから、そういうことのないように、仏の願行《がんぎょう》を凡夫に与え、凡夫に仏となる資格を与える。親鸞聖人はそこを「真実信心いたりなば、大《おお》きに所聞《しょもん》を慶喜《きょうき》せん」と言われる。真実信心は、向こうから到り届くのである。仏の慈悲心が凡心《ぼんしん》に現れて信心となるのであります。凡夫は、仏の信心を用い、仏の真実を頂戴《ちょうだい》することによって私に一つの自覚の智慧を賜《たまわ》る。したがって信楽にしても、欲生にしても、仏の決定心《けつじょうしん》のほかに私の信楽というものは成立しない。それは如来の廻向法《えこうほう》である。こういうふうに如来の仏願《ぶつがん》というものをお述べ下されてあるのが「信の巻」であります。

しかし、この親鸞聖人のお述べ下されてあるお言葉を、静かにうかがいますと、親鸞聖人の信仰というものは、先ほど言うたような「賭け事のような信仰」であるとは言えない。私どもはもとより地獄行きだ、「いずれの行《ぎょう》もおよびがたい身《み》だ」、念仏はその地獄行きを救う願である。私は信ぜられぬが、もしその約束が本当であればもっけの幸いである。ほかに方法がないから一六《いちろく》勝負で一つ賭けた。そういう「賭け事の信仰」というものが親鸞の信仰だ、というふうに考えられることは間違いである。「信の巻」に述べておられる親鸞聖人の信仰というものは、結論的に言いますと、賭け事のような信仰、富籤を引くような信仰でなくして、智慧《ちえ》の信仰、法の信仰で、自覚の信であります。したがって、それは一つも無理がない。道理に契《かの》うている。

なぜそういうことが言えるかと言いますと、『歎異鈔』の第二章にこういうお言葉があります。

「念仏はまことに浄土に生まる丶たねにてやはんべるらん、また地獄に堕《お》つべき業《ごう》にてやはんべるらん、総《そう》じてもつて存知《ぞんじ》せざるなり」

あのお言葉は、非常に難解なお言葉でありまして、いろいろの専門の学者がいろいろと考え、あの言葉を通じて地獄行きの業か、あるいは浄土に生まるるたねであるか、総じてもって知らないとおっしゃっている理由を、あの当時日蓮《にちれん》という人が唱題成仏《しょうだいじょうぶつ》をとなえて、念仏は無間《むけん》の業《ごう》だと非難した。善鸞《ぜんらん》という人は、親鸞聖人のご子息であるが、関東に来て、汝らの聞いておる念仏は表の法門《ほうもん》であって、私が本当の裏の法門を知っているといった。こうした非難に惑《まど》うて、その正否をただすために関東の弟子達がはるばる京都の親鸞聖人を訪ねてきたとき申された言葉であるから、「善鸞の言うこと、日蓮上人の言うこと、それは私の関知するところでない」こういう心持ちを「総じてもつて存知せざるなり」と申されたのであると理解している人もあります。またある人は、あの「総じてもつて存知せざるなり」ということは、あれは文字のごとく、わからんという意味である。お念仏が浄土へ行くところのたねか、地獄へ行くところの業か、親鸞にはわからん、わからんということをそのまま、率直に言うておられるお言葉である。だから、わからんままにまかした信仰で、賭けごとの信仰だと言っている。またある人は、あの言葉は地獄とか極楽とかいうことを論じている戯論《けろん》を否定せられたので、親鸞はお浄土で救われることを、「信仰だ。その念仏が、地獄の業であろうが、極楽の因であろうとそういうことは問題でない」、そういう意味を「総じてもつて存知せざるなり」と表明していると、味《あじ》おうた人もあります。

またある人は、あのお言葉は、地獄とか浄土とかいうことは、翻訳すると善業《ぜんごう》、悪業という意味である。念仏は善業か悪業かということを浄土の因、地獄の業と言うたのである。善因善果《ぜんいんぜんか》、悪因悪果という一つの善悪因果《いんが》の約束に掛けて、念仏を沙汰《さた》しているのを批判して念仏は善悪業報《ごうほう》の因果の約束を超えたものである。世間出世間《しゅっせけん》の因果に超えすぐれたものである。それがお念仏である、ということを示されたものであるというふうにあの文《もん》を理解した人もあります。

しかし、これはいずれも当を得ていないのでありまして、この文の意は真宗の伝統の聖教《しょうぎょう》の指南《しなん》に俟《ま》つべきであります。真宗本願寺派の三代目の覚如《かくにょ》上人は、この聖人の言葉を『執持鈔《しゅうじしょう》』に引いて、その文意《もんい》を「善悪の生所《しょうじょ》わたくしの定むるところにあらずといふなり」と示してある。これは「総じてもつて存知せざるなり」という意味は「善悪の生所わがはからいにあらず」、つまり念仏せば浄土にまいりて仏となるということは、他力の法爾《ほうに》の道理であって、わたくしの定むるところにあらず、念仏はこういう道理でお浄土へ行くのであるというて、いかに凡夫の智慧を絞《しぼ》って証明しようとしてみても、あるいはそうでない、念仏は地獄の業だと言うてみても、それは結局凡夫自力のはからいであって仏《ぶつ》本願の法爾《ほうに》の道理に対してなすべからざる越権《えっけん》の沙汰を、凡夫である我々がしておるのであると、そういう越権の沙汰をなすことを誡《いまし》められた言葉であります。この覚如上人の指南は『歎異鈔』を理解する上に見《み》逃《のが》してはならない。そうすると、念仏して弥陀に助けられるということは、法爾の道理であるから凡夫のはからいでない。しかしそれは凡夫の上に行われてゆく如来の法である。親鸞聖人はこの言葉の次に「いづれの行もおよびがたき身なれば、とても地獄は一定《いちじょう》すみかぞかし」と言われてある。この地獄一定の考え方は自由意志の否定を意味するのであります。自由意志の否定ということは、親鸞聖人の宿業《しゅくごう》思想とも関係を持ってくるのです。親鸞聖人の「宿業」ということは、なぜ自由意志の否定ということを意味するかということについては、いずれ後から触れますが、要するに「いづれの行もおよびがたき身なれば、とても地獄は一定すみかぞかし」ということは、私どもは、のがれ出ることができない一つの宿業の鉄鎖《てっさ》のなかに閉じ込められている。いかにもがいても、地獄へ行くほかに道はない。そういう鉄鎖のなかに現在おる。その鉄鎖を破って下さるものは、本願力《ほんがんりき》のほかにない。その本願力に聖人は遇《お》うていられるのである。

されば親鸞聖人は、この言葉の次に忽然《こつねん》として「弥陀の本願まことにおはしまさば釈尊の説教虚言《せっきょうきょごん》なるべからず、仏説《ぶっせつ》まことにおはしまさば善導の御釈《おんしゃく》、虚言したまうべからず、善導の御釈まことならば法然の仰《おお》せ、そら言《ごと》ならんや、法然の仰せまことならば、親鸞がまうす旨《むね》、またもつてむなしかるべからず候《そうろう》か」と、ハッキリと念仏に救われてゆくということをおっしゃいます。それは本願の法爾の道理であって、本願の法爾の道理というものは、疑うべからざるものである。しからば、釈尊の『大無量寿経』所説の法は疑うべからざる道理である。釈尊の仰せがまことであれば、その通り伝えられた善導大師の仰せもまことである。その善導の仰せを伝えられたところの法然上人の仰せもまたまことである。その法然上人の仰せをそのまま領受《りょうじゅ》せる親鸞の言うことも虚《うつ》ろでない。法の信仰、このほかに親鸞聖人の信仰はないものである。

この文《もん》によると、親鸞聖人の信仰というものは、結局法爾の道理に随順《ずいじゅん》したほかにない。真理を真理と自覚した信仰であったと、こう見るべきであろうと思います。そうすると、その法爾の道理が念仏という形において、ただ念仏して弥陀に助けられるという、念仏という形において受け取られてくる。これはどういうことを意味するのであるか。親鸞聖人の『教行信証』には、「信の巻」の前に「行の巻《ぎょうのまき》」というものが開かれております。「行の巻」というものは、何を明らかにされたのであるか。それは第十七の本願のみ心を明らかにしておいでになる。第十七願の心というのは、どういうことかというと、第十八願の正因《しょういん》を誓う前に「十方《じっぽう》世界の無量諸仏《むりょうしょぶつ》をして悉《ことごと》くわが名を咨嗟《ししゃ》し、称揚《しょうよう》せずば正覚《しょうがく》を取らじ」と誓われてあります。つまり、十方の諸仏がわが名を讃嘆《さんだん》し、称《とな》えなければ、わたしは仏にならぬ、こういうのであります。この第十七願に「十方の諸仏に自分の名を称えさせる」と誓われた名号《みょうごう》を、聖人は所信のものがらとしてこれを「行巻《ぎょうかん》」に明《あ》かされている。しかしてこの能讃嘆《のうさんだん》の諸仏は、今や弥陀界に参加せられているのであるが、もとをただせば諸仏は十方の衆生であった方々でなかろうか。こういうことが道理の上から考えられる。さらに親鸞聖人は、阿弥陀仏は久遠実成《くおんじつじょう》の仏である。また十方諸仏の本師《ほんし》・法王《ほうおう》でましますと申されている。つまり、弥陀仏は全法界《ほっかい》に統御《とうぎょ》の仏である。したがって、それは本仏《ほんぶつ》であり、本師である。したがって十方諸仏にわが名を称えさせるという、その十方諸仏は、もとは十方の衆生である。十方の衆生が阿弥陀仏の本願によって、十方の諸仏となられたと、こう一応考えなくてはならない。十方諸仏のもとをただせば、我々と同じ凡夫である。その凡夫が、諸仏となって、仏のみ名を称《とな》え讃嘆される。名号のいわれを今度は未成仏の我々が聞く。それを聞くと第十八願の信となってその利益《りやく》は、はや浄土の眷属《けんぞく》となって諸仏と徳を同じうする。そうすると、いったい全体阿弥陀仏が、はじめて正覚《しょうがく》を成《じょう》ぜられたそのときには、十方の諸仏というものが同時にあらねばならない。なぜかなれば、十方の諸仏をしてわが名を讃嘆せしめようとされるのでありますから、どうしてもあらねばならない。そうすると、十方の諸仏ということは、十方の衆生であった人が、阿弥陀仏の正覚の盛《せい》儀《ぎ》に参加して、十方の諸仏となった。そういうふうに考えなくてはならない。十方の諸仏が、十方の衆生と内容を同じくしている。こういうことを逆に言いますと、十方の衆生というものは諸仏となるべき一つの約束のなかにある。仏の本願に乗《じょう》じて仏となる。その仏となった人がまた名号を讃嘆して、仏となるべき者の上に、仏の心を伝えてゆく。何か循環論法《じゅんかんろんぽう》のようでありますが、そういう形になっておるのが弥陀と諸仏と衆生の関係であります。

そこで、こういうことが考えられます。いったい我々は凡夫であります。凡夫であるけれども、実は仏の願、特に第十七願というものの上には十方の諸仏だけがおられて凡夫はおらない。つまり、仏だけがおられて凡夫はない。そういう仏さまの境涯《きょうがい》にはじめて念仏というものがある。称名《しょうみょう》というものがはじめてある。そこでお念仏というものを、常識的に我々は平生《へいぜい》凡夫である私が念仏していると、こう思っておるのですが、実は我々の称えるところの念仏は、そのまま正法讃嘆《しょうぼうさんだん》の諸仏の上において、はじめて念仏というものがあるのであって、凡夫のなす仕業《しわざ》として念仏があるのでないということです。言い換えますと、第十七願の十方の諸仏の、称名念仏のなかにこの私どもが参加する。そういうことのほかに念仏の廻向《えこう》というものがない。念仏は本来、如来行《にょらいぎょう》である。それを我々は自分勝手な分別智《ふんべっち》によりまして、その諸仏の境涯にある念仏を自らの行とするから間違うのであります。我らはそれに参加することは許されておっても、私の念仏として、私の善根《ぜんごん》として、これを握《にぎ》ってゆくことは許されない。許されざることをなすところに距《へだ》たりと溝《みぞ》とを作って、念仏を妄執《もうしゅう》のなかにひきずりおろす。これは許されないことなのだということが一つ思われるのであります。

そこで親鸞聖人は「行の巻」に、そういう諸仏の上において行われている念仏とは、結局それは「仏の行」でありますから、凡夫の行ではない。この仏の行が凡夫にあらわれて信となり行となり礼拝《らいはい》となる。しかし、凡夫の行でありませんから、称《しょう》・礼《らい》・念《ねん》すれども自《みずか》らの行にあらず、ただこれ如来の行を行ずるのであります。それは凡夫の行にあらず、我々の努力、我々のはからい、我々の考え方にやっておるところのものではない。ただ如来の行を行ずるのである。親鸞聖人の「ただ念仏」の世界、親鸞聖人の「信の世界」とて、この如来行のあらわれもてゆく世界であることを深く理解しておかねばならないと思います。

そこで念仏というものは、口に念仏を称えることであると、一応は言うのでありますけれども、念仏の本当の意義というものは、そういう本願において憶念《おくねん》する、あるいはそういう仏の願いというもののなかに参加する、そういうことが本当の意味の念仏です。しかし永い仏道の歴史においては、念仏の意味はゆがめられて、能観《のうかん》・所観《しょかん》一体になるところのさとりを念仏であると考えられておる時代があり、またあるときは、その観念《かんねん》を助けるためにお念仏するのだと観念の方便《ほうべん》とも考えられた。また念仏は唱《しょう》名《みょう》で、名号は多善根《たぜんごん》・多功徳《たくどく》だからこれを植《う》えよと教えた時代もあるのであります。しかし、本当の意味からいうと、念仏というものは、仏々相念《ぶつぶつそうねん》の世界、つまり仏行《ぶつぎょう》であって、その仏行のほかに念仏はない。ただ私ども衆生を、仏は仏行のなかに織り込めて下さる。そうすると親鸞聖人の言われる「ただ念仏」の世界というものが開けてくる。親鸞聖人の信仰というものは、こういう「仏々相念」の世界、それは法爾《ほうに》の世界でありますが、その法爾の世界に織り込められて信仰となる。法のほかに信はない。こういうふうに味わうべきであると思うのであります。

　これにつきましては、先ほどの「宿業《しゅくごう》」という問題ですが、「宿業」というのは『歎異鈔』に出ております。『歎異鈔』の第十三章に親鸞聖人は「卯毛《うもう》・羊毛《ようもう》のさきにゐる塵《ちり》ばかりも造る罪の宿業にあらずといふことなしと知るべし」と、こういうことをおっしゃています。「宿業」という問題は、一般に仏教で言われているところの業報因果《ごうほういんが》という考え方とは少し思想がちがうのであります。多くの人は

「宿業」という言葉を、自業自得《じごうじとく》・善悪業報因果という考え方のみで把握しようとしておられますけれども、親鸞聖人の「宿業」というお言葉は、少しく趣《おもむき》がちがうのでありまして、これは私だけがそういうことを言うのではなく、上田《うえだ》（義文《よしふみ》）教授も舟橋《ふなはし》（一哉《いっさい》）教授もそういうことを申されております。どういうふうにちがうかと言いますと、ちがうところは「卯毛・羊毛のさきにゐる塵ばかりも造る罪の宿業にあらずといふことなしと知るべし」「善き心のおこるも宿業の催《もよお》す故なり、悪事の思はれせらるゝも悪業の計《はか》らふ故なり」と、すべての行為が過去の宿業によってことごとく決定してしまっている。私どもの今日の一挙手一投足《いっきょしゅいっとうそく》、ことごとくが宿業、過去において決定されているというのであります。そこで多くの真宗の先哲《せんてつ》は、こういう宿業の決定業《けつじょうごう》の思想は、過去に対しては決定《けってい》していることを言われるもので未来に対しては我らの自由意志を認めているのが仏教の業《ごう》思想である。今の親鸞聖人の「宿業」と言われたのも、過去に対しての決定業で、未来に対しては自由意志を許している。こういうふうに釈明されています。この釈明は聖人の宿業という考え方の釈明とはならぬと存じます。過去において決定しておると同時に、未来に対しても決定済みである。つまり私どもは宿業のなかから出られない。なぜそういうことを言いますかというと、過去の決定した業により現在の果を受けておる。これは、一応わかる。過去に造った罪によって、現在の果を受けておるのである。未来の果に対する種は、現在の種まきによってどうにでもなる。こういうのが一応仏教の業思想のだいたいの考え方でありましょう。時間的に現在私どもの受けておる果、つまりかくのごとき肉体は、かくのごときものとして現在私がここにあるということは、これは自分の過去における業によって得たところの果であります。これは必然的の果でありまして、決定的で、男に生まれた者は結局死ぬまで男であります。これは異熟果《いじゅくか》と言います。男女同権と言いましても、女はやはり死ぬまで女であります。これは異熟の決定業であります。その決定しておる上に、現在我々が口を動かし、身を動かし、業を作っている。その業は自己の自由意志によってどうにでもなる。それだけの自由を得ている。そういう考え方と親鸞聖人の宿業の考え方とはちがうのです。どうちがうかというと、親鸞聖人は、業報《ごうほう》というふうに言うてもよいが、この業報というものが、だんだんに肉体的な、こういうふうに得たところの体だけが業報でなくして、私の考えること、思うこと、自由意志と思っておること、そういうことがすべて一つの「宿業」なんです。宿世《しゅくせ》の業因《ごういん》による。そうすると、ずっと過去までさかのぼってみますと、人間に生ずるところの宿世の業因によって決定されておる。そうして考えることも、なすことも自己の未来の生の開かれるところのものが、もとをただせばみな過去の宿業に帰してしまう。そうすると、つまり宿業というものは三世《さんぜ》を一貫して、私どもを左右して身動きのならない、我々はそういう存在である、そういうふうに親鸞聖人は考えておいでになる。これが「宿業思想」です。

そういう意味におきまして、先ほど親鸞聖人の宿業観というものは、自由意志の否定であるということとを申しました。自由意志の否定であるということは、一面から申しますと、「我《われ》」というものの自由意志、「我々《われわれ》」と考えるところの「自我意識」というものは、自由意志の上に存立するもので、自由意志の否定ということは、結局自我意識の否定であります。言い換えれば無我《むが》の論理的な表現が、宿業という時間的な形において（なされているところに）親鸞聖人の宿業思想がある。一種の決定論《けっていろん》であるという上から言うと、それは運命論・宿命論と同じ考え方となるでしょうが、運命論・宿命論とちがうのは親鸞聖人の宿業思想というものは、常に他力信《たりきしん》というものの内容をなしておる。他力信というものを離れて宿業思想というものはない。つまり他力というものを成立せしめるところの論理的根拠になっている。もう少し言い換えますと、他力信の内容になっている。そういうのが親鸞聖人の宿業感であります。でありますから、結局ここにおける私どもは過去によって決定されておる。私どもは宿業ということによって、業報を担《にの》うている。永遠の業報を担うて我々は立っている。そういう者であります。業報を担うて立っている私どもは、永遠にその業報から解脱《げだつ》することのできない存在であります。私どもの行く先というものは、どこへ行くかというと、結局宿業にひきずられて、無間《むけん》の釜底《かまぞこ》に行く、そういうことのほかに我々の存在はない。そういう事実というものを同時に包んで、その宿業をみそなわしている如来の願《がん》というものがある。宿業に宿る願である。本願という如来の大悲《だいひ》というものは、宿業を見抜いた上にその大悲の願というものがそこに立っている。そういう道理になっている。つまり我々は自由意志というものを認めて業報の始末ができると底《そこ》を入れている。そうして「地獄行きじゃ」と言うておる。分別智《ふんべっち》が底を入れている。しかし宿業観はその分別智の底を抜いている。無底《むてい》の地獄につき落とす。その無底の地獄のところに本願の声をきく。そういうふうに親鸞聖人はお味わいをなされている。

これはどういうことになるかというと、この宿業ということが、やがて浄土教の二種深信《にしゅじんしん》の機《き》の深信に直結する。そうしてそれをみそなわして立てるところの本願の法というものが、法《ほう》の深信として建《こん》立《りゅう》される。これが一念《いちねん》の信である。機の深信、法の深信。宿業と大悲との交差点。つまりそこに親鸞聖人の信というものは成立しているのであります。親鸞聖人のお言葉を論理的に辿《たど》ってゆくとそういうことになる。そうして私ども宿業の鉄鎖《てっさ》のなかで身動きができないが、ひとたびその交差点に触れますと、そこで鉄鎖は突き破られ絶対自由の救いを得るのである。不自由にして自由の身となる。このままにしてこのままでない、そういうような一つの境地、そういうものが親鸞聖人の信の内容をなしておるのでありまず。したがって、親鸞聖人の信仰は、そういう先ほど申しました賭け事のような信仰、そういうものでない。本願の上から言うならば、如来の本願の法が、我々の上にあらわれてきたものであります。機の上から言うならば、宿業の鉄則のなかに自らを置いている信仰である。これはよくよく聞いてみるというと、無理が言えない。そこに親鸞聖人が「そくばくの業をもちける身にてありけるを助けんとおぼしめしたちける本願のかたじけなさよ」と表白《ひょうびゃく》された、平明《へいめい》な信仰がある。

次に、親鸞聖人の信仰は陶酔のような信仰であると考えておられる方に対して一言《ひとこと》申しておきたい。親鸞聖人の信仰を打ち出された言葉のなかに「能発一念喜愛心《のうほついちねんきあいしん》」という言葉があります。「喜愛《きあい》の心」「一念喜びの心を起こす」とある。釈尊も『大経《だいきょう》』に「信心歓喜《かんぎ》」「信心のよろこび」とある。そこで信心とは「恍惚《こうこつ》の心」「酔うていくような信」こういうふうに理解しておる人があります。「法悦《ほうえつ》」という字もこれに近いです。どうもこの考え方には賛成しにくい。『歎異鈔』第九章を例に出しますと、そこに唯円房が親鸞聖人に対して「念仏まうしさふらへども踊躍歓喜《ゆやくかんぎ》の心おろそかに候《そうろう》こと、またいそぎ浄土へ参りたき心のさふらはぬは、いかにと候べきことにて候やらん」と申し入れています。「どうも念仏しても喜べない、お浄土へ参りたいと急ぐ心もないのはどうしたものでございましょう」と問うている。これは「恍惚の信」ということが問題になったと思います。そのとき唯円房の尋《たず》ねた心持ちというものは、どうも念仏しても恍惚として喜ばれぬ。そういう喜びが起こらぬ。浄土というものに、ほれぼれとあこがれて急ぐ、そういうようなエクスタシーというものが出てこない。どうしたものでしょうと尋ねた。それに対して親鸞聖人の答えは、「親鸞もこの不審《ふしん》ありつるに唯円房おなじ心にてありけり。よくよく案《あん》じみれば天に躍《おど》り地に踊《おど》るほどによろこぶべきことを喜ばぬにていよいよ往生は一定《いちじょう》と思ひたまふべきなり、よろこぶべき心を抑《おさ》へてよろこばせざるは煩悩の所為《しょい》なり」、喜ぶべきことを喜ばさぬもの、それは煩悩である。そこを「煩悩具足《ぐそく》の凡夫《ぼんぶ》と仰《おお》せられたることなれば他力の悲願はかくのごときわれらがためなりけりと知られて、いよいよ頼《たの》もしくおぼゆるなり」、かくのごときわれらがためなりけりと知られて、というのが一つの大事なことであります。知るというのは、自覚であります。真宗の信仰は、そういう恍惚《こうこつ》の信仰でいくのでなく「仏《ぶつ》かねてしろしめして煩悩具足の凡夫と仰せられたることなれば他力の悲願はかくのごときわれらがためなりけりと知られていよいよ頼もしくおぼゆるなり」と、凡夫たる者は本来、恍惚の境地になり得ない約束にある。信というものを恍惚の世界であると考えて酔うことを求むる人は凡夫であるということを忘れている人である。煩悩具足の凡夫は、歓喜《かんぎ》の恍惚はしばしあっても、続かないのである。喜ぶべき約束の法のなかにありながら喜ばれぬ。これ煩悩の所為《しょい》なりと知らしめられてはこれを縁として「仏かねてしろしめして煩悩具足の凡夫と仰せられたることなれば、他力の悲願はかくのごときわれらがためなり」と自覚して、本願をいよいよ仰いでゆく。そういうところに真宗の信生活《しんせいかつ》の道というものがある。信仰生活の一つの具体性というものが、そういう形においてあるのではなかろうか、こういうことが一つ思われるのであります。

もう時間が参りましたが、いろいろと心に浮かんでくる問題がありますが、どうも言葉が十分に言い尽くせませんでした。はなはだ聞きにくくお感じになったと思うのであります。

以上を要するに、近時、親鸞聖人の信に対する受容の仕方について、あるいは親鸞聖人の信仰というものを、ある人は富籤《とみくじ》を引くような信仰である、ある方は賭けごとのような信仰であると理解しておるのでありますが、それは親鸞聖人の信の体験と合致しない考え方で、聖人の信仰は「法の是認《ぜにん》」のように思われる。更にまた、親鸞聖人の信仰を恍惚の信と心得、念仏に酔う信仰のように考えられておりますが、そういうことではなく、聖人の信仰というものは、自覚に立つ信仰と見るべきであります。恍惚の信でなく、自覚の信というべきである旨を述べたのであります。

私《わたくし》の理解がもし許されるとしたならば、聖人の信のあり方が少しでもわかっていただけるのではないかと思いつつ、自分で問うて自分で答えたままを述べました。言葉が十分でなくて、お聞き下さった皆さまもご迷惑であったと思います。失礼いたします。

（終）

緒言（初版）

東京に学事《がくじ》駐在《ちゅうざい》として昭和三十二年の四月から同三十四年三月まで赴任した。その間において親鸞同朋会《どうぼうかい》で月々『歎異鈔』を講じた。その講述のメモとして月々『自照《じしょう》』誌に書き記した。それに加筆してまとめたのがこの講述《こうじゅつ》である。

『歎異鈔』の研究や講義や講述は、非常にたくさん世に出ている。しかし逐一文《ちくいちもん》を追うてその宗義《しゅうぎ》を知るとなると、あまりまとまったものが少ない。その上に『歎異鈔』の用語についても、理解についても、従来の解釈では納得のできないものもある。私《わたくし》は、この点に特に考慮して、この講話を試みたのである。この点から言うとこの講述は『歎異鈔の研究』という意味を持っている。例《れい》せば、序文における「先師口伝《せんしくでん》の真信《しんしん》」とある「先師」の解釈について、増谷文雄《ますたにぶんゆう》師は「これは親鸞を指すのではなくて「法然」を指すのである。（『親鸞と法然』参照）そこで『歎異鈔』には「先師（法然）の口伝」と「故親鸞聖人の御物語《おんものがたり》」とが並記されている。たとえば前十章において、これを検討してみると、法然の言葉を出すときには「と仰《おお》せさふらひき」とあるが、親鸞の言葉である場合には「……と云々《うんぬん》」と結んで叙述《じょじゅつ》の体裁を区別している。そこで『歎異鈔』前十章のなか、第三章と第十章は「と仰せさふらひき」

とあるから法然の言葉、他の八章は「……と云々」とあるから親鸞の言葉と見なくてはならぬ。それを区別せずに従来はこの全章を親鸞の言葉として理解しているのは間違いである」という考え方を発表されてある。この考え方は、従来の考え方に一つの新しい提案をされたもので、一応その筋が立っている。しかし、よくよく内容を検討すると賛成できない節《ふし》がある。

というのは、第三章の「善人なほもつて往生を遂《と》ぐ、いはんや悪人をや……」という一章でも、第十章の「念仏には義《ぎ》なき（無義）をもつて義とす……」の一章でも、この二つの言葉はもちろん法然から出たのである。しかし、この言葉が親鸞に承《う》けつがれたときには、言葉に盛られた思想は転化している。極端に言うと、親鸞の言葉に消化されてその血となり肉となっている。法然が「善人なほもつて往生を遂ぐ、いはんや悪人をや」と言ったのは「自力の善人すら本願を仰《あお》いで往生浄土の道を遂ぐ、まして他に道なき悪人は、ひとえに本願を仰ぐべきである」という意味である。親鸞によってこの言葉が消化された。時には「自力の善人も自力の心をひるがえして他力を仰ぐ、その本願は悪人を正機《しょうき》とする本願で、本願は信を本質とする」ということを表す言葉と転化されている。また、第十章の「義なき（無義）をもつて義とす」という言葉も法然にあっては「他力には儀則《ぎそく》なきを儀則とす」という意味であった。それを親鸞は「他力にははからい（議《ぎ》）なきをきまり（儀則）とする」という意味に転化して味《あじ》わっている。してみると『歎異鈔』に出ている言葉の起原は法然に求むることができても『歎異鈔』にあらわれたときには、法然の手を離れて親鸞の手に移って親鸞の言葉となっているのである。かかる意味で増谷師が、この言葉の所有権は法然にある。故に「(法然)仰せさふらひき」と表現しているのであると主張されたことは一応はうなずけるのであるが、再往《さいおう》これを吟味すると『歎異鈔』の言葉はすべて親鸞の言葉と理解するのがよいと思う。すなわち、言葉の相承《そうじょう》を求むると法然に求められても、盛られた法義《ほうぎ》(己証《こしょう》)は親鸞のものと言えるからである。こういう点をこの講義では考慮した。

また更《さら》に本講述は『歎異鈔』の用語を忠実に理解しようとした含みがある。従来の『歎異鈔の研究』では、あまり用語の約束を充分に検討せられていないように思われる。たとえば第一章に出ている「しかれば本願を信ぜんには、他《た》の善も要《よう》にあらず。念仏にまさるべき善なき故に。悪をもおそるべからず。弥陀の本願をさまたぐるほどの悪なきが故にと云々」とある「本願を信ぜんには……」という言葉の国語の文法的理解を誤って、この言葉を「本願を信じさえすれば」とか「信じたならば」というふうに解釈されている。この言葉は「信じたならば」とか「信じさえすれば」という意味の用語でない。「信じようとする(信)には」という意味の用語である。したがって前者のように「信じたならば」というふうにこの文字を解釈すると、この文章の意味は、「信」というものがひとたび確立すると善も要《よう》にあらず悪も懼《おそ》れなしということになるという信心の利益《りやく》を述べた文章となるのである。後者のように「信じようとする(信)には」という語法と見ると「信」を得《う》るためには善も必要でない、悪もさまたげとなるものでないという意味になる。したがって第一章全体があらわす思想内容がちがうことになる。従来の多くの解釈が前者のようにされていることは、少なくとも『歎異鈔』の忠実な解釈とは思われない。そこで私は私なりに一応国語の文法の約束を忠実に守って、従来の解釈によらずに、自分自身が納得のいく線で『歎異鈔』を講述したのである。この用語の点については多屋頼俊《たやらいしゅん》氏の『歎異鈔新註《しんちゅう》』が参考になったことをここに感謝したい。

以上のような意味で、この講義が従来の講義より一歩進んで『歎異鈔』を解明する上にお役に立つことと思うている。もちろん、親鸞の深い宗教体験を完全に把握することは、とても我らの力の及ばないところである。しかし、言葉の上に盛られた思想をできるだけ忠実に理解することはできると思う。

思えば東京二ヶ年の駐在期間は、私の一生にとって思い出深い二ヶ年であった。京都の地には中学時代から四十余年住みならわしてきたが、東京の生活は今度が初めてである。東京の雑音にくらべると京都は静かである。東京の二ヶ年のなか、初めの一年は、この目まぐるしい空気に驚いて、とまどいを致した。二年目にやっと東京の空気になれたというのが私のいつわらぬ告白である。しかし、内外公私にわたる東京の学界の人々や、築地《つきじ》本願寺の関係の方、東京教区の人々のご寛恕《かんじょ》とご親切をいただいて、ともかく無事にすごさしていただいたことは感謝に堪《た》えない。またいろいろの法縁《ほうえん》を結ばしていただいたことも思い出となっている。

『歎異鈔講話』は、こうした因縁に生まれたいくつかの法縁のなかの一つの記念児である。いま校正を終ってこの序文を書きつつ、御縁のあった東京の人々の姿を偲《しの》びつつ、この講話が法界《ほうかい》の人々に愛せらるよう念じてやまないのである。

昭和三十四年四月十六日

京都木圭庵《もっけいあん》にて

瓜《う》生《りゅう》津《ず》隆《りゅう》雄《お》

再版に際して

今度米寿《べいじゅ》を迎えるに際して百華苑主《ひゃっかえん》が再版を求めらるるままに著者唯円房《ゆいえんぼう》に対する昭和四十一年一月の『宗教』誌に載せた唯円房の出自《しゅつじ》についての文を巻頭に追加し、大和《やまと》立興寺《りゅうこうじ》にある唯円房の墓所の写真を掲載いたしました。これには瀧上寺《りゅうじょうじ》住職宇野《うの》様にお世話になりました。(1)御礼《おんれい》を申します。『大谷《おおたに》遺跡録《いせきろく》』に伝える唯善《ゆいぜん》の腹ちがいの兄にあたる唯円房こそ本鈔の著者であろうと眺《なが》め、先啓《せんけい》師の説に従って出自を述べたものです。

なお、大和下市《やまとしもいち》の立興寺《りゅうこうじ》に開基《かいき》として唯円房の墓所のあることは、文永《ぶんえい》十一年唯円五十三歳にして関東より上洛《じょうらく》し、河内《かわち》に居住した宗祖聖人の同門慶西坊《きょうさいぼう》を訪《とぶら》い、慶西から大和の人々が聞法《もんぼう》の志《こころざし》深く招請《しょうせい》を受けているが私は老朽となり、その請に応《こい》ずることができぬ。よって貴坊《きぼう》、我にかわって彼《か》の国の人々に化《け》を垂《た》れ給えと請われて唯円房は彼の国に下り、吉野《よしの》郡の下市の秋野川《あきのがわ》(秋田川)の辺《へん》に一宇《いちう》を営み、しばらく滞在して関東に下り、正応《しょうおう》元年河和田《かわだ》の泉慶寺《せんきょうじ》に帰り、自像を残し(只今《ただいま》河和田の報仏寺《ほうぶつじ》に安置)上洛《じょうらく》して覚如《かくにょ》上人に謁《えっ》し、のち下市に下り、翌二年二月六日、六十八歳にして下市において没す。今の墓所はかかる因縁《いんねん》によって下市の立興寺に存するのであります。只今《ただいま》の立興寺の寺伝によると、寺の古記録は二度の火災に焼失して享保《きょうほ》十九年、十五世円雅《えんが》師によってまとめられています。しかも開基の唯円房を平太郎《へいたろう》の舎弟《しゃてい》平次郎《へいじろう》と伝えていることは、誤伝と思われます。この記録は立興寺を二十四輩《にじゅうよはい》の別格寺院にすべく荘厳《しょうごん》せられたあとがうかがえます。ただし立興寺に唯円房の墓石を伝えていることは、先啓師の『大谷遺蹟録』に合《がっ》するものであります。

今日においては、本文の講話は全面改訂したいと思いますが、日時がなく、この改訂版は後日に譲《ゆず》ります。

なおこの序講は、新漢字及び新仮名づかいとなっております。(2) 本文との不調をお許し下さい。

昭和六十三年四月三日

著　者

【註】

（1）大法輪閣からの復刊にあたっては、唯円の墓の写真は新たに立興寺からの提供を受けた。

（2）同じく今回の復刊では、全体を原則として新漢字・新仮名づかいで統一した。

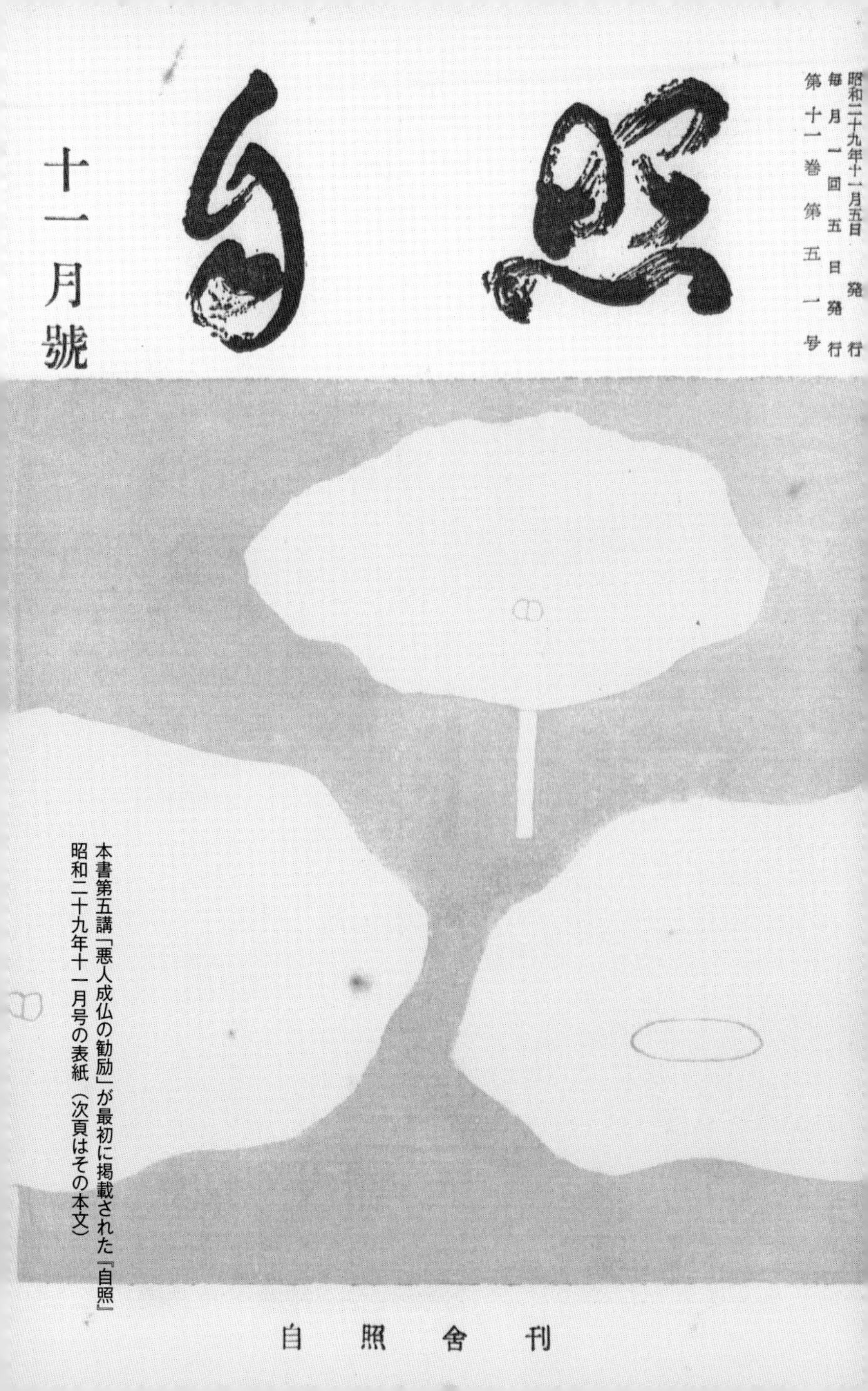

本書第五講「悪人成仏の勧励」が最初に掲載された『自照』昭和二十九年十一月号の表紙（次頁はその本文）

☆自照講座☆

歎異鈔讃仰(五)

悪人成仏の道勧励

瓜生津隆雄

(一) 善人なをもて往生をとぐ、いはんや悪人をや。しかるを、世のひとつねにいはく、悪人なを往生す、いかにいはんや善人をや。この条一旦そのいはれあるににたれども、本願他力の意趣にそむけり

(二) そのゆへは、自力作善のひとは、ひとへに他力をたのむこゝろかけたるあひだ、彌陀の本願にあらず。しかれども、自力のこゝろをひるがへして、他力をたのみたてまつれば、真実報土の往生をとぐるなり

(三) 煩悩具足のわれらは、いづれの行にても生死をはなるゝことあるべからざるを、あはれみたまひて願をおこしたまふ本意悪人成仏のためなれば、他力をたのみたてまつる悪人、もとも往生の正因なり。よて善人だにこそ往生すれ、まして悪人はと、おほせさふらひき。

△ 本章の要旨

この第三章は悪人成仏の大道を勧励せられたものである。従来本章を「悪人正機の本願」を明らかに示されたものとも窺はれてある。そのゆへは本章の終りに、「願をおこしたもふ本意、悪人成仏のためなれば」等とある文に着眼して窺はれたからである。然し本章は「悪人成仏の大道」を勧励せられた章と見るべきであろうと思ふ。何となれば「善人なほもつて往生をとぐ、いはんや悪人をや」と申されてあるからである。このお勧めは、もと法然上人のお言葉で意訳すると「善人も本願に帰して往生を期し給ふ、まして悪人凡夫は、なにはさておき此の他力を憑《たの》むへき」であると勧められた言葉である。と窺えるからである。まことに自力作善をなしうる善人も作善の努力を捨てゝ本願を仰ぐ、まして作善の力なき悪人凡夫はいよ〳〵本願を仰ぐべきでありませう。罪悪の凡夫の前に開かれたる唯一の道は唯だ此の本願の外はないからであります。悪人の成仏の唯一の道は本願のみであります。そこで、かゝる本章の要旨を三段に分けて窺ひたいと思ひます。

第一段は悪人正機の本願は善人も仰ぐ大道なることを示して、世間の是認してゐる善人往生の唱導は不徹底なるを明にせられたものと伺はれます。第二段は、自力作善（善人修道）の道と他力本願の道とを相対して善人も他力道に帰する旨を明らかにし、

第三段は、彌陀の本願は悪人を正機とする本願なる故に、いずれの行も及び難き煩悩具足のわれらの道たる旨を述べて、いよ〳〵本願に帰すべき旨を勧励せられたものである。

△ 悪人への唱導

法然上人直弟たる勢観の房源智によつて伝へられた法然上人の『一期物語』（醍醐の三宝院に在る）には法然上人のお言葉として

解説

瓜生津《うりゅうづ》 隆文《りゅうぶん》

日本では『歎異抄(鈔)』ほど広く読まれ親しまれている宗教書はないと言われている。たしかにそのとおりなのだろうが、いまだ大多数の日本人にとっては、メディアを通して名前を見聞きすることが比較的多いという程度の話ではないだろうか。私たちは『歎異抄』の原典が、実際にどの程度読まれているのか、具体的には把握のしようがないし、書籍や雑誌、新聞などで、各界の著名な人達が本抄について語っているのを目にし、あるいは本抄をテーマにした講座が毎日のように各地で開かれ、そこそこに人が集まっているというようなことを伝え聞いて、何かしら興味を持たれているらしいということを漠然と知るのみである。

このような言い方はふさわしくないかもしれないが、昔からいろいろと誤解がつきまとうのも本抄の一つの特徴と言えそうである。その例を二、三あげれば、いわく、『歎異抄』は明治になるまで本願寺に秘蔵されていた。それは書写した当人(蓮如上人)が奥書《おくがき》を付して、秘すべきことを指示したからである。「無宿善《むしゅくぜん》の機《き》においては左右《さう》なくこれを許すべからざるものなり」と固く禁じたからであると。

『歎異抄』は、今日では、信仰上尊崇すべき大切な聖教《しょうぎょう》として真宗門徒《もんと》に広く受け入れられているが、歴史をさかのぼれば必ずしもそのような状況にあったというわけではない。現に高田派など、関東発祥の有力教団において、本抄はほとんど顧《かえり》みられることがなかったし、現在見出される最古の写本が、蓮如上人の筆になる室町時代のものであることを考え合わせれば、そのことは容易に推測されるが、そもそも本抄を聖教として位置づけたのは蓮如上人その人である。もともと「聖教」とは、「仏の教え」というのが原義で、具体的には経典および祖師方の書を意味する。編者（著者）すら定かでない、いわば蔵にうずもれていたに等しい古書を、上人自らが書写して奥書を付し、「当流大事の聖教なり」と、最大の尊称をもって示し、いわばお墨付きを与えたからこそ、今日まで原典が、散逸することなく、改変されることもなく無事に伝えられたとさえ言えるのである。つまり蓮如上人は、本抄に光を当てて現代の我々に届けてくださった最大の功労者だったわけである。

また本抄が、秘蔵されていたということ自体、歴史の事実とは異なる。江戸中期に和語《わご》の聖教のみを集めて編纂された『真宗法要《ほうよう》』（本願寺派・明和《めいわ》二年刊）『真宗仮名聖教《かなしょうぎょう》』（大谷派・文化《ぶんか》八年刊）にも、本抄は収められていて、しかるべき手順を踏めば誰でも手に取って読むことができたし、そもそも、それよりもさかのぼる元禄《げんろく》年間に『首書《しゅしょ》歎異抄』（歎異抄首書）と銘打って、すでに町版《まちはん》として出版され（丁字屋《ちょうじや》・元禄十四年刊）世に出まわっていた（それ以前の刊本もあり、寛文《かんぶん》年間執筆の注釈書『歎異抄私記《しき》』にすでに全文が載せられ、また元禄四年の刊本も存する）。この『首書』には、かなり詳しい頭註《とうちゅう》が付されていて、当時の平均的な解釈がうかがわれて興味深いが、第三条を解説した部分には、世のなかの人はこの条に関して総じて誤解しているという趣旨のことが述べられていて、この書の刊行前の時点においてさえ、すでに本抄が世間にも流布《るふ》していたことがうかがえるのである。

また『歎異抄』の、素朴な批判精神（歎異の精神）と蓮師《れんし》（蓮如上人）の教化主義的・現実主義的な思想や行動とが相容《あいい》れないものであるかに述べる向きもあるが、本書（『歎異抄講話』）の最終講の締めくくりの部分には、これにかかわる見解が見られる。すなわち、「思うに『歎異抄』は初めにも申したように歎異の心は単なる批判ではありませぬ。それは興法利生《こうぼうりしょう》（仏法を興隆せしめ衆生《しゅじょう》を教化《きょうけ》する）の心に裏づけられた同心行者《どうしんぎょうじゃ》の「不審《ふしん》を散《さん》ぜん」ための聖教であります。蓮師の真宗再興の原理も、またここに求められたのでないでしょうか」とあって、反省の意をこめつつ、一部の表面的な見方に対して、手短かに再考をうながしている点、刮目《かつもく》に値するのではないだろうか。

さて、本文の内容そのものに言及するならば、何といっても興味深いのは、第三条（第三章）の解釈の部分ということになろうか。「善人なほもつて往生をとぐ、いはんや悪人をや」という、このあまりにも有名な文句によって始まる第三条であるが、本書に示される解釈は、まさに古くて新しい解釈と言えるものである。かの『醍醐本《だいごぼん》法然上人伝記』の記述とも大筋では矛盾しない点で、歴史的文献を重んじた解釈とも言えるが、口伝《くでん》の原点に戻るという点でも意義深い。また先に紹介した『首書歎異抄』の頭註とも、あい通ずるものである。その点で、決して目新しいものではないのだが、今日の通説とも言うべき深励《じんれい》師（江戸中頃の大谷派の学僧）以来の説になれている私たちには、逆にきわめて新鮮に感じられるから面白い。この条に関する著者の論考には、時に若干のぶれもあるように感じるが、少なくとも本書の第五講の論述は、迷いのない筆致で、言葉も的確である。

以上のほかにも、いろいろと興味をひかれた点はあるが、ここで少し話題を転じて、私自身が著者（隆雄）から直接に受けた指南《しなん》について、蛇足《だそく》となることを覚悟の上で、一点だけ紹介したい。

私事《わたくしごと》で恐縮だが、『歎異抄』の言葉のなかで、長年どうしても意味のわからない部分があった。著者の隆雄師は、わたしにとっては祖父にあたり、幸い晩年に親しく宗学《しゅうがく》の手ほどきを受けえたわけだが、この点は結局問うことなく終わった内容である。それは、本抄の第十三条に出る、宗祖（親鸞）のお言葉の部分である。

あるとき聖人は、唯円房にむかって「わたしの言うことを信じるか」と、言葉をかけられる。唯円が「もちろんです」と答えると、「わたしのこれから言うことにそむかないだろうな」と、念を押すようにおっしゃる。唯円としては、全幅の信頼を置いている聖人の仰《おお》せだから、何の躊躇《ちゅうちょ》もなく承知する。す

自坊で講話する著者（右は法嗣の隆真師）

ると聖人は、おどろくような言葉を発せられる。「人を千人殺すことができるか」と。今風に言えば悪い冗談ともとれる言葉を投げかけられた唯円だが、あわてることもなく、冷静に受け答えをする。ご存知のとおりの内容だが、実は、この部分が理解できないというのではない。師の命を受けて千人殺すという内容は、仏典にあるアングリマーラの説話とそっくりで、仏教の話を普段より聞いている者にとっては、何か別に意図のある、手段としての言葉であることが、それとなくわかるからである。わからなかったというのは、その後の部分である。すなわち「なにごともこゝろにまかせたることならば、往生のために千人ころせと言はんに、すなはちころすべし」とある部分である。何ごとも思いどおりになるのなら、往生のために千人殺せと言われれば、即座にそうすることであろうというのである。仏教の知識のあるなしにかかわらず、たとえ何ごとも思いどおりになったとしても、往生のために千人殺せと言われても、そのような指示は、誰も本気には受け取らないし、ましてそのような愚かなことを実行するはずもないと思えたのである。しかしここには、重要な視点が欠けていたのである。お言葉の背景がまったく見えていなかったと言ってもよい。

本抄第六条には「親鸞は弟子一人《いちにん》ももたず候《そうろう》」とある。聖人は、旧仏教以来の伝統的な師弟関係を無視したとか、人間関係のとらわれを離れた自由人であったとか、これも巷間《こうかん》いろいろに論じられているが、隆雄師から直接に聞いた内容は、それとはまったくちがうものであった。いわく、宗祖とお弟子の関係のなかに、それまでのあり方とはちがう面のあったことは事実だが、伝統的な師弟の意識がなかったなどと考えるのは、素人の考えで、一面では師弟のけじめが、しっかりと保たれていたと、このような趣旨の指南を受けた。

そのことが第十三条のお言葉の理解とどうかかわるのかということだが、つまり唯円は、聖人が念を押すように言った「さらば、言はんことたがふまじきか（言うことにそむかないだろうな）」という言葉を、承諾している点が要《かなめ》である。伝統的な師弟関係では、師命には絶対的といっていい重みがある。その片鱗《へんりん》がここに見え隠れすると仮定して、しかも唯円は師に対して、言うとおりにすると、一旦《いったん》約束したわけである。万事休《きゅう》すである。いかに無理な要求であっても、そのとおりにするしかもはや道はない。「すなはち殺すべし」とは、その謂《い》いだったのである。つまり、先の聖人のお言葉は、そのような抜き差しならない状況をまず作り出すことが目的であったと言えよう。仏教の深い道理を、本人が身をもって追体験するように環境を整えて伝えたのである。そしてその背景には、隆雄師の言葉のとおり、やはりそれなりの師弟関係の論理がはたらいていたと考えざるをえない。

私たちは、口伝とか指南とかいう言葉を聞くと、もっと具体的な指示のようなものをイメージする。この言葉はこの意味で、経典のこの部分はこのように読んで、というような、手取り足取りの指導のイメージである。それもまちがいではないが、私自身、長年の疑問に対して、このような形でもって時を超えて大切な指南を受けたものと味わって感謝している。このような伝承のあり方も、また広い意味での口伝の範疇《はんちゅう》に収めてよいのではないだろうか。

隆雄師は、近現代の宗学者のなかでは、ある意味で異色の存在であったように思う。どの分野に限らず、一般に近代以降の学問の世界においては「学会の定説」とか「学派の持論」とか呼ばれる基準があって、それをベースとして見据えながら、そこから自説を展開するなり、あるいは脱却を試みて学問的な進展をはかるというのが基本的なスタンスであろう。隆雄師とてそれから外《はず》れるものではないが、師が理想として目指したのは、何よりも原典に目を凝《こ》らして「聖教を句面《くめん》のごとく（原義どおりに）読む」ことを基本としつつ、合わせて師から弟子へと伝承される口伝を重んじるという、復古的なスタイルであった。師が国語学的なアプローチをことさらに重んじ、積極的に最新の文献学の手法を取り入れたのも、聖教を句面のごとく読むための一手段であったし、一方で現代の学者があまり顧《かえり》みなくなった江戸時代の講録《こうろく》などを、時間をかけて綿密に読み解こうと試みたのも、そこに口伝の流れを追うという目的もあったのではないかとひそかに考えるのである。

本書は、単なる教養的な満足をうるための書ではない。さりとて、学問研究に資《し》するための専門書というわけでもない。何よりも「法味愛楽《ほうみあいぎょう》の書」と言えると思う。その恩恵を受けえた一人として、本書の復刊は、感慨も一入《ひとしお》である。すでに古典の域の風格であるから、長年の読者たる諸先輩をさしおいて、もっともらしく解説文などを書くのは気が引けたが、大法輪閣編集部の安元剛氏に請われるままに、身内の代表として駄文を添えた次第である。新たな形での復刊を快く承諾して下さった百華苑《ひゃっかえん》の福田裕子女史には、心から感謝申します。有り難う存じました。

合　掌

瓜生津 隆雄（うりゅうず・りゅうお）

1901年滋賀県に生まれる。29年龍谷大学研究科卒業、32年浄土真宗本願寺派宗学院卒業、中央仏教学院講師。39年龍谷大学専門部講師。同大学教授を経て、名誉教授。57年より2年間、東京学事駐在。70年勧学、71年安居本講師、76年勧学寮寮員、85年勧学寮寮頭。91年没。

著書に『顕浄土真実信文類講述』『真宗典籍の研究』『続・真宗典籍の研究』（永田文昌堂）、『安心決定鈔法話』（本願寺出版社）、『親鸞聖人の信のあり方』（百華苑） など多数。

本書は『歎異鈔講話』（百華苑、昭和63年）を底本に復刊したものです。

なお、復刊に当たっては読者の便宜を考慮して、新漢字・新仮名づかいとするなどの表記の改訂・統一を行ないました。また、本書に掲載した写真は、唯円の墓石の写真（15ページ）は立興寺、それ以外の著者および『自照』誌の写真は瓜生津隆文氏の提供によるものです。

歎異鈔講話

平成19年 8月10日 第1刷発行 ©

著 者 瓜 生 津 隆 雄
発行人 石 原 大 道
印刷所 三協美術印刷株式会社
製 本 株式会社 若林製本工場
発行所 有限会社 大 法 輪 閣
東京都渋谷区東2－5－36 大泉ビル2F
TEL (03) 5466-1401(代表)
振替 00130-8-19番

ISBN978-4-8046-1256-0 C0015 Printed in Japan